www.ingramcontent.com/pod-product-compliance
Lightning Source LLC
LaVergne TN
LVHW050858051026
849532LV00006BA/2293
* 9 7 8 9 3 8 7 6 3 5 7 9 1 *

ممبئی ڈائری

فرحان حنیف وارثی

عرشیہ پبلی کیشنز، دہلی

نام کتاب : ممبئی ڈائری (کالموں کا مجموعہ)
مصنف : فرحان حنیف وارثی
اشاعت : 2019ء
سرورق : اسلم کرتپوری
ذیشان تصویر : امتیاز شیخ
تصاویر : ذیشان
قیمت :
صفحات : ۱۹۲
تعداد : ۵۰۰ کاپیاں
مطبع : گلوریس پرنٹرس، دہلی
کمپوزنگ : کتاب دار کمپیوٹرس
ناشر : عرشیہ پبلی کیشنز

Mumbai Diary (Collection of columns)

by Farhan Hanif Warsi
Add: Ramzan Bangi Chawl, R.No.5, 1st Floor,
Kamathipura 3rd lane, Mumbai - 400008.
Mob: 093201 69397
E-mail: farhanhanifwarsi@gmail.com

Ist Edition: 2019

Publisher: Arshia Publications, Delhi -110095.

جناب عبدالاحد ساز

جناب شاہد لطیف (مدیر روزنامہ انقلاب)

جناب حامد اقبال صدیقی

جناب محبوب عالم غازی

جناب احمد منظور (ریٹائرڈ ڈپٹی ڈائریکٹر، دوردرشن)

ڈاکٹر قاسم امام

جناب عرفان جعفری

اور

جناب فاروق سید (مدیر گل بوٹے)

کے نام

ان تمام مخلص حضرات نے پڑھنے لکھنے کے اس طویل سفر میں مجھے ہمیشہ اپنی شفقتوں سے نوازا اور میری حوصلہ افزائی کی۔

مجھے آج بھی وہ دن اچھی طرح یاد ہیں، جب ہم کرلا، قصائی واڑہ میں بھائی قاسم امام کی دکان پر جمع ہوتے تھے۔ ادبی اور غیر ادبی گفتگو کا دور چلتا تھا۔ میں نے اس وقت بس قلم پکڑنا ہی سیکھا تھا۔

مجھے شعبہ صحافت میں لانے کا سہرا جن شخصیات کے سر بندھتا ہے، ان میں فاروق بھائی بھی ایک ہیں۔ روزنامہ 'اردو ٹائمز' جوائن کروانے میں ان کا اور مرحوم م ناگ کا بڑا عمل دخل تھا۔ حامد بھائی کے لیے میں کیا کہوں! آج میں جو کچھ بھی ہوں، اس کا سارا کریڈٹ انہی کو جاتا ہے۔ انہوں نے مجھے لکھنے کی طرف راغب کیا۔ اچھی بری شاعری کا فرق سمجھایا، رہنمائی کی۔ ہندو پاک کے معیاری ادبی رسائل اور کتابیں مطالعے کے لیے فراہم کیں۔ ورنہ آج میں بھی اس گھنی آبادی والے شہر میں کہیں گمنامی کی زندگی گزار رہا ہوتا۔

نہ جانے کیا کشش ہے بمبئی تیرے شبستاں میں
کہ ہم شامِ اودھ، صبحِ بنارس چھوڑ آئے ہیں

علی سردار جعفریؔ

پتہ

ممبئی*

اے شہروں کی دلہن
بڑی شہرت تھی تیری
گیٹ وے آف انڈیا
مرین ڈرائیو، چوپاٹی اور
تیرے جوتا گھر سے

وانکھیڑے اسٹیڈیم
فلورا فاؤنٹین، چور بازار
سِدھی ونائک مندر اور
بھابھا ایٹمک ریسرچ سینٹر سے

قلابہ، بھنڈی بازار
کماٹی پورہ، پلے ہاؤس
باندرہ اور
ورسوا کی رونقوں سے

مقبول تھی تُو
اپنے بمبیّا اسٹائل کے کھڑے کالر
اور بیسواؤں کے دامن گیر
ہونے والے گلیاروں سے

لوکل ٹرینوں کی برق رفتاری
ان میں سفر کرنے والے ہجوم
انڈرورلڈ، حاجی مستان مرزا
داؤد ابراہیم
اور بال ٹھاکرے کے ناموں سے

لتا، دلیپ، امیتابھ، سلمان
اور تیندولکر کے
چہروں کی مسکراہٹوں سے

اے شہروں کی دُلہن
سرسوتی کے ہونٹوں سے نکلے
سُروں پہ سنگ باری نہ کر
اپنے پیاروں کے منہ پر
کالک نہ پوت

اے شہروں کی دلہن
اب تیرے دھماکے
اخباروں میں 'مذمت' کی سیاہ سرخیاں
بٹورنے لگے ہیں!

(۱۵/جولائی، ۲۰۱۱)

* ۱۳/جولائی ۲۰۱۱ء کو زویری بازار اور دیگر دھماکوں سے متاثر ہو کر

کھولی ہیں ذوق دید نے آنکھیں تری اگر......

گلزار ہست وبود نہ بیگانہ وار دیکھ
ہے دیکھنے کی چیز اسے بار بار دیکھ

سورج ہر روز ہمارے سر کے اوپر طلوع ہوتا ہے اور اس کی کرنیں روزانہ ہمارے در و بام کو روشن کرتی ہیں۔ چڑیوں کی چہچہاہٹ ہمیشہ ہمارے کانوں میں گونجتی ہے اور زندگی کی ہما ہمی سے ہمارا پالا پڑتا ہے، مگر ان باتوں کو دل کی آنکھوں سے دیکھنے کی ہم کم ہی کوشش کرتے ہیں۔ ایک قلمکار اور عام آدمی کے دیکھنے کے بیچ یہ بڑا فرق ہوتا ہے کہ عام آدمی کسی چیز کو سرسری طور پر دیکھتا ہے، مگر قلمکار اسے دل کی نگاہ سے دیکھتا اور محسوس کرتا ہے۔ فرحان حنیف وارثی بھی ایک صحافی اور قلمکار ہیں۔ وہ عروس البلاد ممبئی میں عرصہ سے مقیم ہیں اور اس شہر کو دل کی آنکھوں سے نہ صرف خود دیکھتے رہے ہیں بلکہ دوسروں کو دکھانے کی بھی کامیاب سعی کی ہے۔ انھوں نے ممبئی کو اپنے زاویہ نظر سے دیکھا ہے، جو عوام کے زاویہ نظر سے بالکل مختلف ہے۔ زیر نظر مجموعہ ''ممبئی ڈائری'' میں ان کی وہ تحریریں جمع کی گئی ہیں، جو عروس البلاد کے معروف روزنامہ ''اردو ٹائمز'' میں کالم کی شکل میں شائع ہوتی رہی ہیں۔ امید ہے کہ انھیں پڑھنے والے ممبئی کے تعلق سے بہت سی معلومات حاصل کرسکیں گے اور جو لوگ ممبئی کے رہنے والے ہیں، وہ اس شہر کو منفرد انداز میں دیکھنا شروع کر دیں گے۔

زیر نظر مجموعہ میں بعض ایسے مناظر بھی پیش کئے گئے ہیں، جو صرف ایک شہر نہیں، بلکہ ملک کے تمام شہروں کی تصاویر ہیں۔ مثال کے طور پر ''سرکاری اسپتال کا منظر'' ''لوکل گاڑیاں اور ہیجڑے'' ''ریلوے سرکار اور ملاوٹ'' ''بڑا نازک دھندہ ہے پان کا'' میں شہر بیتی نہیں، جگ بیتی بیان کی گئی

ہے۔ ''ریلوے سرکار اور ملاوٹ'' عنوان کے تحت تحریر میں ایک جملہ ہے ''بھائی صاحب ہمارے ملک میں دہلی سے لے کر لوکل تک ہر جگہ ملاوٹ کا دور دورہ ہے' لہٰذا یہ تو ہونا ہی تھا۔'' اب آپ بتائیے کہ یہ صرف ممبئی کی بات ہے یا ہمارے پورے ملک کا مسئلہ ہے؟ اسی طرح تقریباً پورے ملک میں ہیجڑوں کو ریل گاڑیوں سے لے کر ٹریفک سگنل تک بھیک مانگتے ہوئے دیکھا جاسکتا ہے۔ فرحان حنیف وارثی نے بھی اس منظر کو ایک قلمکار کی نگاہ سے دیکھنے کی کوشش کی ہے:

''دو غیر ملکی خواتین ٹرین میں ہیجڑوں سے جس طرح باتیں کر رہی تھیں' اگر اس طرح کوئی ہندوستانی خاتون ان سے گفتگو کرتی' تو دیگر خواتین پھبتیاں کستیں۔ ٹرین اندھیری سے چرچ گیٹ جارہی تھی۔ لیڈیز ڈبے میں دو انگریز خواتین بھی موجود تھیں۔ سانتا کروز ریلوے اسٹیشن پر تین ہیجڑے اس کمپارٹمنٹ میں داخل ہوئے اور اپنے مخصوص انداز میں تالیاں بجا کر بھیک مانگنے لگے۔ جب وہ ان غیر ملکی خواتین کے پاس پہنچے' تب ایک انگریز خاتون نے مسکرا کر ان تینوں ہیجڑوں کے نام پوچھے۔ ہیجڑوں نے اپنے دانت دکھاتے ہوئے انگریزی میں جواب دیا۔ انگریز خاتون نے دریافت کیا، جب لوگ ان پر فقرے کستے ہیں' تو انھیں اس وقت کیسا محسوس ہوتا ہے؟ ہیجڑوں میں سے ایک نے جواب دیا، ''اب ہمیں عادت سی پڑ چکی ہے۔'' انگریز خاتون نے ان سے مخصوص انداز میں تالیاں بجانے کا طریقہ سکھانے کی درخواست کی۔ ہیجڑوں کو بھی لطف آرہا تھا۔ انھوں نے تالیاں بجانے کی مشق کروائی۔''

چوپاٹی کا ساحل دنیا بھر میں مشہور ہے اور یہاں کے نظارے اکثر ہندی فلموں میں دکھائے جاتے رہے ہیں۔ یہاں کے مالش والے بھی کم شہرت نہیں رکھتے۔ اس نظارے کو فرحان حنیف وارثی نے بھی اپنے انداز میں پیش کیا ہے:

''سامنے لہراتا سمندر، ڈھلتی ہوئی شام اور کھردرے ریت پر بچھی چادر پر لیٹے ہوئے شخص کی کبھی ہلکی' تو کبھی بھاری تھاپ کے ساتھ مالش کرتا ہوا مالش والا۔ یہ نظارہ آپ نے بھی چوپاٹی پر دیکھا ہوگا؟ مالش والے اور چوپاٹی کا رشتہ کتنا پرانا ہے، اس بات کی کسی کو جانکاری نہیں ہے' مگر یہ بات دعوے کے ساتھ کہی جاسکتی ہے کہ چوپاٹی کی خوبصورتی بڑھانے میں ان مالش والوں کا بھی بہت بڑا حصہ ہے۔''

زیر نظر مجموعہ میں بعض دردانگیز نظارے بھی دکھائے گئے ہیں' جو شہروں میں عام طور پر نظر آتے ہیں اور ممبئی جیسے شہر میں تو چڑھتے سورج کی پوجا عام ہے' مگر ڈھلتی شام کا منظر اکثر اندوہناک بھی دیکھا

گیا ہے۔ اپنے گیتوں سے کروڑوں دلوں میں ہلچل مچانے والے بالی ووڈ کی فلموں کے معروف نغمہ نگار انجان کی موت کا مرثیہ یوں لکھا گیا ہے:

"ہندی فلموں کے اس مشہور گیت کار کو موت کے بعد میڈیا نے نظرانداز کر دیا۔ شہر کے صرف چند اخبارات نے ہی ان کی موت کی اطلاع ایک کالم میں اور بغیر تصویر کے دی۔ انجان کی موت لیڈی ڈائنا، مدر ٹریسا اور بالخصوص دھرم ویر بھارتی کی موت کی خبروں اور ندیم شرون کے تنازع میں انجان بن کر رہ گئی۔"

'ممبئی ڈائری' ایسے کالمز کا مجموعہ ہے' جو دیکھے ہوئے شہر کو الگ زاویہ سے دیکھنے پر مجبور کرتا ہے۔ یہ تحریریں ایسے مناظر ہمیں دکھاتی ہیں' جنھیں ہم ماتھے کی آنکھوں سے روز دیکھتے ہیں' مگر ان پر دل کی نگاہ کبھی نہیں ڈالتے۔ امید ہے کہ یہ مجموعہ قارئین کو پسند آئے گا اور دیکھے ہوئے شہر کو دوبارہ دیکھنے پر مجبور کرے گا۔

کھولی ہیں ذوق دید نے آنکھیں تری اگر
ہر رہ گزر میں نقش کف پائے یار دیکھ

شاہد صدیقی

(صحافی نئی دہلی)

لوکل ٹرینوں میں دوڑتی بھاگتی زندگی کا نام ہے

''ممبئی ڈائری''

ممبئی مون سون کی بارشوں میں کہیں ڈوب جاتا ہے اور جب پورب سے پچھم کی طرف چلنے والی ہوائیں بادبانی کشتیوں کا سفر اختیار کرتی ہیں تو ساحلوں پر اُبھرتے قوسِ قزح کے رنگ اس بات کا پتہ دیتے ہیں کہ اس شہر کی اساس ہی نہیں بود و بوش بھی سپردگی کے عالم میں محبوب کی آنکھوں میں ڈوبنے کی خواہش مند ہے۔ جتنا گہرا ڈوبیں گے، اُتنی زیادہ سرشاری و سربُلندی سے فیض یاب ہوتے چلے جائیں گے۔

جن دِنوں اِس شہر میں سعادت حسن منٹو کی کہانیاں جنم لیتی تھیں، ساحرلدھیانوی کے نغمے گیت مالا کے اُونچے پائدانوں پر امرتا پریتم لکھتے تھے اور نور جہاں کی مدھر آواز 'آواز دے کہاں ہے' کا رُوپ دھار کر دل کے دروازوں پر دستک دیتی تھی۔ تب ممبئی میں چلنے والی 'لوکل' اِتنی 'ووکل' نہیں تھی۔ کرانتی میدان کے گوالیا ٹینک میں گوالے نہایا کرتے تھے اور چوپاٹی کے مالش والے جانی واکر پر فلمایا گیا نغمہ 'سر جو ترا چکرائے یا دل ڈوبا جائے۔ آجا پیارے پاس ہمارے، کاہے گھبرائے' کورس میں گایا کرتے تھے۔

تب رانی کا نیکلیس اِتنا ماند نہیں تھا۔ نریمن پوائنٹ کی دیواریں بھی کمزور نہیں تھیں۔ جب ٹرینوں کے سینگ ہوتے تھے اور کالبادیوی کی تیلی گلی پان کے پتّوں سے اٹی رہتی تھی۔ انجان نے انہی دنوں کی یاد میں 'کھائی کے پان بنارس والا' لکھا تھا اور اب یہ عالم ہے کہ گنگا تٹ کو تج کر

ساگر کنارے آباد ہونے والے اس بنارسی بابو کی موت واقع ہوتی ہے تو فلمی دُنیا کو سدا بہار گیتوں کی مالا پہنانے والے لال جی پانڈے سے آج کی میڈیائی دُنیا بالکل انجان دکھائی دیتی ہے۔

پرانے اور نئے ممبئی میں پائی جانے والی اسی کشمکش کا نام فرحان حنیف وارثی کی 'ممبئی ڈائری' ہے۔ فرحان حنیف اخبارنویس ہونے سے پہلے ایک شاعر ہیں۔ یہی وجہ ہے کہ انہوں نے ممبئی کی انگڑائیاں لیتی زندگی کو ایک پترکار سے زیادہ ایک کوی اور آنکھوں سے زیادہ دل کی نظروں سے دیکھا ہے۔ کہیں وہ انجان جی کے آنجہانی ہو جانے پر افسردہ دکھائی دیتے ہیں تو کہیں قمر جلال آبادی کی تنہائی پر کفِ افسوس ملتے ہیں۔

فرحان حنیف کو 'لوکل' میں سفر کرتا وہ شخص بھی اپنے دل کے قریب محسوس ہوتا ہے جو آتے جاتے اپنے تھیلے سے عرقِ گلاب ملے ٹھنڈے پانی کی بوتلیں نکال کر دیگر مسافروں کو پلاتا ہے۔ ورنہ تو اس شہر میں اب اتنی خوشبو بھی کہاں؟ سمندر کا پانی روزانہ کنارے کو غصے سے چھوتا ہے اور واپس چلا جاتا ہے۔ یہاں تک کہ کالا گھوڑا کے مقام پر موجود 'ردھم ہاؤس' میں گونجتے سات سُروں کے بہتے دریا بھی اُسے رُکنے پر مجبور نہیں کرسکتے۔

اقصیٰ بیچ میں ڈوبنے والے ایک نوجوان کی ماں البتہ لوگوں کو نہانے سے منع کرتی رہتی ہے لیکن جن شہروں میں 'اولڈ ہاؤسز' خودرو پودوں کی طرح اُگنے لگ جائیں وہاں ممتا کی سنتا کون ہے؟ مون سون میں ڈوب جانے والے ممبئی میں جونپور اور پرتاب گڑھ والی گرمی بھی پڑتی ہے۔ یوپی کی ہر چیز کو ممبئی نے اپنا لیا ہے۔ وہاں کے لوگ، وہاں کی تہذیب، یہاں تک کہ وہاں کے پکوان بھی۔ جب تک لوکل گاڑیاں دوڑتی رہتی ہیں ممبئی کی سانسیں چلتی ہیں۔ آخری لوکل کے بعد آس پاس کے علاقوں میں ویرانی چھا جاتی ہے اور ایسے لگتا ہے جیسے ممبئی کی سانسیں تھم گئی ہوں۔

لوکل ٹرینیں اگر اس شہر کی دھڑکن ہیں تو سڑکوں پر دوڑنے والی ٹیکسیوں کو آکسیجن کہا جاسکتا

ہے ۔جہاں لوکل ٹرینوں کی سرحد ختم ہوتی ہے وہاں سے ٹیکسیوں کا سفر شروع ہوتا ہے ۔یہی ٹیکسیاں ہمیں باندرہ میں ہونے والے ُ ماؤنٹ میری ٗ کے میلے میں لے جاتی ہیں جہاں تمام مذاہب کے لوگ مل کر شرکت کرتے اور من کی مرادیں پاتے ہیں ۔انہی ٹیکسیوں میں ہم جوہو کے پرتھوی تھیٹر اور مراٹھی ناٹک تک جاتے ہیں جہاں ناٹکوں کی سرگرمی تھیٹر کے پیچھے مچلتی لہروں سے کم نہیں ۔

فلورا فاؤنٹین کے موڑ پر پرانی کتابوں کا اسٹال تو سب نے دیکھا ہے لیکن ممبئی کے سب سے پرانے پرنٹنگ پریس کی کھوج لگانی ہو تو فرحان حنیف کے ساتھ چلنا رفیق بغدادی کی سنگت سے کم نہیں ۔فرحان بتاتے ہیں کہ نانا بھائی رستم جی نے اٹھارہ سو ستاون میں ُ انگریزی گجراتی لغت ٗ مرتب کرنے کا خواب دیکھا تو یونین پریس قائم کیا تھا ۔ملک کا سب سے پرانا اخبار ُ ممبئی سماچار ٗ یہیں سے چھپتا تھا ۔کسی پارسی کو آج بھی کسی مذہبی کتاب کی ضرورت پڑتی ہے تو وہ اسی پریس کا رُخ کرتا ہے ۔

تاریخ کا جھروکا کھلا ہے تو ''دی پیلس جناح ہال ٗ کے حال پر بھی اک نگاہ ہو جائے ۔ملبار ہل کے ماؤنٹ پلیز روڈ پر واقع جناح ہال سے تو سب ہی واقف ہیں لیکن بہت کم لوگوں کو معلوم ہے کہ جناح کی ایک جائیداد سردار ولبھ بھائی پٹیل روڈ میں بھی موجود ہے ۔فرحان بتاتے ہیں کہ سردار ولبھ بھائی پٹیل روڈ ان دنوں ایک گمنام سا روڈ ہے مگر ایک عمارت کے دروازے پر آویزاں پتھر کی تختی پر کندہ یہ الفاظ آسانی سے پڑھے جا سکتے ہیں ُ دی پیلس جناح ہال ٗ ۔اسی کے بغل میں کانگریس ہاؤس بھی واقع ہے ۔جناح ہال کے دروازے پر لکھا ہے ُ یہ ہال بمبئی کے باشندوں نے گیارہ دسمبر انیس سو اٹھارہ کو اپنی کامیابی کی یاد میں محمد علی جناح کی نگرانی میں بنایا ہے ٗ ۔

فرحان حنیف کی ڈائری میں لوکل ٹرینوں کے بعد سب سے زیادہ ذکر اگر کسی کا آیا ہے تو وہ ممبئی کے نامی گرامی کارٹونسٹ ہیں ۔فرحان کے توسط سے ہم مشہور آرٹسٹ ، کارٹونسٹ اور صحافی پنجو

گنگولی سے ملتے ہیں ۔یہیں ہمیں اس بات کی جانکاری بھی ملتی ہے کہ سنجے مستری کارٹونسٹ کیسے بنے؟اور یہ کہ ایک کارٹون ہزار ادریے لکھنے کے برابر کیسے ہوتا ہے؟ کارٹونسٹ رادھا گاوڑے سے بھی ہماری ملاقات یہیں ہوتی ہے اور یہ بھی پتہ چلتا ہے کہ وہ بغیر کیپشن کے کارٹون بنانا کیوں پسند کرتی ہیں؟۔وہ کارٹون فلمیں بنانے کا خواب کیوں دیکھتی ہیں اور کیوں چاہتی ہیں کہ ان کے کردار زندہ شکل میں ان کے سامنے ناچنے گانے لگ جائیں؟

فرحان حنیف ہمیں 'کلیان جی آنند جی اکادمی' کی 'لٹل ونڈرس' کے ممکری آرٹسٹ چنتن مہتہ سے ملانے کے ساتھ ساتھ ایک ایسے فنکار سے بھی ملاتے ہیں جس کا گلا تو ایک ہے لیکن آوازیں ایک سو چالیس ہیں ۔ یہ فنکار مندار کرولکر ہیں جو آسمان کو اپنی مٹھی میں بند کرنے کی خواہش رکھتے ہیں ۔پرمود نولکر کی بہترین کالم نویسی کا تذکرہ کرتے ہوئے فرحان یہ بھی نہیں بھولتے کہ گنپتی کی مورتیاں پانی میں گھلنے کے بعد جب کیچڑ میں تبدیل ہو جاتی ہیں تو مچھلیوں کا کتنا دم گھٹتا ہے ۔یہیں ان کے دل میں یہ خواہش بیدار ہوتی ہے کہ کاش مچھلیوں کو بولنا آتا۔ یا اُن کے کبوتروں جیسے پر ہوتے ،جب جب اُن کا پانی میں دم گھٹتا وہ پانجرہ پول کے کبوتر خانے میں آن بسیرا کرتیں ۔اٹھارہ سو چونتیس میں بننے والے اس کبوتر خانے کی انفرادیت یہ ہے کہ یہاں بیمار اور زخمی کبوتروں کا علاج ڈاکٹروں سے کرایا جاتا ہے۔

'ممبئی ڈائری' میں اورنگ زیب عالمگیر کے دور کے 'ناگ مندر' کا ذکر بھی تفصیل سے کیا گیا ہے ۔مجگاؤں پر ڈاکیارڈ روڈ ریلوے اسٹیشن سے کچھ دوری پر واقع چھوٹا سا یہ مندر دیکھ کر نہیں لگتا کہ اس کی تعمیر اورنگ زیب کے دور میں ہوئی ہوگی ۔ناگ کے اس مندر کی تعمیر اورنگ زیب کے ایک سپاہی نے کی تھی ۔یہاں یہ سوال پیدا ہوتا ہے کہ اورنگ زیب اگر ہندوؤں کا دشمن ہوتا تو مندر کی اجازت کیوں دیتا؟

ممبئی میں انڈر ورلڈ کے چرچے کیوں ہوتے ہیں؟ عورتوں کی لوکل کا فائدہ کیا ہے؟ آزاد میدان کے امپائر چکی کیوں کھاتے ہیں؟ چرچ گیٹ کی کھاؤ گلی اور کراس میدان کی فیشن اسٹریٹ پہلے

نہیں تھیں ۔اب کیسے آباد ہوئی ہیں؟ فرحان حنیف نے اپنی ڈائری میں آنکھوں کی طرح چمکتے اور دل کی طرح دھڑکتے ممبئی کے ہر منظر کو پینٹ کیا ہے۔نوراتری پر حاجی علی کے ہیرا پنا میں سر سنگیت ۔نورات ۔درگا دیوی کو خوش کرنے کی خاطر مسلم نوجوان بھی جب گرباراس کے پنڈالوں میں ڈانڈیا اور آنکھیں لڑاتے ہیں تو فرحان حنیف سے چھُپ نہیں پاتے۔

'یہ ہے ممبئی میری جان' گویا شہر کا مکمل خاکہ ہے جس میں وہ لکھتے ہیں، ''ممبئی چوبیس گھنٹے جاگتا ہے۔اس وقت بھی جب دوسرے شہر سو جاتے ہیں۔ممبئی ایک خوبصورت خواب ہے۔ یہاں نوٹ اڑتے ہیں لیکن انہیں کے ہاتھ لگتے ہیں جنہیں پکڑنے کا سلیقہ آتا ہے۔ممبئی کبھی شہروں کی دلہن کہلاتا تھا آج شرابیوں کی سب سے بڑی بستی کے طور پر جانا جاتا ہے۔موجودہ ممبئی مطلب پرستوں کا شہر ہے لیکن پرانا ممبئی اس کے برعکس تھا۔پھر بھی جو یہاں آتا ہے یہیں کا ہو کر رہ جاتا ہے یا تو لوگ بڑھاپے میں اپنے آبائی علاقوں میں جاتے ہیں یا رحلت کے بعد ان کی خبر یا لاش جاتی ہے۔ممبئی میں ہوائی جہاز کے ذریعے اُتریں یا ٹرین کے ذریعے داخل ہوں۔سب سے پہلے سامنا جھونپڑ پٹیوں سے ہوتا ہے۔شہر کی آدھی آبادی انہیں جھونپڑ پٹیوں میں رہتی ہے۔انگریزوں کا بمبئے ،شہریوں کا بمبئی اور شیوشاہی راج کا ممبئی''۔

اگر فرحان حنیف وارثی کی اس ڈائری کو چند لفظوں میں بیان کیا جائے تو کہا جا سکتا ہے کہ لوکل ٹرینوں میں بھاگتی دوڑتی ،ہارمونیم پر گیت سناتی اور چلتے پھرتے سوتی جاگتی زندگی کا نام ہے ''ممبئی ڈائری''۔

فاضل جمیلی

(شاعر اور صحافی، پاکستان)

ممبئی نمبر ۴۰۰۰۰۸

ممبئی شہر تو ایک ہے لیکن اس کے چہرے کئی ہیں۔ یہ ہندوستان اور دنیا کا ایک ایسا منفرد اور جادوئی شہر ہے جو ہر دیکھنے والے کو الگ الگ روپ میں نظر آتا ہے۔ کچھ لوگوں کا یہ کہنا ہے کہ ممبئی ایک جیتے جاگتے شہر سے بے روح مشین میں تبدیل ہوتے جارہا ہے اور اب Autopilot پر ہے۔ مجھ سے اگر کوئی پوچھے تو میں یہ کہوں گا کہ یہ شہر کبھی تھکتا نہیں ہے اور جب دیگر شہر آرام دہ بیڈروم میں ٹانگیں پسارے سُستا رہے ہوتے ہیں، یہ اُس وقت بھی جاگتے رہتا ہے۔ اس کی یہی خوبی اسے دوسروں سے علیحدہ اور ممتاز کرتی ہے۔

ممبئی میں جہاں چیچک زدہ کھُردرے راستے اکتاہٹ کا احساس دلاتے ہیں، تو وہیں دوسری طرف صاف ستھری، چکنی اور روشنی سے مزین سڑکیں دیکھ کر یوں محسوس ہوتا ہے جیسے کسی سلیقے مند خاتون نے الماری میں بڑے قرینے سے تہہ کر کے پوشاکیں رکھی ہیں۔ دروازہ کھولتے وقت یہ ڈر لگے کہ کہیں وہ اوندھی نہ گر جائیں۔ ممبئی میٹرو اسلفا کی پہاڑیوں سے گزرتی ہے اور جب مسافر شیشے سے ان پہاڑیوں کو نہارتے ہیں تو انھیں احساس ہوتا ہے کہ جیسے وہ اٹلی کے شہر Positano میں گھوم رہے ہیں۔

۱۳۴۷ء میں ممبئی کو دہلی سلطنت نے صوبہ گجرات میں شامل کیا۔ کچھ ہی دنوں بعد گجرات، سلطنت دہلی سے آزاد ہو کر ایک خودمختار ریاست بن گئی اور سلطان احمد شاہ کا ماہم، تھانہ اور سالسیٹ پر تسلط قائم ہوگیا۔ سلطان احمد شاہ نے ۳۲ سال تک گجرات میں شاندار حکومت کی۔ سلطان احمد شاہ کے بعد بالترتیب محمد شاہ ثانی، قطب الدین شاہ محمود بیگڑہ، مظفر حکیم، سکندر اور سلطان شاہ بہادر نے اقتدار سنبھالا۔ ماہم ان سبھی بادشاہوں کے ماتحت رہا اور یہاں ایک قلعہ بھی بنایا گیا۔ اسی زمانے میں عرب مسلمان ممبئی اور ماہم میں آ کے آباد ہو گئے اور مسلمانوں کی مختلف قومیں مثلاً میمن، بوہرہ اور خوجہ وغیرہ نے بھی یہاں بودوباش اختیار کی۔

ممبئی کی سب سے مشہور حاجی علی درگاہ ۱۴۳۱ء میں وجود میں آئی اور اس کے تقریباً ۱۰۰ سال بعد پرتگالیوں نے اس شہر کو اپنے قبضے میں لیا۔ پرتگالیوں کی حکومت سازی کے لگ بھگ ۳۳ برس پہلے ۲۰ رمئی ۱۴۹۸ء کو Vasco Da Gama کالی کٹ پہنچ گیا تھا۔ممبئی اس وقت ساحل سمندر پر واقع مچھلیوں کے شکار کے لیے معروف ایک چھوٹا سا گاؤں تھا اور اسے اس دور میں بھی مہاجرین اور تاجرین کے شہر کی حیثیت سے شہرت حاصل تھی۔ممبئی کے ساتوں جزیرے اپنی ثروت مندی کو لے کر اُس عہد میں بھی مقبول تھے اور مغلوں کی شدید خواہش تھی کہ وہ اِن جزیروں کو بھی اپنی وسیع وعریض سلطنت کا حصہ بنائیں۔تاریخ کی قدیم کتابوں میں درج ہے کہ مغل شہنشاہ نصیر الدین محمد (ہمایوں) نے دہلی سے ممبئی کو فتح کرنے کی غرض سے کوچ کیا تھا۔سلطان بہادر شاہ کو جب یہ خبر ملی تو اس نے پرتگالیوں کے ساتھ معاہدہ کر کے ۲۳ ردسمبر ۱۵۳۴ء کو ممبئی اور بسین ان کے سپرد کردیے اور اُدھر ہمایوں راستے میں چھوٹی چھوٹی لڑائیوں میں الجھ کے رہ گیا۔اس طرح سورت میں پرتگالیوں اور انگریزوں کے درمیان ممبئی کی حصولیابی کے لیے زبردست معرکہ ہوا تھا جس میں فرنگیوں کو کامیابی ملی تھی۔

فرانس اور برطانیہ کی حکومتوں نے اسے ہمیشہ للچائی نظروں سے دیکھا لیکن تقدیر پرتگالیوں پر مہربان تھی۔جب ۲۱ رمئی ۱۶۶۲ء کو برطانیہ کہ شہزادے چارلس دوئم نے پرتگال کے بادشاہ کنگ جارج چہارم کی دختر کیتھرائن سے شادی کی تو پرتگالیوں نے خوش ہو کر ممبئی انھیں جہیز میں دے دیا۔اس عقد سے پرتگال اور برطانیہ کے مراسم کافی گہرے ہو گئے تھے اور آگے چل کر ۱۶۶۸ء میں پرتگالیوں نے لیز پر ممبئی کے سات جزیرے ایسٹ انڈیا کمپنی کے سپرد کردیے۔اس وقت اورنگ زیب کا دبدبہ قائم تھا اور ممبئی مشرق کا شنگھائی یا نیویارک بن چکا تھا۔

قدیم ممبئی سات جزائر قلابہ، مجگاؤں، اولڈ ویمنس آئی لینڈ، ورلی، ماہم، پریل اور ماٹونگا سائن پر مشتمل تھا۔کسی زمانے میں یہ ساتوں جزیرے سمراٹ اشوک کی مملکت کا حصّہ تھے اور اس کی موت کے بعد مختلف ہندو راجاؤں کو منتقل ہوتے رہے۔مثلاً موریہ خاندان، چالوکیہ خاندان، راشٹرکوٹ خاندان، سلہارا خاندان اور یادو خاندان وغیرہ نے ممبئی پر حکومت کی۔مورخ بلاذری کے مطابق ممبئی کی بندرگاہ تانہ (تھانہ) کو یہ شرف حاصل ہوا کہ حضرت عمر فاروقؓ کے عہد میں عربوں نے اس سرزمین پر قدم رکھا اور یہیں آباد ہو گئے۔تاریخ مسعودی میں درج ہے کہ سلہارا خاندان کے باکمال حکمرانوں

نے اپنے دورِ حکومت میں تھانہ اور ممبئی کو تجارتی حیثیت سے عروج پر پہنچا دیا تھا۔ انھوں نے بیرون ممالک اور خصوصاً مسلم ممالک سے تجارتی مراسم استوار کیے تھے۔ مسلمان تاجروں کو اپنی ریاستوں میں مسجدیں بنانے کی اجازت دی تھی اور ان کے جھگڑوں کو سلجھانے کے لیے مسلمان قاضی مقرر کیے تھے۔

۱۶۷۲ء میں چھترپتی شیواجی مہاراج اور اورنگ زیب کی مغل فوجوں کے درمیان پونہ میں لڑائی جاری تھی اور ادھر پارسیوں نے پہلا فائر مندر (ہرجی وچا گاری) قائم کیا اور اپنا پہلا پاور آف سائلنس بھی کھڑا کیا۔ پارسیوں کو ایران سے بھگائے جانے کے بعد ممبئی میں پناہ ملی تھی۔ ایک طرف جہاں مغلوں کا ہندستان بکھر رہا تھا، وہیں دوسری طرف ممبئی ترقی کر رہا تھا۔ یہ ۱۷۳۵ء کی بات ہے۔ نوسلی واڈیا کے آبا و اجداد نے ممبئی میں پہلی خشک بندرگاہ بنائی اور اسے 'واڈیا ڈاک' کا نام دیا۔ اسی سال ایسٹ انڈیا کمپنی نے بھی بندرگاہ بنائی تھی۔ ۱۸۰۱ء میں مختلف حصوں سے آنے والے مہاجرین نے کثیر ثقافتی اور کثیر مذہبی شہر کو اپنا ٹھکانہ بنایا تھا اور مشہور 'سدھی ونایک ٹیمپل' کی بنیاد ڈالی تھی۔ ۱۸۳۸ء میں ایک برطانوی تاجر نے 'ڈیلی مرکنٹائل' جاری کیا جس کا نام بعد میں بدل کر 'بمبئی ٹائمز' اور 'جرنل آف کامرس' رکھا گیا۔ آج وہی میڈیا ہاؤس 'ٹائمس آف انڈیا' کے روپ میں بین الاقوامی سطح پر مقبول ہے۔

ممبئی کی تاریخ کا ایک سنہرا دن ۹ر جولائی ۱۸۷۵ء کا بھی ہے۔ اس دن دلال اسٹریٹ میں واقع برگد کے ایک قدیم پیڑ کے نیچے "دی نیٹیو شیئر اینڈ اسٹاک بروکرس ایسوسی ایشن" کی بنیاد رکھی گئی تھی۔ برگد کا یہ پیڑ ایشیا کا سب سے پرانا پیڑ تھا۔ آج یہ اسٹاک ایکسچینج شہر کی شان بن چکا ہے اور اسے ایشیا کا پہلا اسٹاک ایکسچینج ہونے کا شرف بھی حاصل ہے۔ اس کی بنیاد پریم چند رائے چند نے رکھی تھی۔ ممبئی کی تاریخ میں کئی فسادات کا تذکرہ ملتا ہے۔ ۱۸۹۳ء میں ہندوؤں اور مسلمانوں کے مابین ہونے والے دنگے میں چار منادر اور دو مساجد کو پوری طرح منہدم کیا گیا تھا۔ مسلمانوں پر اس فساد کے آغاز کا الزام عائد کرتے ہوئے کہا گیا کہ انھوں نے ایک شیو مندر کی بے حرمتی کی تھی۔ ۱۳ر اگست ۱۸۹۳ء کو 'نیویارک ٹائمز' نے اپنی رپورٹ میں ہندوؤں اور مسلمانوں پر خوب جم کے تنقید کی تھی۔ ویسے ممبئی میں پارسیوں اور مسلمانوں کے درمیان بھی فسادات رونما ہو چکے ہیں۔ ان دونوں قوموں کے بیچ غالباً پہلا فساد ۱۸۵۱ء کو ہوا تھا اور اس کا سبب یہ تھا کہ پارسیوں نے اپنے پہلی گیشن Chitra Dynan Darpan میں پیغمبر اسلامؐ کی خیالی تصویر کے ہمراہ ایک قابل اعتراض سوانح شائع کی تھی۔ ۱۰ر مئی

۱۸۵۷ء کو مسلمانوں نے Bejonji Sheriaiji Bharucha پر مسجد کی بے حرمتی کا الزام عائد کیا تھا اور یہ تنازعہ طول پکڑتے ہوئے فساد کی شکل اختیار کر گیا تھا۔ یہ واقعہ بامبے پریسیڈنسی کے شہر بھروچ کا ہے جو اب گجرات میں شامل ہے۔ پارسیوں اور مسلمانوں نے ۲۶ نومبر ۱۸۵۷ء کو درگاہ کی زمین کو لے کر ایک دوسرے پر حملہ کیا تھا اور اس فساد میں دونوں قوموں کا بھاری نقصان ہوا تھا۔ ۱۳ فروری ۱۸۷۴ء کو رستم جی ہاراموس جی جل بھائی کا Famous Prophets and Communities نامی مضمون شائع ہوا جس میں انھوں نے پیغمبر اسلامؐ کی شخصیت کو ہدف تنقید بنایا تھا۔ جب مسلمانوں کو اس مضمون کا علم ہوا تو انھوں نے جذبات میں آ کر پارسیوں پر حملہ کر دیا۔ پارسیوں کی طرف سے بھی اس حملے کا جواب دیا گیا اور اس طرح دنگا شروع ہو گیا۔

ممبئی ایک ایسا شہر ہے جس نے بڑے مدوجزر کا سامنا کیا ہے۔ اس نے آزادی کی لڑائی میں بھی شرکت کی ہے۔ ۸ اگست ۱۹۴۲ء کو مہاتما گاندھی نے 'بھارت چھوڑو آندولن' کا آغاز گوالیا ٹینک کے اگست کرانتی میدان سے کیا تھا۔ امریکا کے صدر فرینکلین ڈی روزویلٹ نے اس وقت 'بھارت چھوڑو آندولن' کی حمایت کرتے ہوئے برطانیہ کے وزیر اعظم ونسٹن چرچل سے رابطہ کیا اور انھیں مجبور کیا کہ وہ مہاتما گاندھی اور بھارتیوں کے مطالبات کو سنیں۔

مہاراشٹر اور گجرات پہلے بامبے پریسیڈنسی میں شامل تھے۔ دونوں طرف کے لوگوں نے زبان کو بنیاد بنا کر دو علیحدہ ریاستوں کے قیام کی مانگ کی۔ یہ بھی تنازعہ پیدا ہوا کہ ممبئی کسے دیا جائے؟ گجراتیوں اور مراٹھیوں نے اپنا اپنا دعویٰ پیش کیا۔ یہ بھی آواز اٹھی کہ اسے ایک الگ اسٹیٹ یا ریاست قرار دیا جائے۔ 'سنیوکت مہاراشٹر سمیتی' نے اس کے خلاف زبردست احتجاج کیا جس کے دوران بھیڑ مشتعل ہو گئی اور پولیس کو فائرنگ کے لیے مجبوراً ہونا پڑا۔ اس فائرنگ میں ۱۰۵ مراٹھیوں کی موت ہو گئی اور معاملہ سنگین ہو گیا۔ آخر کار یکم مئی ۱۹۶۰ء کو 'انٹرنیشنل لیبر ڈے' کے موقع پر گجرات اور مہاراشٹر کو الگ الگ ریاست کا درجہ دیا گیا اور ممبئی کو مہاراشٹر کی راجدھانی بنایا گیا۔

بہرحال آج ماہی گیروں کا یہ قدیم شہر کاسموپولیٹن سٹی میں تبدیل ہو چکا ہے۔ یہاں ہر فرقے، ہر طبقے اور ہر مذہب کے ماننے والوں کا آشیانہ قائم ہے۔ ممبئی میں گھر جیسا سکون ہے اور یہاں کی مسلسل بھاگ دوڑ کے باوجود بھی شہری اُوبتے نہیں ہیں۔ بنگلے اور فلک بوس عمارتوں میں رہنے والے بھی خوش ہیں اور فٹ پاتھ کے ساکن بھی۔ ممبئی کے شہری مسافروں سے کھچا کھچ بھری ہوئی بسوں

اور ٹریفک کے عادی ہو چکے ہیں۔ ٹریفک اور شور وغل سے گھبراتے نہیں ہیں۔

وی جے اور بالی ووڈ ایکٹر سائرس ساہوکار لکھتے ہیں، ''ہمارا یہ شہر ایک بہت بڑے 'ویٹنگ روم' جیسا ہے جہاں ہر کوئی کسی نہ کسی چیز کا منتظر ہے۔ ہر شخص کسی بڑی کامیابی کا انتظار کر رہا ہے۔ شہر اس تیزی کے ساتھ تبدیلیوں کی سمت گامزن ہے کہ یہ بات خارج از امکان نہیں ہے کہ صبح آپ جس سڑک سے چل کر آئیں رات تک وہ باقی ہی نہ رہے۔ ممکن ہے کہ اسے کھود دیا گیا ہو یا پھر کبھی لوگوں کی راہ گزر رہنے والا زمین کا یہ حصّہ جشن گاہ میں تبدیل ہو گیا ہو اور وہاں شام کو شادی بیاہ کی تقریب منعقد کی جا رہی ہو یا پھر کسی تعزیتی جلسے کے لیے اس سڑک کا استعمال کیا جا رہا ہو۔ آپ کو اپنے گھر پہنچنے کے لیے فوری طور پر متبادل راستہ تلاش کرنا پڑے گا۔'' انھوں نے آگے لکھا ہے، ''اس بات کا بھی امکان ہے کہ گھر پہنچنے کے لیے کسی گلی کا انتخاب کرنا پڑے، کوئی دیوار ہی پھلانگنی پڑ جائے یا پھر کسی سُرنگ کا سہارا لے کر گھر تک پہنچنا پڑے۔ اگر آپ گاڑی پر ہیں تو راستے میں آپ کا سامنا آٹو رکشا ڈرائیوروں، پھل فروشوں، سڑک پر کھیلتے بچوں اور ایسے لوگوں سے ہوگا جو چلتی ہوئی گاڑیوں کے سامنے سے انتہائی سست رفتاری سے چلنا ہُنر سمجھتے ہیں۔''

مجھے یاد آ رہا ہے کہ بین الاقوامی شہرت یافتہ رسالے ''ریڈرز ڈائجسٹ'' نے اس شہر کی نیک نامی پر بدنامی کا ملمع چڑھانے کی کوشش کی تھی اور ایک سروے کے توسط سے اِسے دنیا کا سب سے 'ناشائستہ شہر' قرار دیا تھا۔ مگر اس 'ناشائستہ شہر' نے اس 'بے ہودہ الزام' کو نہایت وسیع القلبی سے برداشت کر لیا اور ایشوریہ رائے کی طرح بس مسکرا کر رہ گیا۔ سرسید احمد خاں ۱۸/اپریل ۱۸۶۹ء کو شائع ہونے والے ایک مضمون میں رقم طراز ہیں ''بمبئی نہایت عمدہ اور نفیس شہر ہے۔ نہایت بڑی تجارت گاہ ہے۔ کوئی بات بھی اس شہر میں ہندستانی شہر کی طرح نہیں ہے۔ بالکل ایک انگریزی شہر معلوم ہوتا ہے۔ تصویروں میں جو انگریزی شہروں اور بازاروں کے نقشے دیکھے ہیں، ہُو بہو اسی وضع اور اسی قطع کا شہر ہے۔'' انگریزی اخبار ''دی ہندستان ٹائمس'' کے ۱۴/جولائی ۲۰۰۶ء کے ایشو میں معروف فلم ساز شیام بینیگل کا ممبئی پر تحریر کردہ ایک مضمون شائع ہوا تھا۔ شیام بینیگل کے بقول، ''میں ممبئی میں تقریباً نصف صدی سے مقیم ہوں لیکن یہاں کی رہائش اور زندگی سے متعلق میرا ردِّ عمل شدید اور تضادات سے پُر ہے۔ مختصر یہ کہ ایک طرف میں نیویارک کو چھوڑ کر کسی دوسرے شہر میں رہنے کے بارے میں سوچ نہیں سکتا۔ دوسری طرف میں یہ نہیں مان سکتا کہ مجھ سمیت کوئی بھی ایک ایسے شہر میں رہنا پسند کرے گا

جو اتنا گندا، گنجان، شوروغل سے پُر ہے اور جہاں گاڑیوں کی ٹریفک روز بروز بڑھ رہی ہے، اگرچہ سڑکیں پہلے ہی سے ناکافی ہیں۔ جہاں عوامی سروسز جتنی آبادی کے لیے شروع کی گئی تھیں اس سے کئی گنا آبادی کی ضرورت پوری کررہی ہیں۔ تعمیرات کا کاروبار پھلا پھولا، کالونیاں پھیلیں مگر لوگوں کی زیادہ تعداد کی وجہ سے آدمی کوٹھریوں کی طرح کے گھروں میں رہ رہے ہیں اور شہر میں آبادی کا حصّہ جھوپڑ پٹیوں میں زندگی گزار رہا ہے۔ لوگ دن بدن بڑھ رہے ہیں اور ممبئی دنیا میں سب سے بڑا جھوپڑ پٹیوں کا شہر بن گیا ہے۔ بھلا ہو زمین کی حد بندی اور کرائے سے متعلق فرسودہ قوانین کا، زمین کے مافیاؤں کا، جن کی پرورش اور سرپرستی وہ طبقہ کررہا ہے جس کا سیاسی مفاد اس سے وابستہ ہے۔ بے شک ہندوستان میں ممبئی کو ایک ایسا شہر کہا جاسکتا ہے جہاں زندگی پر دباؤ سب سے زیادہ ہے۔''

شیام بینیگل لکھتے ہیں،''اگر یہ اتنا مصیبت والا ہے جتنا کہ میں بتارہا ہوں تو پھر میں یہاں کیوں رہ رہا ہوں؟ اور اتنی بڑی آبادی یہاں کیوں مقیم ہے؟

مختصر سا جواب: مواقع! ممبئی میں سب سے زیادہ مواقع ہیں اور ہر آنے والے کو یہاں روزگار ملتا ہے۔ میں ممبئی آیا کیوں کہ یہ ہندستان کا واحد شہر ہے جہاں میری آرزو کی تکمیل ممکن ہوئی یعنی فلم ساز بننا۔'' شیام بینیگل کے مطابق،''ممبئی میں مہم جوئی اور محنت کی قدر ہے۔ یہاں ہر قسم کی صلاحیت کا اعتراف کیا جاتا ہے اور وہ بھی اتنے بڑے پیمانے پر کہ دوسرا شہر چاہے بھی تو اس کو خرید نہیں سکتا۔ یہاں زمین دارانہ مزاج نہیں ہے اور جمہوری رویہ ہے، ہر چند کہ سڑی پن زیادہ ہے تاہم مجموعی طور پر منافقت، تصنع اور ظاہر داری کم ہے۔ بڑائی کی علامتیں وہی چیزیں ہیں جن کو پیسہ خرید سکتا ہے۔ اس کے باوجود اس تجارتی شہر میں مالدار طبقہ اپنی دولت کی نمائش کی ضرورت محسوس نہیں کرتا، اگرچہ دہلی کی نئی کالونیوں میں امیر اور رئیس لوگ دولت کی نمائش کے سلسلے میں تمام حدود پھلانگ جاتے ہیں۔ کولکاتہ اور چنئی شہروں کے مقابلے میں ممبئی میں متوسط طبقہ کم باذوق ہے، جمالیاتی حس سے عاری ہے مگر اس کے باوجود اس کا مزاج جدت پسند ہے اور وہ ترقی پسند ہے۔''

مشہور تاریخ داں این ایس کھورانہ کو بھی اس شہر نے اپنی طرف راغب کیا ہے۔ انھوں نے لکھا ہے،''وسیع المشربی اور کثیر ثقافتی مزاج کے لحاظ سے عروس البلاد ممبئی اپنی مثال آپ ہے۔ اس شہر میں مختلف تہذیبیں آپس میں متصادم ہوئی ہیں مگر اس کے ٹکراؤ کا کمال یہ ہے کہ الگ الگ ثقافتیں آپس میں گھل مل گئیں جس کے نتیجے میں ایسی فرقہ وارانہ ہم آہنگی اُبھری جو لاجواب ہے اور ہمارے

گردوپیش کی ہر سرگرمی اور تاریخی آثار میں نمایاں ہے ۔ چاہے وہ عمارتوں کا فن تعمیر اور نقش ونگار ہو، شہریوں کے ملبوسات ہوں، ان کا طرزِ زندگی ہو یا وضع قطع اور رسم و رواج ہوں ۔ممبئی شہر میں مشرق و مغرب کی آمیزش ہے جو واقعی منفرد ہے۔"

ممبئی عالمی سطح پر بالی ووڈ اور انڈرورلڈ کے توسط سے مقبول ہے ۔ڈاکٹر بابا صاحب امبیڈکر، بال ٹھاکرے، دلیپ کمار، راج کپور، دیو آنند، لتا منگیشکر، نوشاد علی، محمد رفیع، رتن ٹاٹا، مکیش امبانی، امیتابھ بچن، سعادت حسن منٹو، علی سردار جعفری، کیفی اعظمی، ساحرلدھیانوی، عصمت چغتائی، سنیل گاوسکر، گلزار، جاوید اختر، استاد امجد علی خاں، دھرمیندر، نصیر الدین شاہ، سچن تینڈولکر، شاہ رخ خان، عامر خان، سلمان خان، وسیم جعفر، داؤد ابراہیم، حاجی مستان مرزا، ایشوریہ رائے، سلمان رشدی، ٹروئے کوسٹا، ایم ایف حسین اور محمد علی جناح جیسی بے شمار شخصیتوں کا اس شہر سے تعلق رہا ہے یا اب بھی ہے ۔مخدوم علی ماہمیؒ، حاجی علیؒ، اور دیگر بزرگانِ دین کے مزارات یہاں مرجع خلائق ہیں ۔ قدیم ممبئی کی ملیں، ایرانی کیفے اور اس کی چائے اور بن مسکا (Bread butter)، کماٹی پورہ اور پلے ہاؤس میں جسم فروش خواتین کے چکلے، فارس روڈ اور کانگریس ہاؤس کے مجرے، فاکلینڈ روڈ کے ہیجڑے، گھوڑا گاڑی، راستوں کے کنارے فائر ہائڈرینٹس اور ہر گلی محلے کے نکڑ پر نصب پوسٹ باکس اب ماضی کی داستان بن چکے ہیں ۔ ہاں! مگر آج بھی اس شہر میں کوئنس نیکلیس، دھاراوی کی جھوپڑپٹی، بالکنی والی عمارتیں، چالیں، کھولیاں، ٹفن سپلائی کرنے والے (ڈبّے والے)، موچی اور مالش والے، ہاتھ گاڑی اور پاٹی والے، دیسی شراب کی دکانیں، لوکل ٹرینیں اور بی ای ایس ٹی کی بسیں موجود ہیں ۔ناشتے میں آج بھی سلیس اور بُرون پاؤ تناول کرنے کا رواج ہے ۔اس شہر کا افلاطون اور وڑا پاؤ بھی کافی مشہور ہے۔

ممبئی کے ہر علاقے کو پن کوڈ کے حساب سے بانٹا گیا تھا تا کہ ڈاکیے کو تار اور خطوط پہنچانے میں آسانی ہو ۔اب لینڈ مارک سے کسی کا پتہ تلاش کیا جاتا ہے ۔ یوں تو پورا ممبئی دیکھنے جیسا ہے لیکن اگر کسی نے ممبئی نمبر ۸ (400008) اور ممبئی نمبر ۳ (400003) کو نزدیک سے نہیں دیکھا تو یقین کیجیے اس نے عروس البلاد ممبئی کو ادھورا دیکھا۔

ممبئی کو سر سید احمد خاں، این ایس کھورانہ، شیام بینیگل اور سائرس ساہوکار نے اپنی عینک سے دیکھا ہے ۔شہروں کی اس دلہن کو میں نے بھی ایک نئے انداز میں دیکھا ہے اور اس سے لطف اندوز بھی ہوا ہوں ۔ممکن ہے کہ ممبئی کا یہ روپ آپ نے ابھی تک نہیں دیکھا ہو اور شاید جنھوں نے دیکھا بھی ہو تو

بس سرسری طور پر، اور اسے کوئی اہمیت نہیں دی ہو۔ممبئی ایسا شہر نہیں ہے کہ جسے آپ اُچٹتی نظروں سے دیکھیں اور آگے بڑھ جائیں۔میں نے اس شہر کو بچوں کی طرح ٹھہر کے Kaleidoscope سے دیکھا ہے اور جو کچھ دیکھا ہے اسے اس کتاب میں دکھانے کی کوشش کی ہے۔

''ممبئی ڈائری'' روزنامہ'اردو ٹائمز' میں شائع ہونے والے میرے کالموں کا مجموعہ ہے۔ بظاہر ہلکے پھلکے سے نظر آنے والے ان کالموں میں ممبئی سانسیں لے رہا ہے۔ دراصل ''ممبئی ڈائری'' لکھنے کی ذمہ داری مجھ سے قبل افسانہ نگار، مترجم اور صحافی م.ناگ نے نبھائی تھی اور ان کے بعد اسے قلم بند کرنے کا فریضہ مجھے ادا کرنا پڑا۔ میں اس سعادت کے لیے اخبار کے پارٹنرس معین منظور احمد (مرحوم)، خالد منظور احمد اور امتیاز منظور احمد کا شکر گزار ہوں کہ انھوں نے مجھے اس قابل سمجھا۔

''ممبئی ڈائری'' اخبار کی کٹنگس کی شکل میں برسوں سے ایک زنبیل میں پڑی تھی اور نہ جانے کب تک پڑی رہتی لیکن 'نیا ورق' اور 'کتاب دار' کے شاداب رشید نے مجھے حوصلہ دیا اور رہی سہی کسر عرشیہ پبلی کیشنز کے اظہار ندیم نے پوری کر دی جس کے لیے میں ان دونوں دوستوں کا شکر گزار ہوں۔ جناب شیام بینیگل (ڈائریکٹر اور اسکرین رائٹر) اور جناب سائرس ساہوکار (ایکٹر، رائٹر اور وی جے) نے میری حوصلہ افزائی فرمائی جس کے لیے میں ان دونوں کا بھی ممنون ہوں۔ جناب شاہد صدیقی (راجیہ سبھا کے سابق رکن اور ہفت روزہ ''نئی دنیا'' کے مالک و مدیر اعلیٰ)، جناب فاضل جمیلی (انٹر لنک ملٹی میڈیا اور جنگ جیو میڈیا گروپ کے ایڈیٹر)، جناب سُدھارک اولوے (پدم شری اعزاز یافتہ فوٹو جرنلسٹ) اور جناب سمیر انجان (نغمہ نگار اور شاعر) نے مصروفیت میں سے وقت نکال کر اپنے قیمتی تاثرات قلم بند کیے، میں اس محبت، خلوص اور تعاون کے لیے ساری عمر ان چاروں کرم فرماؤں کا بھی ممنون اور قرض دار رہوں گا۔

لیجیے! یہ ''ممبئی ڈائری'' آپ کے لیے ہے، اسے ٹیبل پر رکھیں یا بک شیلف میں، بس اتنی سی التجا ہے کہ اپنی مصروفیت میں سے تھوڑا سا وقت نکال کر آپ اسے پڑھیں ضرور۔

شکریہ!

فرحان حنیف وارثی

یہاں کبھی گوالے نہاتے تھے

گوالیا ٹینک میدان کی تاریخ بھی کچھ کم دلچسپ نہیں ہے۔شروع میں یہاں ایک بڑا سا تالاب تھا۔گوالے یہاں اپنے جانوروں کے ہمراہ نہانے آتے تھے اورآس پاس میں واقع اپنے رہنے کی جگہوں پر سونے کے لیے چلے جاتے تھے۔ایک روز اس تالاب سے ایک موذی بیماری کا آغاز ہوا۔ پانی سے پھیلی اس بیماری سے کئی لوگ جاں بحق ہو گئے جس کی وجہ سے عہدیداران نے اس تالاب کو پاٹ دیا۔اس جگہ آج اگست کرانتی میدان ہے۔گوالوں نے یہاں آنا بند کر دیا مگر آج بھی اگست کرانتی میدان کولوگ گوالیا ٹینک کے نام سے ہی جانتے ہیں۔بعدازاں جب ٹرام چلنا شروع ہوئی تب گوالیا ٹینک کے نزدیک ٹرام ٹرمنس قائم کیا گیا۔ایک وہ بھی دور گزرا کہ جب دسہرے کے بعد دس روزہ میلہ یہاں لگتا تھا۔اب یہاں نہ ہی ٹرام کا ٹرمنس واقع ہے اور نہ ہی دسہرے کا میلہ لگتا ہے۔ہر برس سیاستداں ۹/اگست کو یہاں آ کر شہیدانِ وطن کو شردھانجلی پیش کرتے ہیں۔مہاتما گاندھی نے بھارت چھوڑو آندولن کا آغاز ۹/اگست ۱۹۴۲ء کو یہاں سے کیا تھا۔اس کے پاس ہی گوکل داس تیج پال ہال میں ۱۸۸۵ء میں کانگریس پارٹی کی بنیاد رکھی گئی تھی۔

۳/اگست ۱۹۹۷ء

جشن آزادی پر کروڑوں روپے خرچ کرنے سے کیا حاصل؟

کیا آپ کو معلوم ہے کہ ہندستان دنیا میں سب سے زیادہ چھٹیوں والا ملک ہے۔ہاں!یہ سچ ہے کہ ہمارے سرکاری ملازمین دنیا میں سب سے کم کام کرتے ہیں۔ہمارے سرکاری ملازمین سال میں مجموعی طور پر صرف ۱۳۵۷ر گھنٹے کام کرتے ہیں۔جب کہ یورپ اور امریکا میں یہ اوسط لگ بھگ ۱۸۰۰ گھنٹے کا ہے۔انڈین مرچنٹس چیمبر نے گذشتہ برس اپنے سابق صدر فخرالدین خوراکی والا کے مشورہ جات سے ایک تجویز مرکزی سرکار کو روانہ کی تھی جس میں عام تعطیلات کی تعداد میں کمی کا مطالبہ کیا

گیا تھا۔ آل انڈیا ایسوسی ایشن آف انڈسٹری کے صدر وجے کلنگی کے مطابق ایسوسی ایشن ہٰذا سے منسلک کئی کمپنیوں نے چھٹیوں کو کم کر دیا اور ان کے ورکروں نے اس فیصلے کو بخوشی مان بھی لیا۔ وجے کلنگی کہتے ہیں کہ ۱۵/اگست اور ۲۶/جنوری کے علاوہ یکم مئی، دیوالی، ہولی، عید اور کرسمس کے دن چھٹیاں ہونی چاہیے۔ ہندستان میں پچھلے سال ۱۷ عام چھٹیاں تھیں جب کہ برازیل، برطانیہ، سویڈن، اٹلی اور ہالینڈ میں ۸۔ فرانس، آسٹریا، آسٹریلیا اور فلپائن میں ۱۰۔ نیوزی لینڈ اور بیلجیم میں ۱۲ اور سوئزرلینڈ، جرمنی اور امریکا میں ۱۳ چھٹیاں تھیں۔ مہاراشٹر میں گذشتہ برس ۲۳ سرکاری چھٹیاں تھیں۔ اسٹیٹ بینک آف تراونکور کی ممبئی شاخ کے ایک کلرک نے بتایا کہ ان کے یہاں گذشتہ برس ۲۳ چھٹیاں تھیں۔ سوامی اگنواش نے ۱۹۹۵ء میں جدول سے یہ ثابت کیا تھا کہ سرکاری ملازمین ۳۶۵ دن میں سے لگ بھگ ۲۰۰ دن چھٹیاں مناتے ہیں۔ ممبئی میں واقع سٹی زن آرگنائزیشن فار پبلک اوپینین پچھلے ایک عرصے سے شہریوں میں اس بابت بیداری جگانے کی مہم چلا رہی ہے۔ سویت روس کے صدر بریزینو کا جس دن انتقال ہوا اس روز انھیں شردھانجلی پیش کرتے ہوئے پورے ملک میں ایک گھنٹے زائد کام کیا گیا جب کہ ہماری سرکار نے نصف دن کی تعطیل رکھی تھی۔ گڈ فرائی ڈے کے دن امریکا میں تمام سرکاری کام کاج جاری رہتے ہیں جب کہ ہمارے وطن میں اس دن چھٹی رہتی ہے۔ سوئزرلینڈ سرکار نے اپنے قومی دن کے ۷۰۰ سالہ جشن منانے کے لیے جب عوام سے رائے طلب کی تو انھوں نے منع کر دیا مگر ہمارے ملک میں آزادی کے گولڈن جبلی سال کے موقع پر کروڑوں روپیہ پانی کی طرح بہایا جا رہا ہے جب کہ آج بھی ملک کی نصف سے زائد آبادی غریبی سے جوجھ رہی ہے۔

۱۳/اگست ۱۹۹۷ء

گرنے پھسلنے میں فرق ہے کتنا

ابھی حال ہی میں فلم رائٹر ایسوسی ایشن نے گلزار اور جاوید اختر کو نیشنل ایوارڈ ملنے کی خوشی میں ایک اعزازیہ دیا تھا۔ جوہو کے ایک پانچ ستارہ ہوٹل میں انعقاد پذیر اس پروگرام کی نظامت کے دوران تبسم نے جاوید اختر کے ابتدائی دنوں کی یاد تازہ کرتے ہوئے کہا کہ جادو (جاوید اختر کو پیار سے اسی نام سے پکارتے ہیں) کی شروع سے یہ عادت رہی ہے کہ اگر کسی نے کوئی غلط لفظ استعمال کیا تو وہ

فوراً اسے ٹوک دیتے ہیں۔ایک مرتبہ میں اختر ماموں (جاوید اختر کے والد جاں نثار اختر) کے ہمراہ باتیں کر رہی تھی کہ اچانک صوفے سے دھم سے نیچے زمین پر آ گری۔میرے منھ سے نکلا ہائے میں گر گئی۔سامنے بیٹھے جادو نے فوراً ٹوکا،''یہ تبسم ہمیشہ غلط بولتی ہے۔یہ صوفے سے پھسلی ہے گری نہیں۔ اسے کہنا چاہیے تھا ہائے میں پھسل گئی۔''جی ہاں! ابتدا ایسی تھی ہمارے جادو یعنی جاوید اختر کی...اتنا کہہ کر تبسم اسٹیج سے نزدیک ایک صوفے پر بیٹھ گئیں۔اسٹیج پر براجمان جاوید اختر نے فوراً انھیں ٹوکا۔ ''آج آپ گرنے والی ہیں پھسلنے والی نہیں۔''جاوید اختر کے اتنا کہتے ہی پورا آڈیٹوریم زعفران زار ہو گیا۔تبسم نے جھینپتے ہوئے کہا،''ہاں سچ مچ اب میں موٹی جو ہو گئی ہوں۔''

۱۴/اگست ۱۹۹۷ء

فٹ پاتھ پر پڑا ہوا ایک مجاہد آزادی

پورے ہندستان میں آزادی کی پچاسویں سالگرہ کی تیاریاں نہایت زور وشور سے جاری ہیں مگر دوسری طرف آج بھی متعدد مجاہد آزادی انتہائی کسمپرسی کی زندگی گزار رہے ہیں۔جنگ آزادی میں خون بہانے والے ان جیالوں کا آج کوئی پرسان حال نہیں ہے۔بعض کو پیٹ کی بھٹیوں میں روٹیوں کا ایندھن بھرنے کی خاطر در در کی خاک چھاننی پڑ رہی ہے، تو کئی ایسے بھی ہیں جو سرکاری اسپتالوں کی نذر ہو رہے ہیں۔ممبئی کے ٹاٹا اسپتال کے باہر فٹ پاتھ پر رہنے والے اتم راؤ دیورے نامی مجاہد آزادی سرکار اور لیڈروں کی بے توجہی کے شکار ہیں۔ چالیس گاؤں کے باشندہ اتم راؤ دیورے کو افسوس اس بات کا ہے کہ مذکورہ اسپتال کے انتظامیہ نے ان کے ممکنہ علاج میں لاپرواہی برتی اور دوسری طرف قومی رہنماؤں نے بھی انھیں نظر انداز کر دیا۔اتم راؤ دیورے کا زیادہ تر وقت ٹاٹا اسپتال کے باہر ہی گزرتا ہے۔ان کا ایک بیٹا ابھی حال ہی میں سڑک حادثے میں اپاہج ہو گیا ہے۔ جب کہ دوسرا بیٹا گھر والوں کی کفالت کرتا ہے۔انھیں گلے کا کینسر ہے۔انھوں نے اسپتال کے عملے پر الزام لگایا کہ ڈاکٹروں نے ان کے علاج پر کوئی توجہ نہیں دی ،حتّیٰ کہ ایک مرتبہ جانچ کی خاطر ان کے جسم سے ایک بوتل خون بھی نکالا گیا جب کہ بیماری کی رپورٹ ان کے پاس موجود تھی۔ ۱۹۴۲ء کی لڑائی میں انگریزوں کے خلاف سینہ سپر ہونے والے اتم راؤ دیورے کی لاچاری ،بے بسی اور فاقہ

مستی کا اندازہ صرف ان لوگوں کو ہوسکتا ہے جو اس طرح کے حالات سے جوجھ رہے ہیں۔ آزادی کی پچاسویں سالگرہ منانے کے لیے مرکزی اور تمام ریاستی سرکاریں پانی کی طرح روپیہ بہا رہی ہیں۔ مگر آزادی کی لڑائی میں خون بہانے والوں کو جس طرح نظرانداز کیا جارہا ہے وہ قابل صد افسوس ہے۔

۱۹/اگست ۱۹۹۷ء

جب بھی غصہ کرتے ہو کچھ کھوتے ہو

موسم باراں میں لوکل گاڑیوں کا دیر سے چلنا اب ایک عام بات ہوگئی ہے۔ ٹرین آنے میں جب تاخیر ہوجاتی ہے تب ریلوے پلیٹ فارم پر مسافروں کی بھیڑ میں بھی اضافہ ہوجاتا ہے۔ جب ٹرین آتی ہے تب اس میں سوار ہونے کے لیے مسافر آپس میں طاقت آزمائی پر اتر جاتے ہیں۔ کبھی کبھار لوگ آپس میں تو تو میں میں بھی کرنے لگتے ہیں۔ پچھلے ہفتے ایک روز زوردار برسات ہورہی تھی۔ ملاڈ اسٹیشن پر چرچ گیٹ جانے والی ریل تاخیر سے پہنچی۔ ٹرین میں سوار ہوتے وقت دو مسافر آپس میں ٹکرا گئے۔ گاڑی میں سوار ہوجانے کے بعد ان میں بحث شروع ہوگئی۔ ایک بوڑھے آدمی نے دونوں لڑنے والوں کو سمجھایا کہ بھائی جوانوں کو جلد غصہ آجاتا ہے اور غصے کی وجہ سے ہاتھا پائی بھی ممکن ہے اور اہم چیز یہ ہے کہ جب تم لڑتے ہو تو کچھ نہ کچھ کھوتے ہو۔ مگر دونوں مسافروں نے بحث جاری رکھی۔ اس دوران جھگڑنے والے ایک نوجوان کو بیٹھنے کی جگہ مل گئی اور وہ جلدی سے سیٹ پر بیٹھ گیا۔ سیٹ پر بیٹھنے سے قبل اس نے برابر میں لگے ریک پر اپنی چھتری رکھ دی۔ چرنی روڈ اسٹیشن آنے پر وہ نوجوان اترنے کی جلدی میں اپنی چھتری لینا بھول گیا۔ پلیٹ فارم پر اترنے کے بعد اسے اپنی چھتری یاد آئی۔ اس نے دیکھا کہ وہی بوڑھا کھڑکی سے اسے چھتری دینے کے لیے بلا رہا تھا۔ چھتری دیتے وقت اس بوڑھے نے کہا،" بھائی میں تم سے کہہ رہا تھا کہ جب بھی تم غصے میں ہوتے ہو تب کچھ نہ کچھ کھوتے ہو۔" نوجوان نے چپ چاپ اپنی چھتری لی اور سر جھکا کر چلا گیا۔

۱۹/اگست ۱۹۹۷ء

فیشن اسٹریٹ

پوری دنیا میں ایسی سینکڑوں اسٹریٹ ہیں جہاں اس علاقے یا شہر کی خصوصیت یا انفرادیت کی جھلک ملتی ہے۔ انگریزی کے اس لفظ کا مطلب ہے سڑک یا گلی۔ مگر دنیا بھر میں اور بالخصوص برطانیہ یا امریکا میں اس لفظ نے خاص معنی لے لیا ہے اور اب اسٹریٹ کسی خاص یا اہم جگہ کو بھی کہا جاتا ہے۔ لندن میں نمبر تین ڈاوننگ اسٹریٹ میں برطانیہ کے وزیر اعظم کی رہائش گاہ ہے۔ برطانیہ میں ہی فلیٹ اسٹریٹ پر وہاں کے اخبارات کا سب سے بڑا بازار ہے۔ امریکا کی وال اسٹریٹ وہاں کی سب سے مشہور جگہ ہے۔ خود ہمارے ملک میں کلکتہ کی پارک اسٹریٹ اور کالج اسٹریٹ کو اہمیت حاصل ہے۔ عروس البلاد ممبئی میں فورٹ اسٹریٹ، حمام اسٹریٹ، میڈوز اسٹریٹ، فوربس اسٹریٹ، اپولو اسٹریٹ اور کئی دیگر اسٹریٹ موجود ہیں۔ ۹۰-۱۹۸۹ء میں ممبئی کے کراس میدان کے نزدیک ایک نئی اسٹریٹ کا جنم ہوا۔ اس اسٹریٹ کے ساتھ کئی خاص باتیں ہیں۔ سب سے اہم بات یہ ہے کہ فٹ پاتھ پر ہونے کے باوجود اسے اسٹریٹ کہا جانے لگا۔ ویسے تو ممبئی میں ہر طرف فٹ پاتھ اور پھیلے ہوئے بازار نظر آتے ہیں لیکن ان کا کوئی نام نہیں ہے مگر فیشن اسٹریٹ کو نہ صرف نام ملا بلکہ سستے ریڈی میڈ بازار کے روپ میں ایک الگ پہچان بھی ملی۔

گذشتہ پانچ برسوں میں فیشن اسٹریٹ کو چور بازار کی طرح غیر ملکی شہرت نصیب ہوئی۔ کیا آپ کو معلوم ہے کہ فیشن اسٹریٹ کی بھی اپنی ایک الگ کہانی ہے۔ فیشن اسٹریٹ کے ۱۹ نمبر خونچے کے وردی چند اس کہانی سے لگاتار جڑے رہے ہیں۔ ۵۵ سالہ وردی چند محض دس برس کی عمر میں راجستھان سے ممبئی آئے تھے تب ہی سے وہ ریڈی میڈ کپڑوں کی تجارت کر رہے ہیں۔ ۱۹۷۱ء میں برہن ممبئی مہانگر پالیکا نے صفائی کے نام پر تمام خونچہ فروشوں اور اسٹالوں کو جب تہس نہس کر دیا تو سبھی بیوپاریوں نے مل کر عدالت میں مقدمہ دائر کر دیا۔ کوئی اٹھارہ سال بعد ۱۹۸۸ء میں عدالت نے انھیں میوزیم کے پاس جگہ دی لیکن میوزیم کے ڈائریکٹر نے بامبے ہائی کورٹ سے رجوع ہو کر انھیں وہاں سے بھی بے دخل کر دیا۔ نتیجتاً عدالت نے انھیں فیشن اسٹریٹ پر دکان لگانے کی اجازت دی۔ آج فیشن اسٹریٹ چار سو دکانوں کا ایک بڑا ریڈی میڈ بازار ہے۔ فیشن اسٹریٹ میں روزانہ تبدیل ہونے والے فیشن کے مطابق کپڑے فروخت ہوتے ہیں۔ یہاں کے بیوپاری زیادہ تر دادر، چکلہ،

قدوائی نگر اور پریل سے کپڑے لاتے ہیں۔ جمے جمائے اور مشہور ترین بازار ہونے کے باوجود یہاں کے بیوپاریوں کو میونسپلٹی اور پولس والے تنگ کرتے ہیں۔ فیشن اسٹریٹ کے بیوپاریوں کو سب سے زیادہ تکلیف پانی کی ہے۔ ظاہر ہے کہ تمام تکالیف کی وجہ یہ ہے کہ یہ بازار فٹ پاتھ پر واقع ہے مگر ان تمام مسائل کے باوجود آج بھی فیشن اسٹریٹ شہریوں کے لیے ریڈی میڈ کپڑوں کا سب سے اہم بازار ہے۔

۲۰/ اگست ۱۹۹۷ء

دی پیلس جناح ہال

پاکستان کے قائد اعظم محمد علی جناح کی پیدائش سوراشٹر اور تعلیم بھلے ہی لندن میں ہوئی ہو مگر انھوں نے اپنی زندگی کا بیشتر حصہ ممبئی میں گزارا۔ بتایا جاتا ہے کہ ان کی زندگی جب آخری ہچکی لے رہی تھی تب وہ عروس البلاد کو یاد کر رہے تھے۔ محمد علی جناح نے تقسیم وطن کے بعد حکومت ہند سے التجا کی تھی کہ وہ ملبار ہل پر واقع ان کے بنگلے کو ان کے لیے خالی رکھے کیونکہ پتہ نہیں کب انھیں اپنے اس بنگلے کی ضرورت پڑ جائے۔ ہندوستانی وزیر اعظم پنڈت جواہر لال نہرو نے محمد علی جناح کی اس درخواست کو بخوشی قبول کر کے نہ صرف اپنی بلکہ ہندوستان کی فراخ دلی کا ثبوت پیش کیا تھا۔

محمد علی جناح نے ممبئی میں اپنی عمر سے ۲۲ برس چھوٹی رتن بائی پیٹیٹ سے بیاہ رچایا تھا۔ رتن بائی جنھیں جناح رتی کہہ کر پکارتے تھے۔ بہت جلد تھیوسوفرسٹ سوسائٹی کی ممبر بن گئیں۔ دونوں کے درمیان ان بن کی بنیاد یہیں سے پڑی۔ دونوں الگ الگ رہنے لگے۔ ہیکٹر جولیتھو کے مطابق ۲۹ برس کی عمر میں ممبئی کے اس گلاب کے مرجھانے کے بعد محمد علی جناح ڈونگری میں واقع قبرستان میں جا کر اپنی بیوی کے مزار پر پھول چڑھایا کرتے تھے۔ ملبار ہل کے ماؤنٹ پلیزنٹ روڈ پر واقع 'جناح ہاؤس' سے سبھی واقف ہیں۔ مگر بہت کم لوگوں کو پتہ ہے کہ محمد علی جناح کی ایک جائیداد 'دی پیلس جناح ہال' سردار ولبھ بھائی روڈ پر بھی موجود ہے۔ حالانکہ ولبھ بھائی روڈ آج ایک گمنام سا روڈ ہے مگر وہاں ایک بھون کے دروازے پر آویزاں پتھر کی تختی کو دھیان سے دیکھا جائے تو پیلے رنگ کی پرتوں کے نیچے کھدے یہ الفاظ بڑی آسانی سے پڑھے جا سکتے ہیں 'دی پیلس جناح ہال'۔ اسی کے بغل

میں کانگریس ہاؤس واقع ہے۔ جناح ہال کے دروازے پر لکھا ہے'یہ ہال ممبئی کے باشندوں نے ۱۱؍دسمبر ۱۹۱۸ء کو اپنی کامیابی کی یاد میں محمد علی جناح کی نگرانی میں بنایا ہے'۔ ۱۱؍دسمبر ۱۹۱۸ء کو رونما ہونے والے واقعہ کی تفصیل مشہور مصنف اسٹینلے والپرٹ نے اپنی کتاب میں اس طرح رقم کی ہے، ''ممبئی کے گورنر کی حیثیت سے لارڈ ویلنگٹن کے عہدے کے مدت ختم ہو رہی تھی۔ اس دوران ویلنگٹن کے کچھ یار دوستوں نے ان کے اعزاز میں ٹاؤن ہال میں ایک پروگرام رکھا تھا مگر جناح کا ان سے اختلاف تھا چنانچہ اس پروگرام کو ناکام بنانے کے لیے جناح اور ان کے ساتھیوں نے کمر کس لی۔ سر جمشید جی جو ویلنگٹن کی مداح سرائی کر رہے تھے کو درمیان میں روک کر محمد علی جناح نے سوالات کا سلسلہ شروع کر دیا۔ محمد علی جناح کی حمایت میں نعرے جاری ہو گئے۔ تب ویلنگٹن کے حامیوں نے محمد علی جناح کو مار پیٹ کر پروگرام سے باہر بھگا دیا۔ محمد علی جناح کو اس واقعے کے بعد ممبئی میں ہیرو کی حیثیت حاصل ہو گئی اور اسی خوشی میں 'دی پیلس جناح ہال' کا قیام عمل میں آیا۔ دلچسپ بات یہ ہے کہ آج جناح ہال کے اطراف و کناف میں رہنے والوں کو اس بابت کچھ علم نہیں ہے مگر تعجب خیز امر یہ ہے کہ 'انڈین ہیریٹیج سوسائٹی' کے 'ہیریٹیج بھون لسٹ' میں بھی اس کا ذکر موجود نہیں ہے۔ پاکستان کے مطالبے کے بعد جناح کا نام مسلم لیگ سے جڑ گیا اور کانگریس سے علیحدگی کے بعد وہ اس بھون سے بھی الگ ہو گئے۔ آج 'دی پیلس جناح ہال' اس زمانے کی بھولی بسری یادوں کی حیثیت اختیار کر گیا ہے۔

۲۱؍اگست ۱۹۹۷ء

وہ واپس نہیں آئے گی

عروس البلاد کے لوکل ریلوے اسٹیشنوں پر ٹکٹ چیکروں کو اپنا شکار ڈھونڈنے میں زیادہ محنت نہیں کرنی پڑتی ہے۔ کیونکہ ٹکٹ کے بغیر سفر کرنے والوں کی ایک مخصوص پہچان ہوتی ہے۔ بالخصوص سڑک چھاپ مجنوؤں سے تو وہ ضرور ٹکٹ دریافت کرتے ہیں۔ اکثر و بیشتر یہ بھی دیکھا گیا ہے کہ اپنی محبوباؤں کو اسٹیشن تک چھوڑنے آئے لڑکے پلیٹ فارم تک آجاتے ہیں، لہٰذا انھیں پکڑنا زیادہ آسان رہتا ہے۔ علاوہ ازیں کچھ لڑکے تو پلیٹ فارم پر بات چیت میں اتنے مشغول رہتے ہیں کہ ٹرین آنے

تک ان کی گفتگو نامکمل رہتی ہے۔لہذا وہ عجلت میں ٹکٹ لیے بغیر ٹرین میں سوار ہو جاتے ہیں۔ایسے لڑکے بھی بعد میں پکڑے جاتے ہیں۔گذشتہ دن اس نوعیت کا ایک دلچسپ واقع پریل ریلوے اسٹیشن پر رونما ہوا جب ٹکٹ چیکر نے ایک دوشیزہ کے پیچھے چلنے والے ایک نوجوان سے ٹکٹ دریافت کی۔ٹکٹ چیکر کے ٹکٹ طلب کرنے پر اس نوجوان نے غصے میں کہا،''ٹھہرو دکھاتا ہوں'' تب تک آگے چلنے والی لڑکی کچھ دور جا چکی تھی۔ یہ دیکھ کر اس نوجوان نے فوراً ٹکٹ چیکر کے سامنے دونوں ہاتھ جوڑ لیے اور کہا،''صاحب ٹکٹ تو نہیں ہے۔'' تب ٹکٹ چیکر کو غصہ آیا۔اس نے نوجوان سے کہا،''ایک تو تمھارے پاس ٹکٹ نہیں اور اوپر سے ہوشیاری بھی کرتے ہو۔جرمانہ ادا کرو ورنہ اندر کردوں گا'' نوجوان نے ٹکٹ چیکر سے ہاتھ جوڑے ہوئے کہا،''صاحب! میری محبوبہ ساتھ میں تھی اس لیے میں نے اکڑ دکھائی لیکن اب تو میرے پاس روپے بھی نہیں ہیں۔'' نوجوان عاشق کی باتیں سن کر ٹکٹ چیکر کو غصہ بھی آیا اور ہنسی بھی۔اس نے کہا کوئی بات نہیں تم یہیں کھڑے رہو تمھاری محبوبہ تمھیں پیچھے نہ پاکر ابھی لوٹ آئے گی تب اس سے روپے لے لینا۔'ٹکٹ چیکر کی ہٹ دھرمی دیکھ کر نوجوان نے جواب دیا،''صاحب! وہ واپس نہیں آئے گی کیونکہ وہ مجھ سے خفا ہے اور میں اسے منانے کی کوشش کر رہا تھا۔'' اب تو ٹکٹ چیکر کا منہ دیکھنے کے لائق تھا۔

۲۷/ اگست ۱۹۹۷ء

جے جے اسپتال کے معیار میں گراوٹ کیوں؟

ممبئی کے جے جے اسپتال کا شمار ایشیا کے اہم ترین اور وسیع وعریض اسپتالوں میں ہوتا ہے۔ متذکرہ اسپتال کی دیکھ ریکھ حکومت مہاراشٹر کے ذمہ ہے۔جے جے اسپتال کے تئیں ریاستی حکومت کی عدم توجہی اور اسپتال کے اسٹاف کی لاپرواہی کی شکایت اب ایک عام سی بات ہوگئی ہے۔سینکڑوں مریضوں کی دیکھ بھال کی ذمہ داری ہونے کے باوجود یہاں کا اسٹاف کافی غیر ذمہ دار ہے۔جے جے اسپتال میں خرد برد بھی عام ہے۔سرکاری جانب سے دواخانے میں جو قیمتی ادویات فراہم کی جاتی ہیں وہ ضرورت مندوں کو ملنے کے بجائے وارڈ بوائے اور نرسوں کی ملی بھگت سے فروخت کردی جاتی ہیں۔ ممبئی کے تین سرکاری اسپتالوں جے جے اسپتال، راجاواڑی اسپتال (گھاٹ کوپر) اور کوپر اسپتال

(ولے پارلے) میں کورونر کورٹ (مردہ گھر) موجود ہیں۔ جے جے اسپتال کے کورونر کورٹ میں پوسٹ مارٹم کرنے والے ملازمین چیر پھاڑ سے قبل شراب نوشی کرتے ہیں۔ بعض مرتبہ ٹانکے کے بغیر لاش دینے کے سلسلے میں ان ملازمین کے ذریعے رشوت لینے کی شکایتیں بھی منظر عام پر آچکی ہیں۔ جے جے اسپتال کے اطراف واکناف میں جابجا گندگی بھی دکھائی دیتی ہے۔ اسپتال کی باہری دیوار کافی خستہ حال ہے۔ جب کہ ایک دیوار کو تو راہگیروں نے پیشاب گھر سمجھ لیا ہے۔ جے جے اسپتال کے نزد واقع کافِ الماس کے مقابل مہانگر پالیکا کا ایک بڑا کوڑے دان رکھا ہے جو ماحول کی آلودگی کا باعث ہے۔ جے جے اسپتال کے داخلی دروازے کے باہر براؤن شوگر استعمال کرنے والوں کا ہر وقت مجمع رہتا ہے۔ اندر کا جغرافیہ بھی کچھ ایسا ہی ہے۔ ایمرجنسی ڈپارٹمنٹ کی عمارت میں کل پانچ لفٹ ہیں۔ ان میں سے ایک اسٹاف کے لیے، ایک ٹرالی اور اسٹریچر لے جانے کے لیے اور باقی دو لفٹ فی الحال بند پڑی ہیں۔ مریضوں کے رشتے داروں کو اوپر لے جانے کے لیے جو ایک لفٹ موجود ہے اس میں بھی قطار در قطار لوگ کھڑے رہتے ہیں۔ کتنی افسوس ناک بات ہے کہ ایشیا کے چند اہم بڑے اسپتالوں میں شمار ہونے والے جے جے اسپتال کے تعلق سے عوام میں بے اعتمادی پھیل رہی ہے۔ اب ایسے حالات میں حکومت مہاراشٹر اور متعلقہ وزیر کی توجہ جے جے اسپتال کے زوال پذیر وقار کو کہاں تک دوبارہ بحال کرنے میں کامیاب ہوسکتی ہے؟

۲۸/اگست ۱۹۹۷ء

اور اب: جے جے اسپتال کے نزدیک واقع کافِ الماس کے مقابل مہانگر پالیکا کا کوڑے دان ہٹ گیا ھے لیکن داخلی دروازے کے باھر اب بھی نشہ خوروں کا شغل جاری رہتا ھے۔

انجان کی موت سے میڈیا انجان

لال جی پانڈے یعنی انجان نے ۳/ستمبر کی شام کو ناناوتی اسپتال میں آخری سانس لی۔ ان کا جنم ۲۸/اکتوبر ۱۹۳۰ء کو بنارس میں ہوا تھا۔ انھوں نے بنارس ہندو یونی ورسٹی سے کامرس میں گریجویشن کیا مگر چونکہ انھیں بچپن ہی سے ادب سے لگاؤ رہا لہٰذا وہ کسی بینک میں کلرک بننے کے بجائے گیت کار

بن گئے۔ فلموں میں آمد سے قبل انجان ہندی ادب کے چند قابل گیت کاروں میں گنے جاتے تھے۔ ایک دور وہ بھی تھا جب نہ صرف بنارس بلکہ پورے اتر پردیش میں ان کے گیت گونجتے تھے۔ ایک ادبی محفل میں انجان کا کلام سننے کے بعد مکیش نے انھیں ممبئی آنے کی دعوت دی۔ ۱۹۵۳ء کو گنگا تٹ چھوڑ کے بنارسی بابو ساگر کنارے آباد اس نگری میں وارد ہوئے۔ ''گولکنڈہ کا قیدی'' ان کی پہلی فلم تھی مگر ان کی پہچان فلم ''بندھن'' سے بنی۔ متذکرہ فلم میں تحریر کردہ انکا گیت 'بنا بدرا کے بجوریا کیسے برسے' (مکیش) اس وقت زبردست مقبول ہوا تھا۔ 'بندھن' سے ہی وہ موسیقار کلیان جی آنند جی کے محبوب گیت کار بن گئے۔ انھوں نے گئو دان، مقدر کا سکندر، لاوارث، نمک حرام، شرابی، قربانی، گنگا کی سوگندھ، ڈان، ہیرا پھیری اور خون پسینہ جیسی بے شمار ہٹ فلموں میں 'خون پسینے کی جو ملے گی تو کھائیں گے، کھائی کے پان بنارس والا، روتے ہوئے آتے ہیں سب، او ساتھی رے تیرے بنا بھی کیا جینا اور 'میرے انگنا میں تمھارا...' جیسے بے مثال گیت لکھے۔ شہر میں آنے کے بعد انجان نے بڑی ہمت سے سبھی دشواریوں کا مقابلہ کیا۔ ان کا پورا خاندان بنارس میں اور وہ عروس البلاد میں برسوں اکیلے رہے۔ بعد ازاں ان کی سخت جدو جہد اور فن نے ان کے گھر میں ایک اور گیت کار سمیر کو جنم دیا۔ حالانکہ سمیر کو بھی اپنا مقام بنانے کے لیے کافی مشقت اٹھانی پڑی لیکن انجان کی حیات میں ہی وہ ایک کامیاب گیت کار بن گئے تھے۔ سمیر کہتے ہیں، ''ہمیں بابو جی کی یادستاتی تھی مگر ہم کر بھی کیا کر سکتے تھے۔ مجبوری تھی۔'' کلیان جی کہتے ہیں، ''انجان ادبی گیت کار تھے مگر انھیں ہر رنگ میں لکھنا آتا تھا۔'' ابھی چند مہینوں قبل ان کی کتاب ''گنگا تٹ کا بنجارہ'' کی رسم اجرا امتیابھ بچن کے ہاتھوں انجام پائی تھی۔ ہندی فلموں کے اس مشہور گیت کار کو موت کے بعد میڈیا نے نظر انداز کر دیا۔ شہر کے صرف چند اخبارات نے ہی ان کی موت کی اطلاع ایک کالم میں اور وہ بھی بغیر تصویر کے دی۔ انجان کی موت لیڈی ڈائنا، مدر ٹریسا اور بالخصوص دھرم ویر بھارتی کی موت کی خبروں اور ندیم شراون تنازعے میں انجان بن کر رہ گئی۔

۹ر ستمبر ۱۹۹۷ء

پاپا نے بھی تو کہا تھا بارش ہو جائے

کئی دنوں بعد جب ممبئی میں دھوپ نکلی تو ایک بچے نے دعا کی، ''اے خدا کل بارش ہو جائے۔''

اس کی ماں نے جب یہ سنا تو اسے ڈانٹا کہ وہ اس طرح کی دعا کیوں مانگ رہا ہے۔ بچے نے معصومیت سے جواب دیا کہ کل میرا حساب کا پرچہ ہے۔ لہٰذا بارش ہونے سے اسکول بند رہے گا اور پرچہ پرسوں ہوگا۔ اس وجہ سے مجھے تیاری کے لیے ایک دن اور مل جائے گا۔ ماں نے کہا کہ ایسا نہیں بولتے۔ پہلے ہی پرچے کی تیاری کر لینی چاہیے تھی۔ ماں کی بات سن کر بچے نے کہا،''میں بارش کی دعا مانگ رہا ہوں تو آپ منع کر رہی ہیں۔ جب کہ پچھلے ہفتے پاپا کہہ رہے تھے کہ او گاڈ آج آفس میں بہت زیادہ کام ہے بارش ہو جائے تو اچھا ہے۔ تو آپ نے پاپا کو کچھ نہیں کہا۔'' ماں یہ بات سن کر بچے کا منھ دیکھتی رہ گئی۔

۱۵رستمبر ۱۹۹۷ء

کلیان جی کا لٹل ونڈر چنتن مہتہ

چنتن مہتہ سے آپ شاید ناواقف ہوں مگر گجراتی سماج اور خاص طور پر اسٹیج سے جڑے افراد اُسے بخوبی جانتے ہیں۔ وہ کلیان جی آنند جی کی اکادمی ''لٹل ونڈرس'' کا ممکری آرٹسٹ ہے۔ چنتن مہتہ اپنی اداؤں سے سبھی کو لوٹ پوٹ کر دیتا ہے مگر اس کی اداؤں پر ہنسنے والوں میں کتنوں کو یہ پتہ ہوگا کہ چنتن مہتہ کے دونوں گردے خراب ہیں اور اس کا علاج جاری ہے۔ کلیان جی آنند جی کے لٹل ونڈرس میں ایک سے بڑھ کر ایک بال کلا کار یعنی چھوٹی عمر کے فنکار شامل ہیں جو اپنے اپنے فن میں ماہر ہیں۔ چنتن مہتہ سے ملاقات کے لیے میں جب اس کے گھر پہنچا۔ دستک دیتے ہی چنتن مہتہ نے خود دروازہ کھولا۔ اس نے سفید ٹی شرٹ پہن رکھی تھی۔ جس پر لکھا تھا ''ڈونٹ وری بی ہیپی''۔ چنتن مہتہ کو یہ ٹی شرٹ تب ملی تھی جب اس نے دھیرو بھائی امبانی کے دولت کدے پر منعقدہ پارٹی میں سب کو دم بخود کر دیا تھا۔ اُس نے مجھے بتایا کہ جب میں دو برس کا تھا تب معلوم ہوا کہ میرا بایاں گردہ خراب ہے۔ جس کا اثر دوسرے گردے پر پڑ رہا ہے۔ 'لٹل ونڈرس' کے اب تک ۱۰۰ شو ہو چکے ہیں۔ کلیان جی آنند جی نے اس کے گردوں کا آپریشن کروایا ہے۔ اسے جانی لیور، جگدیپ اور کیسٹو مکھرجی کی کامیڈی پسند ہے۔ کشور کمار کی فلم 'چلتی کا نام گاڑی'' اس نے متعدد مرتبہ دیکھی ہے۔ ڈومبیولی کے گنیش اتسو کے فینسی ڈریس مقابلے میں کبھی کرشا اور کبھی جوکر بننے والے چنتن مہتہ نے لٹل ونڈرس سے

جڑنے کے بعد اپنا پہلا شو پاٹکر ہال میں کیا تھا۔ وہ اپنے ساتھیوں کی بھی خوب تعریفیں کرتا ہے اور اس کے ساتھی اسے اپنے گلشن کا پھول سمجھتے ہیں۔ سبھی کو یقین ہے کہ موت سے لڑنے والا چنتن مہتہ کبھی مرجھائے گا نہیں۔ اس نے رخصت ہوتے وقت مجھ سے کہا،''میں ایک اچھا کلا کار بننا چاہتا ہوں۔ اگر نہیں بن سکا تو ایسی خواہش رکھتا ہوں کہ لوگ مجھے ایک اچھا لڑکا کہیں۔''چنتن مہتہ سے ملنے کے بعد ہر کسی کو یہ محسوس ہوتا ہے کہ وہ ایک اچھا کلا کار بھی ہے اور اچھا لڑکا بھی۔ سچ مچ 'لٹل ونڈر' ہے چنتن مہتہ۔

۱۶ ستمبر ۱۹۹۷ء

چیکو کھاؤ جے سوریہ بنو

ویرار جانے والی لوکل میں اکثر رات کو پھل فروش بچے بھی سوار ہو جاتے ہیں۔ ایسا ہی ایک بچہ چیکو بیچنے کے لیے زور زور سے چلا رہا تھا،''سستا کر دیا۔ دس روپے کا آٹھ۔ دس روپے کا آٹھ۔ چیکو کھاؤ اور سچن ٹینڈولکر بن جاؤ۔''ایک مسافر نے بچے کا مکالمہ سن کر مذاق میں کہا،''جانے دے۔ کون لے گا تیرا چیکو؟ آج کل تو جے سوریہ کا زمانہ ہے۔ وہ بناتا تو میں لیتا ہوں۔'' لڑکے نے کچھ اس انداز میں کہا،''لو صاحب جے سوریہ بن جاؤ گے۔ یہ چیکو کھا کر۔''اس مسافر نے آٹھ چیکو خرید لیے۔ کچھ دیگر مسافروں نے بھی اس لڑکے سے چیکو لیے۔ جب وہ لڑکا چیکو فروخت کر کے اگلے اسٹیشن پر ڈبے سے اترا تو ایک شخص نے کہا،''اگر اس طرح جے سوریہ بنا جاتا ہے تو پھر پوری انڈین کرکٹ ٹیم کو یہ چیکو کھلانا چاہیے۔''

۱۸ ستمبر ۱۹۹۷ء

ہر جگہ انڈر ورلڈ

کبھی ممبئی میں مادھوری ڈکشت، سچن ٹینڈولکر یا پھر بال ٹھاکرے ہر جگہ گفتگو کا موضوع بنے رہتے تھے۔ مگر اب ہر شخص کی زبان پر بس ایک ہی نام ہے، انڈر ورلڈ! کچھ دنوں قبل تک لوگ انڈر ورلڈ کے نام سے دوسروں کو ڈرایا کرتے تھے مگر اب ہر کوئی انڈر ورلڈ سے خوفزدہ ہے۔ گذشتہ

دن ایک بار پھر انڈر ورلڈ کا نام سنا گیا۔ مگر اس مرتبہ انڈر ورلڈ کا نام بالی ووڈ میں نہیں بلکہ چرچ گیٹ ریلوے اسٹیشن کے شو چالیہ کے سامنے لگی قطار میں گونج رہا تھا۔ کچھ لوگ معاملہ جاننے کے لیے اس سمت بڑھنے لگے جہاں انڈر ورلڈ تھا۔ ایک چھتیس سالہ گندہ مگر تگڑا آدمی شو چالیہ کی دیکھ ریکھ کرنے والے شخص سے جھگڑ رہا تھا۔ شو چالیہ سنبھالنے والا آدمی دبلا پتلا تھا۔ تگڑا شخص اس دبلے پتلے آدمی کا کالر پکڑنے کی کوشش کرتے ہوئے مسلسل کہہ رہا تھا، ''کل سے اس شو چالیہ کا مالک یہاں بیٹھے گا، تو نہیں۔ تُو مجھ سے کہتا ہے کہ لائن سے آؤں۔ سالے انڈر ورلڈ کا نام سنا ہے۔ میں لائن لگاؤں گا۔ سالے ابھی کان کے نیچے دوں گا۔'' قطار میں کھڑے لوگ یہ معاملہ سلجھانے کے بجائے خاموش تماشائی بنے رہے۔ جب کھیل ختم ہوا تو کچھ لوگ ایکسپرٹ کمینٹ کرنے لگے۔ ایک نے کہا، ''ابھی تک تو سیاست میں انڈر ورلڈ کا، جرائم کی دنیا میں انڈر ورلڈ کا یا فلم انڈسٹری میں انڈر ورلڈ کا نام سنائی دیتا تھا مگر یہ پہلا موقع ہے جب شو چالیہ میں جانے کے لیے انڈر ورلڈ کا نام سامنے آیا۔''

۱۸؍ستمبر ۱۹۹۷ء

کبھی بیل گاڑی میں بیل، کبھی بیل گاڑی پر بیل

آپ نے بیل کو بیل گاڑی میں جوتتے ہوئے تو اکثر دیکھا ہوگا لیکن کبھی بیل گاڑی پر بیل کو سوار دیکھا ہے؟ گذشتہ روز دادر مارکیٹ میں بیل گاڑی پر سوار ایک بیل لوگوں کی توجہ کا مرکز بنا ہوا تھا۔ جس کی بھی نظر اس کی سمت جاتی وہ کچھ دیر کے لیے رک جاتا۔ اتنا ہی نہیں بلکہ کچھ لوگ تو بیل گاڑی پر سوار اس بیل کو چھونے اور کچھ روپے چڑھانے کی کوشش بھی کر رہے تھے۔ دلچسپ بات یہ ہے کہ بیل گاڑی پر سوار بیل کے دو منہ تھے جسے دیکھنے کے لیے ہر کوئی بے قرار تھا۔ بیل گاڑی والا بیل کے نزدیک ایسے شخص کو جانے کی اجازت دے رہا تھا جو اس پر پیسے چڑھا رہا تھا۔ جب ایک شخص نے اس بابت اس سے پوچھا، ''تم ایسا کیوں کر رہے ہو؟'' اس نے جواب دیا، ''کیا کریں بھائی پیٹ کے لیے یہ کرنا پڑ رہا ہے۔''

۱۸؍ستمبر ۱۹۹۷ء

پرانی کتابیں ملتی ہیں یہاں

شہر کے مختلف راستوں اور سڑکوں پر پرانی کتابوں کے اسٹالوں کی مانگ نہ صرف شہریوں میں ہے بلکہ بیرون ممبئی سے آنے والے افراد بھی ایسے اسٹالوں پر خریداری کرتے ہوئے گاہے بگاہے نظر آتے ہیں۔آج ممبئی میں پرانی کتابوں کا کاروبار اتنا پھیل چکا ہے کہ ان اسٹالوں پر اسکول وکالجوں کی نصابی کتابوں کے علاوہ ٹیکنیکی، میڈیکل، کمپیوٹر اور لٹریچر و دیگر موضوعاتی تصانیف بھی فروخت ہوتی ہیں۔فلورا فاؤنٹن کے موڑ پر ایسا ہی ایک اسٹال رام بابو کا ہے۔کوٹہ کے رہنے والے رام بابو کو اس بات کا فخر ہے کہ اس کاروبار میں لوگ سب سے پرانی دکانوں میں ان کے اسٹال کا بھی شمار کرتے ہیں۔وہ پچھلے پچاس برسوں سے یہ کاروبار کر رہے ہیں جب کہ ان سے قبل تقریباً ساٹھ برسوں تک ان کے والد نے یہ دھندہ سنبھالا تھا۔وہ بتاتے ہیں،''پہلے جوشی اینڈ سنس کے نام سے ہماری دکان میجسٹی سینما کے مقابل تھی۔علاوہ ازیں دیگر دو دوکانیں دادر میں بھی تھیں۔''اب تو فٹ پاتھ پر کاروبار کرتے ہوئے انھیں ایک عرصہ بیت چکا ہے۔ پہلے لیمنگٹن روڈ پر، پھر اس کے بعد کراس میدان اور اب فاؤنٹن پر وہ پرانی کتابیں بیچ رہے ہیں۔پرانی کتابیں انھیں کہاں سے ملتی ہیں؟ رام بابو بتاتے ہیں، ''اسکولوں وکالجوں کے طلبہ کے علاوہ بڑے دکان دار یا پبلشر انھیں پرانی کتابیں سپلائی کرتے ہیں۔'' رام بابو کے مطابق ''لاٹ والی کتابوں میں زیادہ فائدہ گاہکوں کو ہے کیونکہ انھیں قیمتی کتابیں کم داموں میں مل جاتی ہیں۔'' ویسے تو فٹ پاتھ پر پرانی کتابوں کا کاروبار ٹھیک ٹھاک چل رہا ہے مگر اب متعدد بڑے اسٹورس میں ایک الگ کاؤنٹر ایسی کتابوں کے لیے کھولے جارہے ہیں۔پرانی کتابوں پر اوسطاً ۲۵ فیصد منافع مل جاتا ہے جس میں سے ۱۰ فیصد روزانہ کے اخراجات، ۲ یا ۳ فیصد بائنڈنگ اور تقریباً دو تین فیصد چوری ہو جاتی ہیں۔یعنی دس فیصد دکانداروں کو ملتا ہے۔یہ سچ ہے کہ آج پرانی کتابیں فروخت کرنے والے دکاندار اپنے گاہکوں کی مانگ کو بخوبی پورا کر رہے ہیں۔

۲۰ ستمبر ۱۹۹۷ء

دس روپے کے چکر میں گائے کو پکڑ تا نئیں

گرانٹ روڈ کے بھیڑ بھاڑ والے علاقے میں شام کے وقت چھپ کر کھڑے ایک حوالدار کے

پاس ایک پارسی خاتون جا پہنچیں۔ خاتون نے حوالدار کو ایک سمت اشارہ کرتے ہوئے بتایا،''دیکھو اس گائے نے ہم کو مارا ہے تم اس کو پکڑو۔ لوگوں کو پریشانی ہوتی ہے، تم اس کو گرفتار کرنا منگتا۔'' حوالدار نے اس پارسی خاتون کو سمجھایا کہ وہ اس گائے کو نہیں پکڑ سکتا۔ بس اتنا سنتے ہی اس خاتون کو طیش آگیا۔ اس نے کہا،''ہم تمارا صاحب کے پاس جائے گا۔ تماری ڈیوٹی ہے۔ تم اِدر چھپ کر کیوں کھڑا ہے۔'' بے چارہ حوالدار پریشان کہ کیا کرے؟ اتنے میں حوالدار کا ایک دوست وہاں پہنچ گیا۔ اس نے خاتون سے پوچھا،''کیا بات ہے ماں جی؟'' خاتون نے کہا،''ڈِکرا دیکھو یہ گائے ہم کو مارا، اسے پکڑنا منگتا۔'' دوست نے موقع کی نزاکت سمجھتے ہوئے گائے کو ذرا زور سے مارا۔ لہذا گائے وہاں سے بھاگ گئی۔ دوست نے خاتون سے کہا،''ماں جی اب اس کو کیسے پکڑوں۔ گائے تو بھاگ گئی۔'' ماں جی نے خوش ہو کر کہا،''تم اچھا آدمی ہے۔ اس کو دیکھو یہ دس روپے کے چکر میں کھڑا ہے پن گائے کو پکڑتا نئیں۔''

۲۰ر ستمبر ۱۹۹۷ء

ایک شخص ایسا بھی

چھترپتی شیواجی ٹرمنس سے امبرناتھ کے لیے جب لوکل ٹرین روانہ ہوئی تب وہ اپنے تھیلے سے ٹھنڈے پانی کی بوتلیں نکال کر اپنے ساتھی مسافروں کو دینے لگا۔ اس وقت گرمی کی شدت کی وجہ سے ہر کوئی پانی پینا چاہتا تھا مگر اُس کے لیے انھیں کتنے روپے دینے ہوں گے یہ سوال بھی ہر کسی کی آنکھوں میں تھا۔ اس شخص نے مسافروں کی پریشانی کو فوراً بھانپ لیا۔ اس نے کہا،''پیجیے صاحب! پانی کا کوئی پیسہ نہیں دینا ہے۔ بالکل مفت ہے۔ اس پانی کے لوگ دیوانے ہیں۔'' پھر کیا تھا ہر طرف سے ٹھنڈے پانی کی بوتلوں کی مانگ ہونے لگی اور دیکھتے ہی دیکھتے اس کی تمام بوتلیں ختم ہوگئیں۔ اس شخص نے اپنا دوسرا تھیلا کھولا اور کہا،''فکر مت کیجیے سب کو ملے گا یہ پانی۔'' اور پھر دوسرے تھیلے کا پانی بھی اس نے لوگوں میں بانٹ دیا۔ خاص بات یہ تھی کہ ہر بوتل میں گلاب پانی کے چند قطرے بھی شامل تھے جس کی وجہ سے پانی خوشبودار ہوگیا تھا۔ پانی پینے کے بعد چند لوگوں نے اسے پیسے بھی دینے چاہے مگر اس نے انکار کر دیا،''پیسے نہیں آپ کی دعائیں چاہئیں۔'' اس کمپارٹمنٹ کے چند مسافر

پانی پلانے والے اس شخص کو جانتے تھے، انھوں نے دیگر مسافروں کو بتایا کہ یہ صاحب روزانہ گھر سے دفتر جاتے وقت ٹھنڈے پانی کی بوتلیں ساتھ لاتے ہیں اور واپس دفتر سے گھر لوٹتے وقت خالی بوتلوں کو دفتر میں بھر کر واپسی میں بھی مسافروں کی پیاس بجھاتے ہیں۔ ممبئی شاید ایسے ہی نیک انسانوں کی وجہ سے محفوظ ہے، ورنہ روزانہ سمندر کا پانی کنارے کو غصّے سے چھوتا ہے اور واپس چلا جاتا ہے۔

۲۲ر ستمبر ۱۹۹۷ء

ہیرو نمبر ون بنا انسان نمبر ون

گووندا سے ملنے والوں کو اس بات کا بخوبی علم ہے کہ وہ نہ صرف ہیرو نمبر ون ہیں بلکہ ان کے سینے میں ایک رحم دل انسان کا دل بھی دھڑکتا ہے۔ شاید یہی وجہ ہے کہ گووندا آج تک گھمنڈی نہیں بن پائے۔ گذشتہ دنوں ایک بچے کو کینسر کے سبب سائن اسپتال میں داخل کیا گیا۔ وہ بچہ گووندا کا مداح ہے۔ اسپتال میں ایڈمٹ ہونے کے بعد اس بچے نے گووندا سے ملنے کی خواہش کا اظہار ''میک اے وِش فاؤنڈیشن' کے عہدیداران سے کیا۔ چنانچہ میک اے وِش فاؤنڈیشن کے عہدیداران نے گووندا سے رابطہ قائم کیا جو بنگلور میں فلم 'پردیسی بابو' کی شوٹنگ کر رہے تھے۔ گووندا کو جب اس بات کی خبر ملی تو انھوں نے ٹیلی فون کر کے اپنی بیوی سنیتا سے کہا کہ وہ اس بچے کی عیادت کے لیے سائن اسپتال جائے۔ سنیتا اپنے بیٹے اور گووندا کی جانب سے بھیجے گئے پھولوں کا گلدستہ لے کر سائن اسپتال پہنچ گئی۔ بچے نے سنیتا سے بھی درخواست کی کہ وہ اپنے شوہر کو اسپتال بھیجیں۔ ایک دن صبح صبح بنگلور سے لوٹنے کے بعد گووندا انتہائی خاموشی سے سائن اسپتال پہنچ گئے۔ اپنے محبوب فلمی ہیرو کو دیکھ کر وہ بچہ بے حد خوش ہوا۔ اسے دیکھ کر ایسا نہیں لگ رہا تھا کہ وہ کینسر کے سبب موت سے لڑ رہا ہے۔

۲۹ر ستمبر ۱۹۹۷ء

شرط ہاری مگر دل جیتا

ممبئی کی لوکل گاڑیوں میں یوں تو کئی طرح کے دھندے چلتے ہیں مگر ان میں ایک دھندہ ایسا

بھی ہے جس میں چھوٹے بچے جھاڑو لے کر کمپارٹمنٹ کی صفائی کرتے ہیں اور پھر ہاتھ پھیلا کر محنتانہ مانگتے ہیں۔اس روز بھی کچھ ایسا ہی ہوا۔دو لڑکوں نے شرط لگائی کہ ان میں سے کسے زیادہ پیسے ملتے ہیں۔چھوٹا لڑکا بڑی محنت سے کمپارٹمنٹ کا ہر کونا صاف کر رہا تھا جب کہ بڑا لڑکا چھوٹے لڑکے کے ذریعے صاف کیے جانے والے حصے پر جھاڑو دے کر اس سے قبل ہی مسافروں سے پیسے وصولنے لگا۔ ایک خاتون نے اسے ایک روپیہ دیا۔جب تک چھوٹا لڑکا پورا کمپارٹمنٹ اچھی طرح صاف کر چکا تھا۔ بعد میں جب وہ مسافروں کے پاس محنتانہ لینے گیا تو اسے کسی نے بھی پیسے نہیں دیے۔اس کی آنکھیں بھر آئیں۔بڑے لڑکے نے نہ صرف شرط جیتی بلکہ مسافروں کا دل بھی جیت لیا۔بڑے لڑکے نے خاتون کے ذریعے ملنے والا ایک روپے کا سکہ اپنے چھوٹے ساتھی کو دے کر کہا،''یہ روپیہ تجھے ملنا چاہیے تھا کیونکہ کمپارٹمنٹ کی صفائی تو نے کی ہے میں نے نہیں۔''اس بڑے لڑکے کی ایمانداری دیکھ کر سبھی مسافروں کی آنکھوں میں چمک دکھائی دی مگر کسی کا بھی ہاتھ جیب میں نہیں گیا۔

۴ر اکتوبر ۱۹۹۷ء

چاند گرہن اور فائر بریگیڈ کا عملہ

پچھلے دنوں جب ورلی میں واقع پونم چیمبرس کی عمارت تاش کے پتوں کی طرح بکھر گئی تب شب میں بارہ بج کر پندرہ منٹ پر چاند گرہن شروع ہوا تھا۔لائٹ کی تیز روشنی میں فائر بریگیڈ کا عملہ ملبہ ہٹانے میں مصروف تھا کہ اچانک سائرن بجا جس کی وجہ سے راحت کاری کے کام میں جٹے جوان باہر نکل آئے۔ایک اعلیٰ افسر نے اپنے جوانوں سے کہا کہ چاند گرہن شروع ہو چکا ہے لہٰذا اب کوئی بھی حادثہ رونما ہو سکتا ہے۔اس لیے گرہن کا خاتمے تک راحت کاری کا کام بند کر دیں۔پولس اور کارپوریشن کے عملے نے بھی ہاں میں ہاں ملائی۔عمارت کے کیمپس میں سبھی پولیس، فائر بریگیڈ اور کارپوریشن کے ملازمین گپ شپ میں لگ گئے۔دوسری طرف وہ لوگ بلک کر رو پڑے جن کے رشتے دار ملبے میں دبے پڑے تھے۔ان سبھی نے ہاتھ جوڑ کر سرکاری لوگوں سے درخواست کی لیکن وہ ٹس سے مس نہیں ہوئے۔حتّٰی کہ گرہن کے خوف سے شیوسینا کے ایم پی موہن راولے بھی خاموش ہو گئے۔ان دو گھنٹوں کے دوران اُن ماں، بہن اور بھائیوں پر کیا بیتی ہو گی اس کا احساس ہر کوئی

کرسکتا ہے مگر سرکاری عملے کی توہم پرستی سے جن لوگوں کی زندگی پر گرہن لگا اس کا ازالہ یہ سرکاری افسران کس طرح کریں گے؟

۸ راکتوبر ۱۹۹۷ء

سب سے پرانا پرنٹنگ پریس

نانا بھائی رستم جی نے انگریزی گجراتی لغت مرتب کرنے کا خواب دیکھا تھا۔ اس خواب کو عملی جامہ پہنانے کے لیے ۱۸۵۷ء میں انھوں نے یونین پریس قائم کیا۔ ممبئی کے ہارنیمن سرکل میں واقع یہ پریس اپنے قیام کی ایک سو چالیسویں سالگرہ منا رہا ہے۔ یہ ملک کا سب سے قدیم پرنٹنگ پریس بھی ہے۔ نانا بھائی رستم جی کو ۱۸۶۶ء میں پیرس میں منعقد ہونے والی ایک نمائش میں 'سرٹیفکیٹ آف میرٹ' بھی پیش کی گئی تھی۔ متذکرہ پریس سے وقتاً فوقتاً بامبے لا رپورٹس، ہائی کورٹ کے فیصلے، ستیہ پرکاش اور ممبئی سماچار جیسے اخبار بھی شائع ہوتے رہے ہیں۔ ممبئی سماچار ملک کا سب سے پرانا اخبار ہے۔

نانا بھائی رستم جی کی پانچویں پیڑھی سے تعلق رکھنے والے روہنگٹن چنائی فی الحال اس پریس کا کام کاج سنبھالتے ہیں۔ آج جب کسی بھی پارسی کو اپنی مذہبی کتاب کی ضرورت ہوتی ہے تو وہ اسی پریس کا رُخ کرتا ہے۔

۱۴ راکتوبر ۱۹۹۷ء

عورتوں کی لوکل کا ایک اور فائدہ

چرچ گیٹ سے ویرار جانے والی لوکل میں اس وقت جراثیم کش دوا ''لِزول'' مفت میں تقسیم کی جا رہی تھی۔ وہ جب چرچ گیٹ ریلوے اسٹیشن کے پہلے ڈبے میں سوار ہوئی تب اسے اس بارے میں پتہ چلا۔ اگلا اسٹیشن آتے ہی وہ دوسرے ڈبے میں چلی گئی۔ وہاں بھی یہ دوا مفت میں بانٹی جا رہی تھی۔ ممبئی سینٹرل پہنچنے تک تین اور دادر آنے تک اس نے پانچ بوتلیں لزول کی اپنے بیگ میں بھر لیں۔ اس عورت نے اس دن کم از کم دو مہینے کا اسٹاک یعنی نوے روپے کی دوا مفت میں جمع

کرلی تھی۔لوگ اس خصوصی ٹرین کے متعلق کچھ بھی کہیں مگر اس عورت کے لیے وہ سفر فائدہ مند ثابت ہوا۔اس سے قبل بھی عورتوں کی لوکل میں خواتین کی میگزین، چھوٹی موٹی چیزیں اور مسالوں کے مفت میں نمونے بانٹے جاتے رہے ہیں۔

۱۴/اکتوبر ۱۹۹۷ء

جب لوکل رک گئی

کلیان سے چھترپتی شیواجی ٹرمنس جانے والی فاسٹ لوکل جوں ہی تھانے سے آگے بڑھی ایک عورت بھیڑ کو چیر کر آگے بڑھنے کی کوشش کرنے لگی۔اس کی گود میں ایک بچہ بھی تھا۔دوسری عورتوں نے اسے گھورتے ہوئے کہا،''کرلا کافی دور ہے۔ابھی سے دھکے کیوں مار رہی ہو؟ مجھے گھاٹ کوپر اترنا ہے۔''یہ سن کر عورتوں کی ہنسی چھوٹ گئی کہ فاسٹ لوکل گھاٹ کوپر میں کہاں رکتی ہے۔کچھ عورتوں نے کہا کہ لوکل میں سوار ہونے سے قبل انڈیکیٹر دیکھنا چاہیے تھا۔مگر جب گھاٹ کوپر نزدیک آیا تو ٹرین کی رفتار کم ہونے لگی۔جوں ہی اسٹیشن آیا تو باقاعدہ لوکل رک گئی اور وہ عورت مسکراتے ہوئے نیچے اتری۔پلیٹ فارم پر اترنے کے بعد اس عورت نے لوکل میں سوار عورتوں سے کہا،''ٹرین کیسے نہیں رُکتی؟ میرے شوہر موٹر مین ہیں اور آج ٹرین وہی چلا رہے ہیں۔''سبھی عورتیں ایک دوسرے کا منہ دیکھنے لگیں اور لوکل چل پڑی۔

۱۶/اکتوبر ۱۹۹۷ء

دہیسر والی بڑھیا

اس شہر میں ایسے لوگوں کی کوئی کمی نہیں جو کوڑے سے پلاسٹک کی تھیلیاں، پانی کی بوتلیں اور تانبا پیتل کی چیزیں اکٹھا کر کے اپنا پیٹ بھرتے ہیں۔دہیسر میں ایک بوڑھی عورت برسوں سے تانبا پیتل کی چیزیں جمع کر کے فروخت کرتی ہے۔اس کے عوض اسے جو روپے ملتے ہیں اس سے وہ دو وقت کی روٹیوں کا انتظام کرتی ہے۔بڑھاپے کے سبب اس بڑھیا کو جھکنے میں تکلیف ہوتی ہے۔اس نے اس مسئلے

کا حل ڈھونڈ نکالا ہے۔ایک لکڑی کے سرے پر اس نے مقناطیس لگا دیا ہے جس کی مدد سے وہ سڑک اور کوڑے دان میں پڑی لوہے کی چیزیں بنا جھکے اٹھا لیتی ہے۔ جب وہ بوڑھی عورت مقناطیس لگی لکڑی کے ذریعے اپنے کام کی چیزیں اٹھانے میں لگی رہتی ہے تب اسے دیکھ کر لوگ مسکراتے ہیں۔

۱۶/اکتوبر ۱۹۹۷ء

اپیل اچھی لگی تو آوٹ دے دیا

ممبئی میونسپل کارپوریشن کے ٹھیک مقابل آزاد میدان میں نہ صرف چھٹیوں کے دن بلکہ عام دنوں میں بھی کرکٹ کے مقابلے منعقد ہوتے ہیں۔ پچھلے دنوں ختم ہونے والے ٹورنامنٹ 'کانگا لیگ' کے کئی میچ یہاں رکھے گئے تھے۔ جب میچ ہوتے ہیں تو اس کے لیے امپائر بھی چاہیے۔آزاد میدان میں کرکٹ سے شغف رکھنے والے امپائر بھی ہمہ وقت موجود رہتے ہیں۔ان امپائروں کو میچ کے درجے کے مطابق فیس دی جاتی ہے۔کسی میچ کے لیے یہ سو روپے بھی لیتے ہیں تو کسی کے لیے پانچ سو روپے۔بچوں کو آپ نے 'امپائر چکی کھاتا ہے' کہتے ہوئے ضرور سنا ہوگا۔مگر حقیقتاً امپائر چکی کھاتے ہیں۔آزاد میدان کے چند امپائر اور دو چار صحافی بیٹھے گپ شپ کر رہے تھے۔تب میچ کے دوران غلط فیصلوں کی بات چلی۔ایک نے کہا،''جب کوئی کھلاڑی مجھے آ کر کسی دوست کی پہچان بتاتا ہے تب میں سمجھ جاتا ہوں کہ وہ ایسا کیوں کر رہا ہے۔لہذا جب وہ کھلاڑی بیٹنگ کرتا ہے اور کوئی گیند اس کے پیڈ پر لگتی ہے تب اپیل ہونے پر میں اسے آوٹ قرار دیتا ہوں۔'' دوسرے نے بتایا،''جب کوئی کھلاڑی زیادہ چالاک بننے کی کوشش کرتا ہے تو میں بھی اس کے ساتھ یہی رویہ اپناتا ہوں۔'' وہاں موجود ایک تیسرے شخص سے ان دونوں میں سے ایک نے پوچھا،''یار تو نے اس دن اس ٹوپی والے بیٹس مین کو آوٹ کیوں دیا جب کہ بال اس کے بیٹ کو چھوئے بنا وکٹ کیپر کے پاس گئی تھی؟'' یہ سن کر تیسرے شخص نے مسکراتے ہوئے کہا،''مجھے معلوم تھا کہ وہ آوٹ نہیں ہے مگر فیلڈروں کی اپیل مجھے اچھی لگی اس لیے میں نے اسے آوٹ دے دیا۔''

۱۸/اکتوبر ۱۹۹۷ء

آواز دو ہم ایک ہیں

چھترپتی شیواجی ٹرمنس سے کلیان جانے والی لوکل میں اس دن کچھ الگ ہی نظارہ تھا۔ ایک ٹکٹ چیکر نے بارہ ایسے افراد کو پکڑا تھا جو بغیر ٹکٹ سفر کر رہے تھے۔ ٹکٹ چیکر بھی خوش تھا کہ ایک ساتھ بارہ رسیدیں بنیں گی۔ ٹکٹ چیکر نے ان سبھی افراد کو اکٹھا کھڑا کر دیا۔ اس نے سوچ لیا تھا کہ کرلا اسٹیشن پر رک کر وہ ایک ساتھ سب کی رسیدیں بنائے گا۔ کرلا اسٹیشن آنے پر جب ٹکٹ چیکر نے انھیں اترنے کو کہا تو انھوں نے انکار کر دیا۔ ایک مسافر نے فوراً ایک پرچم نکالا اور نعرے بازی شروع کر دی، ''آواز دو ہم ایک ہیں۔'' ٹکٹ چیکر کو فوراً یہ احساس ہوا کہ سماجی و سیاسی اثر و رسوخ رکھنے والے لوگوں سے ٹکٹ مانگنا اس کے لیے پریشان کا باعث بن سکتا ہے۔ لہذا ٹکٹ چیکر چپ چاپ نیچے اتر کر دوسرے کمپارٹمنٹ میں داخل ہوگیا۔ لوکل میں بہت دیر تک نعرے گونجتے رہے، ''آواز دو ہم ایک ہیں۔''

۲۲ر اکتوبر ۱۹۹۷ء

ریلوے، سرکار اور ملاوٹ

چرچ گیٹ ریلوے اسٹیشن پر دو مسافر ویرار جانے والی لوکل کا لگ بھگ دو گھنٹے سے انتظار کر رہے تھے۔ ماہم میں سگنل میں خرابی آجانے کے سبب ریلوے سروس درہم برہم ہوگئی تھی۔ ایک مسافر نے اپنے ساتھی سے چڑھ کر کہا، ''لگتا ہے کہ ممبئی کی ٹرینوں کو کوئی مہلک مرض نے دبوچ لیا ہے جبھی تو ہفتے میں چار دن سروس متاثر رہتی ہے۔'' دوسرے نے اپنے ساتھی کی بات سن کر جواب دیا، ''ارے بھائی جب مرکزی سرکار ہی کو دمہ ہوگیا ہے تو یہ تو لوکل ہے۔'' ایک تیسرا شخص ان دونوں مسافروں کی باتیں سن رہا تھا۔ اس نے اخیر میں کہا، ''بھائی صاحب ہماری ملک میں دہلی سے لے کر لوکل تک ہر جگہ ملاوٹ کا دور دورہ ہے۔ لہذا یہ تو ہونا ہی ہے۔''

۲۴ر اکتوبر ۱۹۹۷ء

کھانے کمانے کا طریقہ

چھترپتی شیواجی ٹرمنس سے اندھیری جانے والی چار نمبر کے بس اسٹاپ پر کافی بھیڑ تھی۔ تیز گرمی کے سبب سبھی مسافر پریشان تھے۔ ایک شخص رومال سے بار بار ماتھے کا پسینہ صاف کر رہا تھا۔ تبھی ایک شرابی اس کے بغل میں آ کر کھڑا ہو گیا۔ اس نے رومال اپنی ناک پر رکھا اور تھوڑا ہٹ کر کھڑا ہو گیا۔ شرابی دوبارہ اس کے پاس آ کر کھڑا ہو گیا۔ شراب کی بدبو اسے دھوپ سے زیادہ جھلسانے لگی۔ اتنے میں ایک عورت نے آ کر اس شخص سے کہا، ''صاحب! ذرا سنبھال کے، یہ پاکٹ مار ہے۔'' اتنا سنتے ہی وہ شخص وہاں سے تھوڑے فاصلے پر چلا گیا۔ میلی ساڑھی والی وہ عورت اس کے نزدیک آ کر کہنے لگی، ''صاحب! میں نے آپ کو اس پاکٹ مار سے ہوشیار کرایا، مجھے کچھ دیتے جاؤ۔'' اس شخص نے جیب میں ہاتھ ڈال کر ایک روپے کا سکہ نکالا اور عورت کو دے دیا۔ دوسرے روز وہ شخص پھر اسی اسٹاپ پر کھڑا تھا کہ وہ شرابی اس کے بغل میں آ کر کھڑا ہو گیا۔ کچھ دیر بعد وہ عورت بھی وہاں آ گئی۔ پھر وہی ڈراما۔ مگر اس مرتبہ اس شخص نے شرابی اور عورت کو بڑی زور سے ڈانٹا۔ دونوں کھسک گئے۔ واقعی اس شہر میں کھانے کمانے کے بہت سے طریقے ہیں۔

۲۷/اکتوبر ۱۹۹۷ء

اپنے وطن سے لگاؤ

اتر پردیش میں جب سے مایاوتی کی بہوجن سماج پارٹی نے بھارتیہ جنتا پارٹی سے حمایت واپس لی تب سے ممبئی کے ہر گلی کوچے میں ایک ہی چرچا ہے کہ کلیان سنگھ کی سرکار کتنی دیرپا ثابت ہوگی۔ آزاد میدان کے سامنے چنا فروخت کرنے والا ایک ہاکر اپنے گاہک سے اتر پردیش کی سیاسی صورتِ حال پر تبصرہ کر رہا تھا۔ تب ایک دوسرے گاہک نے چنا لیتے ہوئے اس سے کہا، ''بابو تم اتر پردیش میں نہیں مہاراشٹر میں ہو اس لیے تمھیں اپنی روزی روٹی کی فکر کرنی چاہیے۔'' چنا فروش نے کہا، ''نہیں صاحب! ہم تو یہاں ہیں مگر ہماری جان وہاں اٹکی ہوئی ہے کیونکہ ایک دن اتر پردیش ہی تو جانا ہے۔'' اس گاہک نے چھیڑتے ہوئے کہا، ''سرکار ٹکے یا گرے تمھیں تو چنا ہی بیچنا ہے۔'' چنا

فروش نے گاہک کو جواب دیا،" صاحب ! آپ بھلے چنا نہ خریدیں مگر ایسی بات نہ کریں۔" چنا فروش کی بات سن کر پہلے والے گاہک نے کہا،" بھائی اسی کو کہتے ہیں وطن کی مٹی سے لگاؤ۔"

۲۸ ر اکتوبر ۱۹۹۷ء

پھاسے پاردھی گینگ

ممبئی پولس کی ان کاؤنٹر مہم اور کومبنگ آپریشن کے شروع ہوتے ہی انڈر ورلڈ میں کھلبلی مچ گئی۔ کئی نامی گرامی مجرموں نے شہر سے باہر پناہ گاہیں ڈھونڈنے کی شروعات کر دیں۔ شہری پولس کو اس بات کی خوشی تھی کہ اس نے جرائم پیشہ افراد کی اینٹ سے اینٹ بجادی ہے مگر تبھی پھاسے پاردھی گروہ نے اپنی مجرمانہ سرگرمیوں سے ممبئی پولس کی نیند حرام کر دی۔ گذشتہ دنوں ملاڈ کے پون باغ سوسائٹی میں پھاسے پاردھی گروہ نے دو پولس کانسٹبلوں کو انتہائی بے دردی سے ہلاک کر دیا۔ یوں پھاسے پاردھی گروہ کا نام ممبئی پولس کے لیے نیا نہیں ہے۔ کیونکہ ہر سال کئی ایسے معاملات پولس فائلوں میں درج کیے جاتے ہیں جن میں مذکورہ گروہ کا عمل دخل ہوتا ہے۔ پھاسے پاردھی گروہ مہاراشٹر کے پربھنی، بیڑ، عثمان آباد، لاتور اور مالیگاؤں کے کئی علاقوں میں کافی عرصے سے سرگرم ہے۔ متذکرہ گینگ کے اراکین ادی واسی ہیں جن کا آبائی پیشہ کھیتی باڑی ہے۔ ادی واسی طبقے میں گائے پاردھی اور پھاسے پاردھی نامی دو ذاتیں موجود ہیں، جن میں سے پھاسے پاردھی کو خونخوار مانا جاتا ہے۔ پھاسے پاردھی سے تعلق رکھنے والے افراد اپنی فیملی کے ہمراہ شہروں کا رخ کرتے ہیں۔ شہر میں زیادہ تر پھاسے پاردھی کے افراد نیشنل پارک، آرے ملک کالونی اور ایم آئی ڈی سی کے جنگلوں اور پہاڑوں میں خیمہ زن ہیں۔ پھاسے پاردھی کے اراکین شروع میں بچوں کے کھلونے اور غبارے فروخت کرنے کے بہانے کالونیوں اور بلڈنگوں کا دورہ کر کے خوشحال گھروں کو ڈکیتی کے لیے منتخب کرتے ہیں۔ بعد ازاں مناسب وقت پر ڈاکا ڈالتے ہیں۔ ان کا رنگ سیاہ اور جسم مضبوط ہوتا ہے۔ یہ لوگ واردات سے قبل پورے بدن پر تیل کی مالش کرتے ہیں تا کہ کسی کی پکڑ میں نہ آسکیں۔ پھاسے پادھی کی خواتین بھی جرائم میں حصہ لیتی ہیں۔ ممبئی پولس کے لیے انڈر ورلڈ کی خاموشی کے بعد پھاسے پاردھی گروہ نے ایک نئی مشکل کھڑی کر دی ہے۔

۸ ر نومبر ۱۹۹۷ء

اقصٰی بیچ

اقصٰی بیچ گھومنے آئے لوگ کل شام بھی جیونتی بین ترویدی کی ہدایت کی پرواہ نہ کرتے ہوئے سمندری لہروں سے کھیلنے میں مشغول رہے۔گذشتہ اتوار کو اقصٰی بیچ پر چار نوجوان پانی میں کیا تیرنے گئے کہ ہمیشہ کے لیے تیر گئے۔اقصٰی بیچ پر ہفتے میں کم از کم چار پانچ روز کوئی نہ کوئی پانی میں ڈوب کر ضرور ہلاک ہوتا ہے۔مگر پھر بھی لوگ ہیں کہ مانتے نہیں۔جیونتی بین ترویدی کی لوگوں کو پانی میں نہ جانے کی درخواست کے پیچھے ایک دردبھری کہانی چھپی ہے۔ان کا کلوتا بیٹا وپل ترویدی رواں برس ۶رجولائی کو اپنے دوستوں کے ہمراہ پانی میں تیرنے گیا تھا کہ سمندری موجوں نے اسے اپنے آغوش میں لے لیا۔اقصٰی بیچ پر سرکار کو ابھی تک پہرہ لگا دینا چاہیے تھا مگر پتہ نہیں کیوں ہماری سرکار انسانی جانوں کو اہمیت نہیں دے رہی ہے۔کوئی دوسرا ملک ہوتا تو اقصٰی بیچ پر لائف گارڈس تعینات ہوتے مگر ممبئی کے کسی بھی بیچ پر لائف گارڈس نہیں ہیں۔ایک جائزے کے مطابق اقصٰی بیچ پر مرنے والوں میں زیادہ تر بیس برس سے بھی کم عمر کے نوجوان ہوتے ہیں۔اقصٰی بیچ پر تاڑی بھی کم قیمت پر آسانی سے دستیاب ہے۔جیونتی بین ترویدی کو جب بھی وقت ملتا ہے وہ اقصٰی بیچ جا کر لوگوں کو پانی میں کھیلنے سے روکتی ہیں مگر ان کی درخواست پر کوئی دھیان نہیں دیتا۔

۸رنومبر ۱۹۹۷ء

دیوالی کارڈ کے بہانے

دیوالی کے موقع پر ایک شخص نے بالکل نئے طریقے پر عمل کرتے ہوئے شہر کے تمام کارڈس اپنے نوکر کے ہاتھوں بھجوائے۔بیرون ممبئی کے کارڈس اس نے ڈاک کے سپرد کر دیے مگر شہر میں موجود رشتے داروں اور دوستوں کو اس کے نوکر نے کارڈس تقسیم کیے۔ہر کارڈ کے ساتھ ایک گلاب بھی تھا۔جب پورے کارڈس بانٹنے کے بعد نوکر اپنے ایک دوست سے ملا تو اس کے دوست نے کہا، ’’تیرے سیٹھ کو بھی کیا سوجھی کہ کارڈس پوسٹ کرنے کے بجائے تیرے ہاتھوں تقسیم کروائے۔تیرا وقت خراب کیا۔‘‘ دوست کی بات سن کر نوکر نے کہا،’’ہاں تھکن تو ہوئی مگر مجھے بھی فائدہ ہوا۔میں دو برسوں سے

شہر میں رہ رہا ہوں لیکن آج تک مجھے پوری ممبئی گھومنے کا موقع دستیاب نہیں ہوا تھا۔اب تک میں نے صرف دادر، پریل اور ماٹونگا کے علاقے ہی دیکھے تھے۔لیکن کارڈس بانٹنے کے چکر میں تھانہ بھی دیکھا اور قلابہ بھی۔کالبا دیوی بھی گیا اور جوگیشوری بھی۔ایک دن وقت ملا تو سرکس بھی دیکھ لیا۔"

۱۰رنومبر ۱۹۹۷ء

اورنگ زیب کے دورِ اقتدار کا ناگ مندر

مہاراشٹر کے باشندے مغل شہنشاہ اورنگ زیب کو ہندوؤں کا دشمن قرار دیتے ہیں۔وطنی تاریخ میں شیواجی مہاراج اور اورنگ زیب کے واقعات کو فرقہ وارانہ تناظر میں قلم بند کیا گیا ہے۔ایسے حالات میں جب اورنگ زیب اور تمام مسلمانوں کے قومی اتحاد پر مبنی کارناموں پر شک کیا جا رہا ہو، اگر کوئی یہ کہے کہ اورنگ زیب کے دورِ اقتدار میں ایک مندر کی بنیاد رکھی گئی تھی تو یہ بات کہاں تک لوگوں کو یقین دلا سکے گی؟ عروس البلاد میں مانیکشور کے صرف تین مندر موجود ہیں۔جن میں سے ایک مجگاؤں پر واقع ہے۔ڈاکیاڈ روڈ ریلوے اسٹیشن سے کچھ دوری پر بنے اس مندر کو دیکھ کر یہ اندازہ نہیں ہوتا کہ اس کی تعمیر اورنگ زیب کے دورِ حکومت میں ہوئی ہوگی۔چھوٹا سا یہ مندر شروع میں بالکل سفید تھا مگر اب اس پر سیاہی چڑھنے لگی ہے۔ناگ کے اس مندر کی تعمیر اورنگ زیب کے ایک کنڑ سپاہی نے کی تھی۔مذکورہ مندر کو دیکھنے کے بعد شاید ہی کسی معتقد کے ذہن میں یہ بات آئی ہوگی کہ اورنگ زیب اگر واقعی ہندو مخالف تھا تو پھر اس نے ناگ مندر کو بنانے کی اجازت اپنے سپاہی کو نہ دی ہوتی لہٰذا یہ بات غلط ہے کہ وہ ہندوؤں کا دشمن تھا۔

۱۰رنومبر ۱۹۹۷ء

وہ وسنئے پربھاکر بھی ہیں اور رام نارائن پاسی بھی

"کافی سیانا ہے تو۔آج تیرے سے دشمنی نہیں دوستی بنانا منگتا ہے کیونکہ اپن بھی تیرا بھائی بند ہے۔فرق ہے تو دونوں کے کام کرنے کے اسٹائل میں۔تو خوب ماتھا پچھی کر کے پہلے پلان بناتا

ہے۔لوگوں کو اپنی میٹھی باتوں کے جال میں پھنسا کر ایسا بے وقوف بناتا ہے، کارن تو آج تک پولس کے ہاتھ میں نہیں لگا برابر؟ جب کہ اپن کا اسٹائل ایک دم شارٹ کٹ ہے۔ چاپڑ، تلوار یا طمنچہ دکھایا کہ ترنت سامنے والے کا سارا مال اپن کے پاس۔کیا؟" یہ مکالمہ ونئے پربھاکر کے جنگی ناول "موت آئے گی سات سالوں میں" کے ہیں۔ونئے پربھاکر کے ناول ملک بھر کے ریلوے اسٹالس پر خوب فروخت ہوتے ہیں۔ونئے پربھاکر چرچ گیٹ میں ایم ٹی این ایل یعنی مہانگر ٹیلی فون نگم لمیٹیڈ کے ملازم ہیں۔ ریلوے کی عمارت میں وہ لائن مین کا عہدہ سنبھال رہے ہیں۔لوور پریل کی سی بی گلولی چال میں دس بائی بارہ کے کمرے میں رہتے ہیں۔ پانی کمرے کے اندر آتا ہے۔ ٹیلی فون پڑوس کا استعمال کرتے ہیں۔ سسپنس لکھنے والے ونئے پربھاکر کا نام بھی کچھ کم تجسس والا نہیں ہے۔ ۳۸ سالہ ونئے پربھاکر کا پیدائشی نام رام نارائن پاسی ہے۔اتر پردیش کے ضلع پرتاپ گڑھ میں ایک گاؤں ہے سنگی پل۔ونئے پربھاکر کا تعلق اسی گاؤں سے ہے۔ونئے پربھاکر نے پریل کی تلسی مانس اسکول میں تعلیم حاصل کی۔ان کے والد رامیشور چیچپوکلی کی اپولومل میں ملازم تھے۔ونئے پربھاکر کی شادی تب ہوئی تھی جب ان کی عمر تین یا چار سال کی تھی۔ان کی بیوی کملا دیوی اس وقت دو تین برس کی رہی ہوں گی۔زمانہ طالب علمی سے ہی ونئے پربھاکر کو جاسوسی ناول پڑھنے کا بے حد شوق تھا۔ان کے پسندیدہ مصنف سریندر موہن پاٹھک، وید پرکاش شرما اور کرنل رنجیت رام نارائن ہیں۔ ممبئی مہانگر ٹیلی فون نگم کی ملازمت سے جو روپے ہاتھ آتے تھے اس سے پیٹ تو بھر جاتا تھا مگر دیگر ضرورتیں پوری نہیں ہو پاتی تھیں۔لہٰذا ونئے پربھاکر نے جاسوسی ناول لکھنے کا آغاز کیا۔ ۱۹۹۲ء میں ونئے پربھاکر کا اولین ناول 'دولت میری ماں' کے عنوان سے شائع ہوا مگر ناول کے سرورق پر مصنف کا نام ارجن پنڈت درج تھا۔دوسرا ناول 'مرڈر اسپیشلسٹ' بھی ارجن پنڈت کے نام سے شائع ہوا۔ونئے پربھاکر مایوس ہو گئے۔لوور پریل کی سی بی گلولی چال کے ایک چھوٹے سے کمرے میں جہاں بات کرنا بھی دوبھر ہے انھوں نے بے شمار ناول لکھے۔آج بھی ونئے پربھاکر کو محنتانہ بہت کم ملتا ہے مگر وہ اپنے مستقبل سے مایوس نہیں ہیں۔

۱۵ رنومبر ۱۹۹۷ء

بلند حوصلے والی انجلی

انجلی ڈھونڈو جیٹھے آج اگر کسی کالج میں زیرِتعلیم ہوتی تو یقیناً کالج اسٹوڈنٹ کی لیڈر رہوتی۔ پولس فورس میں شامل ہونے کا اس نے اگر ارادہ کیا ہوتا تو آج ایک مشہور پولس آفیسر کے روپ میں اس کی شناخت قائم ہوتی۔ انجلی ڈھونڈو جیٹھے نے اگر نرس بننے کا فیصلہ کیا ہوتا تو اُس کی دیکھ ریکھ کے سبب کئی مریض زندگی بھر اسے بھول نہ پاتے۔ نویں جماعت تک تعلیم حاصل کرنے والی انجلی کالج اسٹوڈنٹ کی لیڈر، پولس آفیسر یا نرس نہیں بن سکی تو کیا ہوا آج وہ اپنے والدین کا بیٹا تو بن چکی ہے۔ پریل برج پر آپ انجلی کو اخبار فروخت کرتے ہوئے دیکھ سکتے ہیں۔ پچھلے بارہ برسوں سے وہ اخبار فروشی کے ذریعے اپنے ماں باپ کا سہارا بنی ہوئی ہے۔ انجلی ساتویں جماعت سے اپنے بڑے بھائی کے ساتھ اخبار فروخت کر رہی ہے۔ انجلی کا بھائی آج مل میں ملازم ہے۔ باپ دمہ اور ماں دل کی مریضہ ہیں۔ انجلی صبح سات بجے تمام ہندی، مراٹھی، گجراتی اور انگریزی اخبارات ورسائل لے کر پریل پل پر بیٹھ جاتی ہے اور شام کے سات بجے اس پل سے آئندہ صبح تک وداع لیتی ہے۔ انجلی کو شادی کی کوئی جلدی نہیں ہے مگر اس کے والدین اس کا بیاہ جلد رچانا چاہتے ہیں۔ ویسے انجلی اپنا جہیز بھی جمع کر رہی ہے۔ البتہ انجلی شادی کے بعد اخبار فروخت کرنے کے بجائے کسی دوسری نوکری کو ترجیح دینے کا ارادہ رکھتی ہے۔

۲۸ر نومبر ۱۹۹۷ء

عمدہ کارٹونسٹ ہیں سنجے مستری

ایک بچے نے اسکول جاتے ہوئے دیکھا کہ چھ سات لوگ میگزین میں کچھ دیکھ کر ہنس رہے ہیں۔ وہ بچہ سڑک کنارے خاموشی سے کھڑا ہوگیا۔ جب وہ سبھی وہاں سے چلے گئے تب اس نے بک اسٹال پر جا کر وہ رسالہ دیکھا۔ اسے معلوم ہوا کہ وہ سبھی 'مارمک' میں بال ٹھاکرے کا کارٹون دیکھ کر ہنس رہے تھے۔ وہ بھی کارٹون دیکھتے ہی ہنس پڑا۔ اسکول دیر سے پہنچنے پر اسے سزا دی گئی۔ مگر گھر واپسی کے بعد وہ بچہ کارٹون بنانے میں جٹ گیا۔ تقریباً ایک مہینے بعد وہ بچہ اپنے بنائے ہوئے کارٹون ایک فائل

میں جمع کر کے 'مارمک' کے دفتر جا پہنچا۔ شری کانت ٹھاکرے نے بچے کے چند کارٹون لیے اور اسے کوئی جواب نہیں دیا۔ وہ بچہ اداس ہوگیا لیکن جب دو ہفتے بعد 'مارمک' میں اس کے کارٹون شائع ہوئے تو اسے بے حد مسرت ہوئی۔ نام کمانے کا شوق اور کچھ الگ کرنے کی خواہش نے اسے کارٹونسٹ بنادیا۔ سنجے مستری کی روزی روٹی کا ذریعہ آج کارٹون ہی ہے۔ ۱۹رمئی ۱۹۶۹ء کو جنم لینے والے سنجے مستری بتاتے ہیں "ایک کارٹون ہزار اداریے لکھنے کے برابر ہوتا ہے۔ اخبار و رسائل کی امیج قائم کرنے میں کارٹون سب سے بنیادی کردار نبھاتا ہے۔" بال ٹھاکرے، آر کے لکشمن، ڈیوڈ لو، سدھیر دھر اور والٹ ڈیزنی، سنجے مستری کے پسندیدہ کارٹونسٹ ہیں۔ وہ بتاتے ہیں، "ان سبھی کے کارٹون دیکھتے ہی ہنسی چھوٹ جاتی ہے۔ ویسے اچھے کارٹونسٹ تامل اور ملیالم زبانوں میں ہیں۔ ساؤتھ کے موہن اور پرکاش سیٹھی اچھے کارٹونسٹ ہیں۔" لوک ستہ، سانجھ لوک ستہ، سامنا، مارمک اور کئی دیگر اخبارات کے لیے کارٹون بنانے والے سنجے مستری کی ابھی تک کارٹون کی تین کتابیں منظرِ عام پر آچکی ہیں۔ سنجے مستری ہندوستان میں کارٹون کے مستقبل سے خوش ہیں۔

۱۹ردسمبر ۱۹۹۷ء

مداری کا بندر اور بندریا

ملاڈ میں ایک مداری اپنے بندروں کو نچا رہا تھا۔ کافی لوگ جمع تھے۔ یوں بھی عام طور پر جب مداری بندروں کو نچاتا ہے تب تماش بینوں کی بھیڑ اکٹھا ہو جاتی ہے۔ لیکن اس مداری کے بندروں میں کوئی خاص بات تھی۔ بندروں کو مداری نے اچھے کپڑے پہنائے تھے۔ ایک بندر نے کوٹ پتلون اور بندریا نے سوئیٹر پہنا تھا۔ شال اوڑھے بندریا بھی خوب لگ رہی تھی۔ ایک شخص نے مداری سے پوچھا، "تمھیں بندر اور بندریا کو کپڑے پہنانے کا خیال کیوں آیا؟" مداری نے جواب دیا، "دیکھیے صاحب! انھیں بھی ٹھنڈی لگتی ہے۔ مجھے دو وقت کی روٹی یہ دلاتے ہیں۔ لہٰذا میرا فرض ہے کہ میں ان کا خیال رکھوں۔" مداری نے بتایا، "میرے بندروں کے پاس ہر موسم کے لباس ہیں۔ بندر کے پاس تو غضب کی پوشاکیں ہیں۔ وہ ٹی شرٹ بھی پہنتا ہے اور جینس بھی۔ بندریا کے پاس بھی کئی شلوار قمیص ہیں۔ وہ کبھی کبھار ساڑی بھی پہنتی ہے۔ بھلے ہی ہم اچھے کپڑے نہیں پہنتے تو کیا ہوا اپنے

بندروں کوتو اچھے کپڑے پہناتے ہیں۔"

مداری کی یہ باتیں سن کر اُس شخص نے مداری کی پیٹھ تھپتھپائی۔ بظاہر معمولی اور چھوٹا نظر آنے والے مداری کی سوچ چھوٹی نہیں تھی۔ وہ اپنے آپ میں ایک بڑا انسان تھا۔

۳۱ر دسمبر ۱۹۹۷ء

زنڈو بام ریلوے اسٹیشن؟

وہ شہر میں اجنبی تھا۔ اسے مہالکشمی ریلوے اسٹیشن جانا تھا۔ لوگوں سے پوچھتے ہوئے مہالکشمی ریلوے اسٹیشن پہنچنے کے بعد اسے اس بات کا احساس ہوا کہ لوگوں نے اسے بے وقوف بنایا کیونکہ وہ جہاں کھڑا تھا وہ مہالکشمی ریلوے اسٹیشن نہیں بلکہ زنڈو بام ریلوے اسٹیشن تھا۔ پھر اس کے ذہن میں یہ خیال بھی کوندا کہ کہیں ایسا تو نہیں کہ مہالکشمی ریلوے اسٹیشن کا نام تبدیل کر کے شیو شاہی سرکار نے زنڈو بام ریلوے اسٹیشن رکھ دیا ہو؟ اس نے اتر پردیش میں سن رکھا تھا کہ شیو شاہی سرکار نے بمبئی کو ممبئی اور وکٹوریہ ٹرمنس کو چھترپتی شیواجی ٹرمنس بنانے کے بعد بھی نام تبدیلی کی مہم جاری رکھی ہے۔ دیہاتی شخص نے ڈرتے ہوئے ایک مسافر سے دریافت کیا تب اسے پتا چلا کہ وہ مہالکشمی ریلوے اسٹیشن ہی ہے اور ریلوے اسٹیشن کے اوپر زنڈو بام کا اشتہار لگا ہوا ہے۔

۸ر جنوری ۱۹۹۸ء

رادھا گاوڑے ایک مشہور خاتون کارٹونسٹ

پرنٹ میڈیا ہو یا الیکٹرانک میڈیا، آج دونوں شعبے میں خواتین کی مقبولیت میں اضافہ ہو رہا ہے۔ شہر سے نکلنے والے متعدد رسائل اور اخبارات کی ایڈیٹر خواتین ہیں۔ رسالوں کے کام کاج مکمل طور پر خواتین کے ذمہ ہیں۔ رادھا گاوڑے ایک مشہور کارٹونسٹ ہیں۔ وہ وکھرولی کی گودریج کالونی میں رہتی ہیں۔ رادھا گاوڑے سے جب یہ پوچھا گیا کہ خواتین کارٹونسٹ خال خال ہی نظر آتی ہیں، ایسا کیوں؟ وہ ہنستے ہوئے جواب دیتی ہیں،" میں تو بن گئی۔" بچپن میں رادھا گاوڑے کو کامکس میں دلچسپی

تھی ۔کمرشیل آرٹ میں ڈپلومہ کرنے کے بعد انھوں نے کئی اشتہاری ایجنسیوں میں کام کیا۔وسئی میں ۱۹۷۰ء میں جنم لینے والی رادھا گاوڑے کی اس شعبے میں آمد کا سبب یہ تھا کہ خاتون کارٹونسٹ بہت کم ہیں ۔رادھا گاوڑے کا اولین کارٹون ۱۹۹۳ء میں 'دی ہندستان ٹائمس' (نئی دہلی) میں شائع ہوا تھا۔ کارٹون کو اظہارِخیال اور تنقید کا بہترین ذریعہ ماننے والی رادھا گاوڑے بغیر کیپشن کے کارٹون بنانا پسند کرتی ہیں ۔ وہ عمدہ کارٹون اسے مانتی ہیں جسے دیکھتے ہی لوگ ہنس پڑیں ۔ ان کے مطابق، ''آپا دھاپی کی اس زندگی میں کارٹون راحت دیتے ہیں ۔'' کارٹون فلمیں بنانے کا خواب بُننے والی رادھا گاوڑے اپنے کارٹون کے کرداروں کو اپنا دوست سمجھتی ہیں ۔وہ اب ان کرداروں کا نام مخصوص کرنے کا ارادہ کر رہی ہیں ۔رادھا گاوڑے کا ایک خواب یہ بھی ہے کہ ان کے کارٹون کے سبھی کردار ان کے سامنے زندہ ہو کر ناچ سکیں ۔ یہ خواب ان میں چھپے اس فنکار کی پہچان کراتا ہے جو قلم سے بات کرنے کا سلیقہ بخوبی جانتا ہے۔

۱۲؍جنوری ۱۹۹۸ء

بڑا نازک دھندہ ہے پان کا

پان بازار کا شمار بھی شہر کے مشہور بازاروں میں ہوتا ہے ۔ایک وہ دور تھا کہ جب پان بازار کی تمام گلیاں پان کے پتوں سے سجی ہوتی تھیں ۔سریش وی چندر ناگ پان کے ایک بڑے بیوپاری ہیں ۔ان کے مطابق،''کالبا دیوی کی تیلی گلی ہر وقت پان سے اٹی رہتی تھی مگر اب وہاں ہیرے جواہرات کا کاروبار ہونے لگا ہے ۔لوگ چھوٹی چھوٹی چوکیاں جمائے لاکھوں میں کھیل رہے ہیں۔'' اب وہاں صرف ایک دکان جمعدار پان والے کی ہے ۔اس دکان کے مالک الہٰ آباد کے رام دلار ہیں ۔ان کا کاروبار اب ان کے بیٹے راجندر کمار اپادھیائے اور کمار اپادھیائے سنبھالتے ہیں ۔انھوں نے بتایا،''پان کا کاروبار متواتر گر رہا ہے ۔ان لوگوں نے بھی اب پان گٹکا فروخت کرنا شروع کر دیا ہے جنھوں نے کبھی یہ کاروبار نہیں کیا تھا۔'' ممبئی میں تھوک پان بازار کالبا دیوی میں تیلی گلی، نل بازار میں سوتار گلی اور فینسی گلی کے علاوہ النکار سینما کے پاس پہلی کھیت واڑی گلی میں لوک مانیہ پان بازار کے نام سے موجود تھا مگر اب تیلی گلی کا پان بازار بالکل ختم ہو چکا ہے اور رستار گلی اور سیپی ٹینک پر بہت کم

دکانیں رہ گئی ہیں۔ پان بازار میں پان مغربی بنگال اور اڑیسہ سے آتا ہے جب کہ لونا اور وسئی سے بھی پان آتا ہے۔ پان کی مشہور اقسام کلکتہ میٹھا، بنارسی مٹھی اور مہوبد ہے۔اب مہوبد پان ممبئی میں ندارد ہے۔ مہوبد پان کی کھیتی اتر پردیش کے ہمیرپور اور ضلع باندہ میں ہوتی ہے۔نل بازار کی پہلی اور دوسری ستار گلی کو 'پان دریبا' کہا جاتا ہے۔مگر اب وہاں زیادہ تر اسٹیل کا کاروبار ہو رہا ہے۔ممبئی میں کلکتہ اور بنارسی پان کی کھپت زیادہ ہے۔ بنارسی پان پندرہ روپے سے لے کر چالیس روپے سیکڑہ تک فروخت ہوتا ہے۔کلکتہ پان پچاس روپے سے لے کر سو روپے تک بکتا ہے۔دیسی پان کا بھاؤ پندرہ سے بیس اور پونا پان کا بھاؤ دس سے بیس روپیہ سیکڑہ ہے۔ویسے کم پونجی والے کاروبار میں سب سے زیادہ مقبول پان کا دھندہ ہے۔ پان کے کاروبار سے جڑے افراد اب دھیرے دھیرے اپنا دھندہ تبدیل کر رہے ہیں۔ممکن ہے کہ ایک زمانہ وہ بھی آئے کہ جب پان بازار کو ایک عجوبہ کی صورت میں یاد کیا جائے۔

۱۲رجنوری ۱۹۹۸ء

پپو، راجو اور رتاڑ دیو کا پارسی

پپو اپنے گروپ میں بے حد مشہور ہے۔ پلے ہاؤس کے نکڑ پر سبھی اسے بخوبی جانتے ہیں۔ پپو کوئی کھلاڑی یا بدمعاش نہیں بلکہ بسیار خور ہے۔ بسیار خوری نے اسے اپنے گروپ میں سب کا چھیتا بنادیا ہے۔ ۲۹ سالہ پپو غیر شادی شدہ ہے۔کیا آپ یقین کریں گے کہ سلیم پپو نے گذشتہ دنوں بھر پیٹ طعام کے بعد بھی تقریباً سات کوفتے، روٹیاں اور چاول ہضم کر لیے۔اس کا دعویٰ ہے کہ وہ بروقت دو تربوز یا چھ مرغیاں یا پھر پانچ کلو پکا ہوا گوشت کھانے کی صلاحیت رکھتا ہے۔سیخ پراٹھا کھانے میں بھی پپو کا جواب نہیں۔وہ آٹھ پراٹھے اور بارہ سیخ اطمینان سے تناول فرماسکتا ہے۔ یوں سیخ پراٹھا کھانے میں پپو کو راجو نے مات دے دی۔قندوری چال کے راجو نے ایک مرتبہ ۲۲ سیخ اور ۲۸ پراٹھے کھائے تھے۔راجو نے رائس پلیٹ کی دوسو پوریاں سبزی کے ہمراہ کھانے کا بھی ریکارڈ بنایا ہے۔ آپ کو معلوم ہوگا کہ شہر میں بعض ساؤتھ انڈین یا فائیو اسٹار ریسٹورنٹ ایسے بھی ہیں جہاں 'پر ہیڈ' طعام کا بل لیا جاتا ہے۔ طے شدہ بل کی ادائیگی کے بعد آپ پیٹ بھر یا جی بھر کھانا کھاسکتے ہیں۔ایک ایسے ساؤتھ انڈین ہوٹل میں راجو نے جب رائس پلیٹ کھانے کی شروعات کی تب اس کی خوراک دیکھ کر

ہوٹل کے ملازمین اور مالک کے ہوش طوطے کی طرح اڑ گئے۔ راجو جب کھانا کھا چکا اس کے بعد سبھی نے اس سے درخواست کی کہ وہ آئندہ ہوٹل میں نہ آنے کا احسان کریں۔ انھوں نے راجو کا بل بھی معاف کر دیا اور اسے باعزت رخصت کیا۔ تاڑ دیو نکڑ پر واقع ہوٹل تاڑ دیو میں ایک ایسا ہی پارسی ہے جو ۳۶ / انڈے کچے پی جاتا ہے۔ پپو، راجو اور تاڑ دیو کا پارسی ایسے بسیار خور ہیں جن سے شرط لگانا جیب خالی کرنے کے مترادف ہے۔ پپو کو غصہ اس وقت آتا ہے جب کھانا موجود ہو اور حاضرین محفل اسے ٹوٹ پڑنے کی دعوت نہ دیں۔ وہ ان افراد کو ہر دلعزیز رکھتا ہے جو اسے طعام کے لیے کسی بھی وقت مدعو کرتے ہیں۔ آپ پپو، راجو اور تاڑ دیو کے اس پارسی کو نہیں جانتے، تعجب ہے۔ کبھی آپ کی ان تینوں میں سے کسی سے بھی ملاقات ہو جائے تو آپ ان سے شرط ہرگز مت لگائیے گا ورنہ آپ کا جیب ہلکا اور منہ چھوٹا ہو جائے گا۔

۱۷ / جنوری ۱۹۹۸ء

لوکل میں بندر کا ناچ

لوکل میں جب مداری اپنے بندر سمیت داخل ہوا تب بچوں نے خوش ہو کر شور مچایا۔ دوپہر تھی۔ پورا کمپارٹمنٹ تقریباً خالی ہی تھا۔ بس چند مسافر اِدھر اُدھر براجمان تھے۔ بوریولی سے چرچ گیٹ تک کا فاصلہ اچھا خاصا تھا۔ بندر کرتب دکھانے لگا۔ بچوں نے تالیاں بجانا شروع کر دیں۔ لوکل کچھ آگے بڑھی تب ایک خاتون اور ایک لڑکی کمپارٹمنٹ میں داخل ہوئیں۔ مداری کو بندر نچاتے دیکھ کر وہ خاتون بھڑک اٹھیں۔ اس کا اعتراض تھا کہ مداری لوکل کو میدان سمجھ کر کرتب کیوں دکھا رہا ہے۔ مداری نے وضاحت کرتے ہوئے کہا، ''لوکل میں جب فقیر بھیک مانگتے ہیں تب کوئی کچھ نہیں کہتا مگر میں محنت کر کے روزی کما رہا ہوں تو تمھیں اعتراض ہے۔'' خاتون نے پوچھا ''اچھا یہ بتاؤ تم دن بھر میں کتنا کما لیتے ہو؟'' مداری نے جواب دیا، ''چالیس پچاس روپے۔'' خاتون نے اپنے پرس سے بیس روپے نکال کر مداری کو دیے اور کہا، ''یہ تمھارے آدھے دن کی کمائی ہے اسے لو اور لوکل سے اتر جاؤ۔'' مداری بھی چالاک تھا اس نے خاتون سے بیس روپے اچکے اور اسٹیشن آتے ہی کمپارٹمنٹ سے اتر گیا۔

۲۲ / جنوری ۱۹۹۸ء

ریلوے پلیٹ فارم اور اسکول

عام طور سے ریلوے اسٹیشنوں پر لوکل پکڑنے کے لیے مسافروں کی بھاگ دوڑ، پلیٹ فارم پر بھیڑ بھرا ماحول، ٹرین کے اندر جگہ پانے کے لیے لڑائی جھگڑے، بھکاری، پالش کرنے والے مزدور اور اسٹال دکھائی پڑتے ہیں۔ لیکن شہر کا ایک ریلوے پلیٹ فارم ایسا بھی ہے جہاں فٹ پاتھ پر رہنے والے بچے تعلیم حاصل کر رہے ہیں۔ سینٹرل ریلوے کا 'کری روڈ' اسٹیشن ایک ایسا ریلوے اسٹیشن ہے جہاں ایک ٹیچر تقریباً تیس بچوں کو روزانہ اے بی سی ڈی اور ہندی پڑھاتی ہے۔ فرق صرف اتنا ہوتا ہے کہ یہ بچے یونی فارم کے بجائے میلے اور پھٹے پرانے کپڑوں میں ہوتے ہیں۔ کری روڈ کے پلیٹ فارم پر تعلیم حاصل کرنے والے بچے یا تو ریلوے اسٹیشن پر رہتے ہیں یا پاس کے فٹ پاتھ پر بنے جھونپڑوں میں۔ اے بی سی ڈی اور ک کھ گ گھ پڑھنے والے ان بچوں کی عمر چار سال سے چودہ سال کے درمیان ہے۔ زیادہ تر بچوں کو اپنی روزی روٹی کا انتظام خود ہی کرنا پڑتا ہے کیونکہ وہ یا تو یتیم ہیں یا پھر لاوارث۔ اگر ماں کی ممتا ساتھ میں ہے تو بھی ہمارے وطن میں ماں کی ممتا بے بس ہوتی ہے۔ ان بچوں کا ماضی بھی تاریکی میں ڈوبا ہوا تھا اور حال میں بھی دور دور تک اجالے کی کوئی کرن دکھائی نہیں پڑتی۔ قلابہ کے باسبے بپٹسٹ چرچ کا انتظامیہ مبارک باد کے قابل ہے کہ وہ اس تعلق سے سرگرم ہے۔ ٹیچر ڈائنا لوبو بتاتی ہیں، ''ہمارا ادارہ 'کری روڈ' ریلوے اسٹیشن کے علاوہ ماہم ریلوے اسٹیشن، رے روڈ ریلوے اسٹیشن، نالا سوپارہ ریلوے اسٹیشن اور وسئی ریلوے اسٹیشن پر بھی غریب بچوں کو تعلیم دے رہا ہے۔'' ویسے مذکورہ ادارہ غریب بچوں کو کتابیں اور پڑھائی کی تمام ضروریات پوری کرتا ہے۔ ڈیڑھ برس سے یہ ادارہ تعلیمی خدمات انجام دے رہا ہے۔ محمد خان نامی بچہ اپنا اور اپنی بوڑھی ماں کا پیٹ بھرنے کے لیے بائیکلہ ریلوے اسٹیشن پر پھل فروخت کرتا ہے۔ بڑا بھائی پپو گرد پیتا ہے۔ محمد خان کو یقین ہے کہ وہ اتنا پڑھ لے گا کہ کسی کو خط لکھ سکے۔ پڑھنے میں اسے خوب لطف آتا ہے۔ سنیل کے والد ہاتھ گاڑی کھینچتے ہیں۔ پڑھائی کے اخراجات برداشت نہیں کر سکتے۔ سنیل کو وہ نوکری کرنے کی صلاح دیتے ہیں۔ دو ماہ میں اس بچے نے اے سے لے کر زیڈ تک الفاظ سیکھ لیے ہیں۔ ہندی کے الفاظ بھی اسے یاد ہو گئے ہیں۔ شبیر، رینا، صدیق اور گووند سبھی کا یہ کہنا ہے کہ گھر والے پڑھائی

کے اخراجات برداشت نہیں کرسکتے۔ جب پیٹ بھر روٹی بڑی مشکل سے ملتی ہے تو اسکول کی فیس کا انتظام کہاں سے ہوگا؟ ادارے کے عہدیداران کا کہنا ہے کہ اگر یہ اسکیم کامیاب ثابت ہوئی تو وہ اسے مزید فروغ دیں گے۔ بامبے بپٹسٹ چرچ جیسا کوئی ادارہ مسلم سماج میں دور دور تک نظر نہیں آتا ہے۔ مسلم حلقے میں مساجد، مدرسوں، نیاز اور اجتماع کے نام پر خوب دولت خرچ کی جاتی ہے مگر فٹ پاتھ پر پلنے والے غریب بچوں کی پرورش اور انھیں بہتر زندگی دینے کی کوئی کوشش نہیں کرتا۔ اگر فنڈ یا پھر زکوٰۃ سے نوازا جاتا ہے تو غیر مستحق اداروں کو۔

کیا مذہب اسلام میں صرف مساجد میں ائیر کنڈیشنڈ اور سنگ مرمر لگوانا اور مدارس میں ضروری سامان پہنچانا یا بچوں کو کھانا کھلا دینا ہی ثواب کمانے کا ذریعہ ہے؟ مذہب اسلام میں عبادت کی طرح تعلیم کی بھی بڑی اہمیت ہے مگر اتنی اہم بات ہماری قوم کے نزدیک کوئی معنی نہیں رکھتی۔

۱۳؍ مارچ ۱۹۹۸ء

منوج ٹھاکر گٹکا کے شکار

ہر انسان کی یہ خواہش ہوتی ہے کہ وہ اپنی مرضی سے جیے۔ منوج ٹھاکر بھی اپنی عادتوں کے مطابق زندگی گزار رہے تھے۔ انھیں گٹکے کا شوق تھا اور اسی شوق نے نہ صرف ان کی زندگی برباد کر دی بلکہ چہرہ بھی کسی قابل نہیں چھوڑا۔ ۴۰ سالہ منوج ٹھاکر اپنی آپ بیتی سناتے وقت روہانسے ہو جاتے ہیں۔ ہندوجا کالج میں پڑھائی کے دوران انھیں دوستوں کی صحبت میں گٹکے کی لت پڑی۔ گٹکے کے نقصانات سے وہ واقف تھے مگر انھوں نے اپنا شوق جاری رکھا۔ دسمبر ۱۹۹۶ء میں جب انھیں اپنے دانتوں میں تکلیف کا احساس ہوا تو انھوں نے نالا سوپارہ میں دانت کے ڈاکٹر سے رابطہ کیا۔ ڈاکٹر نے چیک اپ کے بعد انھیں فوراً نائر اسپتال جانے کا مشورہ دیا۔ نائر اسپتال کے ڈاکٹر پاریکھ نے منوج ٹھاکر کے دانتوں کی جانچ کی اور ٹاٹا اسپتال کے ڈاکٹر جے جے ویاس سے ملنے کی صلاح دی۔ ٹاٹا اسپتال کا ذکر کرتے ہی منوج ٹھاکر کے ہوش اڑ گئے۔ وہ سمجھ گئے کہ ان کا مرض کیا ہے۔ ٹاٹا اسپتال کے ڈاکٹر جے جے ویاس نے چیک اپ کے بعد بتایا کہ انھیں کینسر ہے۔ منوج ٹھاکر کے منہ اور گلے کا حصہ آپریشن کے ذریعے الگ کر دیا گیا کیونکہ وہ جینا چاہتے تھے۔ اس دوران

منوج ٹھاکر کی بیوی نے ان سے طلاق لے لی۔آپریشن سے قبل انھوں نے ایک بڑی غلطی یہ کی کہ جینک پریس لمیٹیڈ کا اپنا مارکیٹنگ مینیجر کا عہدہ چھوڑ دیا۔ ۲۸/فروری ۱۹۹۷ء سے ۱۶/دسمبر ۱۹۹۷ء تک منوج ٹھاکر کے تین آپریشن کیے گئے جس میں لگ بھگ ۷۰ ہزار روپے خرچ ہوئے۔آپریشن سے ان کی زندگی بچ گئی لیکن آج تک انھیں کوئی اچھی ملازمت نہیں ملی۔منوج ٹھاکر ٹاٹا کے کینسر پیشنٹس اینڈ ایسوی ایشن میں رہتے ہیں۔انھیں ہر ماہ دوا اور دودھ کے علاوہ ہزار روپے ملتے ہیں۔ منوج ٹھاکر کو وہ دن اچھی طرح یاد ہیں جب وہ روزانہ ۲۰۰ روپے خود پر خرچ کرتے تھے۔نقصان دہ شوق اور اس کے بھیانک انجام سے سبق سیکھنے والے منوج ٹھاکر گٹکا کھانے والوں کو یہ لت چھوڑنے کا مشورہ دیتے ہیں۔منوج ٹھاکر کی یہ مختصر روداد گٹکے کے شوقین افراد کے لیے ایک درس ہے۔یقیناً گٹکا صحت کے لیے نقصان دہ ہے۔

۲۷/مارچ ۱۹۹۸ء

چرچ گیٹ کی کھاؤ گلی

چرچ گیٹ اور مرین لائنس کے درمیان ایک راستہ پٹرول پمپ کے موڑ سے اندر جاتا ہے۔ چھترپتی شیواجی ٹرمنس سے چرچ گیٹ آنے جانے والوں کو یہ راستہ مختصر لگتا ہے اور اس شارٹ کٹ کی وجہ سے یہاں دن بھر لوگوں کا تانتا بندھا رہتا ہے۔اگر آپ کا کبھی اس طرف سے گزر ہوا ہو تو ممکن ہے کہ آپ نے بھی کھاؤ گلی میں لذت کام و دہن کا لطف اٹھایا ہو۔کھاؤ گلی کا ایک لینڈ مارک یہ بھی ہے کہ وہ بامبے اسپتال اور درگاہ بابا بہاؤ الدین شاہؒ کے نزدیک اور انکم ٹیکس کی عمارت کے پیچھے واقع ہے۔ اطراف واکناف کے دفاتر کے ملازمین، اسپتال میں مریضوں سے ملنے آئے رشتہ داروں، پاس کے میدانوں میں کرکٹ کھیلنے والے کھلاڑیوں، فیشن اسٹریٹ کے دکانداروں اور گاہکوں اور اسٹوڈینٹ کا کھاؤ گلی میں میلہ سجا رہتا ہے۔اگر آپ پھلوں کے رس پر قناعت کرنا چاہتے ہیں تب بھی کھاؤ گلی ایک عمدہ جگہ ثابت ہوگی۔کھاؤ گلی میں بکنے والی تمام اشیا سستی اور صاف ستھری ہوتی ہیں۔یہاں ''جے سنتوشی ماں'' سے لے کر ''لینن پاؤ بھاجی'' تک کھانے کے ٹھکانے موجود ہیں۔ممبئی مہانگر پالیکا نے کھاؤ گلی کو نظر انداز کر رکھا ہے اور یہاں کسی بھی طرح کی کوئی سہولت نہیں ہے۔ایک پیاؤ بھی نہیں۔

کھاؤ گلی میں ایک ایسا چھوٹا سا جنرل اسٹور بھی ہے جو نوجوانوں میں خاصا مقبول ہے۔ مذکورہ جنرل اسٹور میں گرلس کالج کی طالبات کے ٹیلی فون آتے ہیں۔ جن کے پیغامات جنرل اسٹور کا مالک ایک نوٹ بک میں درج کر لیتا ہے۔ مشہور ہے کہ بامبے اسپتال کی کچھ نرسوں کا بھی اس جنرل اسٹور میں آنا جانا لگا رہتا ہے۔ دراصل یہ جنرل اسٹور ایک بریج کی خدمات انجام دیتا ہے جس سے دو دل اور جسم گزر کے ایک دوسرے سے ملتے ہیں۔ چرچ گیٹ کی اس کھاؤ گلی میں سورج نکلتے ہی چہل پہل شروع ہو جاتی ہے اور رات میں جب سارا شہر سو جاتا ہے تب یہ کھاؤ گلی بھی اندھیرے کی چادر اوڑھ لیتی ہے۔

۳۱ر مارچ ۱۹۹۸ء

تم دن کو اگر رات کہو، ہم رات کہیں گے

عمر لگ بھگ دس یا بارہ برس اور گلے میں لٹکتا تقریباً اتنے ہی وزن کا ہارمونیم۔ انگلیاں دوڑتی رہتی ہیں ہارمونیم پر اور ایک مدھر گیت کانوں میں رس گھول دیتا ہے۔ ''آوارہ ہوں....'' اس سُر میں ایک چار پانچ سال کے چھوٹے بچے کا سُر بھی شامل ہو جاتا ہے۔ جو اپنی چھوٹی چھوٹی انگلیوں کے درمیان پھنسے دو چھوٹے چھوٹے پتھروں کے تال پر اس گیت کو خوبصورت بناتا ہے اور اپنی ٹوٹی پھوٹی توتلی آواز میں گاتا ہے... ''آوارہ ہوں''۔ یہ منظر شہر کی ایک لوکل ٹرین کا ہے۔ وقت ہے رات کے دس بجے کا۔ بھیڑ بھی کم ہے مگر جو لوگ ڈبّے میں موجود ہیں وہ تھکن سے چُور ہونے کے باوجود غور سے گیت سن رہے ہیں۔ شاید وہ راحت محسوس کر رہے ہوں گے۔ کوئی مسافر چونی تو کوئی اٹھنّی اور کوئی روپے کا ڈالر ہارمونیم پر رکھی کٹوری میں ڈال رہا ہے۔ فرمائشی گیت سنانے کے عوض بعض مرتبہ انھیں اچھی خاصی رقم مل جاتی ہے۔ چرچ گیٹ سے وسئی اور چھترپتی شیواجی ٹرمنس سے کلیان کے درمیان چلنے والی لوکل گاڑیوں میں تقریباً ۳۵ لوگوں کا گروپ روزانہ گیت سُنا کر اپنی روزی جُٹاتا ہے۔ اس گروپ میں کچھ جوان ہیں، کچھ بوڑھے اور کچھ بچے۔ ہاں! عورتیں اور بچیاں بھی ان میں شامل ہوتی ہیں۔ یہ سبھی راجستھان کے رہنے والے ہیں۔ راجستھان میں ایک جگہ ہے سروہی۔ وہاں کے باشندے ہیں یہ سبھی۔ ہاربر لائن میں بھی اب اس گروپ کے لوگ آپ کو مل جائیں گے۔ روزانہ

رات میں تین بجے یہ سبھی بوریولی اسٹیشن پر جمع ہوکر دوسرے دن کا پروگرام طے کرتے ہیں۔ایک گروپ دو دن سے زیادہ ایک لائن میں سفر نہیں کرتا۔بھیڑ بھاڑ کے وقت یہ لوگ لوکل گاڑیوں کے بجائے پلیٹ فارم پر اپنی بیٹھک جماتے ہیں۔دو پہر یا دیر شام کے بعد ہی یہ لوکل میں سوار ہوتے ہیں۔ان کی کوشش ہوتی ہے کہ مسافروں کو ان کی پسند کا گیت سنائیں۔راجو کے مطابق ''زیادہ تر مسافر پرانے گیتوں کی فرمائش کرتے ہیں۔''ایک گروپ کی روزانہ چار پانچ سو روپے کی آمدنی ہو جاتی ہے۔کبھی کبھی زیادہ بھی۔ہاں! مسافروں کو خوش کرنا ان کا پیشہ ہی نہیں مجبوری بھی ہے اور دن کو رات کہنا ان کی لاچاری۔

۳/اپریل ۱۹۹۸ء

ٹیچروں کو نصیحت

لوکل ٹرین وسئی سے چرچ گیٹ کی طرف جارہی تھی۔کمپارٹمنٹ میں تین چار اساتذہ کا ایک گروپ بھی موجود تھا جو اونچی آواز میں گفتگو کر رہا تھا۔ان کی باتوں سے دیگر مسافروں کو معلوم ہو گیا تھا کہ وہ سبھی ٹیچرس ہیں۔اسکول کے مسائل،امتحانات کی باتیں اور بچوں کی حرکتیں۔کئی مسافر اپنی اپنی سیٹوں پر اونگھ رہے تھے اور انھیں اس طرح اونچی آواز میں بات کرنا برا لگ رہا تھا۔چرنی روڈ پر جب لوکل ٹھہری تب ایک شخص نے ان ٹیچروں کے نزدیک جا کر کہا ''آپ بچوں کو سمجھاتے نہیں؟'' وہ چونکے، ''کیا!'' وہ شخص دوبارہ کچھ کہے بغیر نیچے اتر گیا اور کھڑکی کے قریب آکے دھیمے سے بولا ''یہی کہ لوکل میں سفر کے دوران دھیمے لہجے میں بات کرنی چاہیے۔'' اتنا کہہ کر وہ شخص چلا گیا اور سبھی ٹیچروں نے شرمندگی محسوس کی۔

۶/اپریل ۱۹۹۸ء

چرچ گیٹ ایسا ہی چمکتا رہے

لوکل کے تھمتے ہی ایک مسافر نے چرچ گیٹ اسٹیشن پر قدم رکھتے ہوئے کہا ''واہ! کیا بات ہے۔

کاش! یہ اسٹیشن اسی طرح چمکتا رہے۔'' دوسرے مسافروں نے بھی خوشی کا اظہار کیا۔ صبح صبح پورے چرچ گیٹ ریلوے اسٹیشن کو پانی سے دھویا گیا تھا۔ پورا فرش چمک رہا تھا۔ کوڑا کرکٹ بھی غائب تھا۔ پٹریوں کے اطراف میں بھی پانی کا چھڑکاؤ کیا گیا تھا۔ مسافر چرچ گیٹ ریلوے اسٹیشن کے اس روپ کو دیکھ کے حیران تھے کہ آخر آج ریلوے ملازمین کو کیا ہوگیا؟ کسی نے کہا،''یہ صفائی صرف ایک دن کے لیے ہے۔ کل سے اسٹیشن اپنے پرانے حال پہ واپس آجائے گا۔'' دوسرے شخص نے پوچھا، ''کیوں؟'' اس نے جواب دیا،''بھائی! اس لیے کہ آج ان کے منسٹر صاحب آرہے ہیں۔ آپ یہ مت سمجھیے کہ اس طرح سے روزانہ اسٹیشن کو دھویا جائے گا اور ڈی ڈی ٹی کا چھڑکاؤ کیا جائے گا۔ کل آپ کو سب پلیٹ فارم پہلے کی طرح ہی ملیں گے۔'' اور واقعی ہوا بھی ایسا ہی۔ منسٹر صاحب کے دہلی جاتے ہی دوسرے دن چرچ گیٹ ریلوے اسٹیشن پر صفائی کرنے والا عملہ ندارد تھا۔

۱۴/۱/اپریل ۱۹۹۸ء

بیل گاڑی پر بسا ہے ان کا گھر

سڑک کے کنارے اس نے اپنی بیل گاڑی کھڑی کر رکھی تھی۔ وہ گٹار بجا رہا تھا اور اس کی بیوی منجو ڈھولک۔ بیٹے کے ہاتھ میں کنجری تھی اور بیٹی کے ہاتھ میں منجیرہ۔ سبھی مراٹھی میں کوئی بھجن گا رہے تھے۔ بیل گاڑی کے پچھلے حصّے میں کچھ مورتیاں بھی رکھی تھیں۔ کچھ لوگ بھجن سن رہے تھے اور کچھ مورتیوں کا درشن کر رہے تھے۔ انھیں پیسے بھی مل رہے تھے۔ جب بھجن ختم ہوا تو لوگ اِدھر اُدھر بکھر گئے۔ بیوی نے اسٹو جلایا اور چائے ناشتے کی تیاری ہونے لگی۔ کسی مرد نے پوچھا،''بھیا! آ کہاں سے رہے ہو اور جانا کہاں ہے؟'' مرد نے جواب دیا،'' آ تو رہا ہوں پنڈھرپور سے اور گھوم پھر کر جانا ہے شیرڈی، ناسک اور گنگا پور کی طرف۔'' دوسرے نے پوچھا،'' کتنے دن کی یاترا ہے؟'' اس نے جواب دیا،''یاترا تو چلتی رہتی ہے۔ ختم ہوتی ہے تو دوبارہ شروع ہوتی ہے۔ پھر ختم ہوتی ہے اور پھر شروع۔'' ایک نے دریافت کیا،''مگر کبھی کبھار اپنے گھر بھی جاتے ہوں گے؟'' اس نے جواب دیا،'' گھر تو ہمارا یہی ہے۔ یہ بیل گاڑی۔ چاہے اس کو گھر کہو یا محل۔ بھگوان کے ساتھ ہی رہتے ہیں۔'' یہ سن کر سوال جواب کرنے والوں نے کچھ پیسے اپنی اپنی جیب سے نکال کر بیل گاڑی میں رکھی مورتیوں

کے چرنوں میں ڈال دیے۔

۴ رمئی ۱۹۹۸ء

گبن گئی بلم کے دیس

جہاں وہ رہتی تھی اب وہاں اداسی بھرا سناٹا ہے۔ سیاحوں کا استقبال کرنے والی اس کی کلکاری اب سنائی نہیں دیتی۔ جو بھی اس سے ملا ہے اس کی معصومیت سے پُر شیطانی حرکتوں کو بار بار یاد کرتا ہے۔ مگر وہ اپنے نئے بلم کے ساتھ اودھ کی شاموں کو گلزار کر رہی ہے۔ ان دنوں وہ خوابوں کے سفر پر ہے۔ سنجے گاندھی نیشنل پارک کی سب سے مشہور اور سیاحوں کی چہیتی گبن کو پچھلے دنوں سینٹرل زو ڈپارٹمنٹ کے حکم پر لکھنؤ کے کنگ جارج چڑیا گھر میں بھیجا گیا۔ اس سندر بندریا کے بدلے وہاں سے دو مادہ چیتے روپالی اور دیپالی سنجے گاندھی نیشنل پارک میں آئے ہیں۔ بہر حال گبن کی زندگی میں ایک طویل عرصے سے جو خاموشی تھی وہ لکھنؤ جا کر ٹوٹی ہے۔ آج گبن اپنے بلم کے گھر میں خوش ہے۔ گبن کی داستان بھی کچھ کم دلچسپ نہیں ہے۔ نومبر ۱۹۹۲ء میں کانگریس کے ایم ایل اے پپو کالانی کے غیر قانونی ہالی ڈے ہوم کو زمین بوس کیا گیا۔ وہاں مادہ گبن کا جوڑا بھی موجود تھا۔ ایک مادہ گبن کی اگست ۱۹۹۴ء میں موت ہوگئی۔ کالانی خاندان کا کہنا ہے کہ ہالی ڈے ہوم میں تین گبن موجود تھیں مگر سنجے گاندھی نیشنل پارک میں وہاں سے دو گبن لا کر رکھی گئیں۔ ایک گبن کی گمشدگی ابھی تک راز میں ہے۔ یہ گبن مہنگی تھی اور اس کی قیمت ایک لاکھ روپے تھی۔ کالانی خاندان کے پاس سے اس گبن کے علاوہ لنگور، مور، ہمالیائی ہرن، لمبی مونچھوں والے بندر، طوطے، بطخیں اور کتے بھی دستیاب ہوئے تھے۔ شروع میں ان سبھی جانوروں کو تھانہ کے مدھوبن چڑیا گھر میں رکھا گیا۔ بعد ازاں جیجا ماتا پارک کے انتظامیہ نے گبن کو ان کے حوالے کرنے کی درخواست کی۔ لیکن بوریولی کے سنجے گاندھی نیشنل پارک میں ۷۵ ہزار روپے کی لاگت سے ایک وسیع و عریض پنجرہ تیار کیا گیا اور اس میں گبن کو رکھا گیا۔ ۱۹۹۴ء اپنی ساتھی کی موت کے بعد یہ گبن اکیلی سیاحوں کا دل بہلایا کرتی تھی۔ گبن لکھنؤ میں خوش ہے لیکن سنجے گاندھی نیشنل پارک میں بنایا گیا اس کا باڑہ خالی خالی سا لگتا ہے۔ سیاح اس پنجرے کے پاس آ کر چند پل کے لیے ٹھہر جاتے ہیں اور پھر گبن کو یاد کر کے آگے بڑھ جاتے ہیں۔ زندگی کی گردش

کے مطابق آج یا کل کوئی جانور اس خالی پنجرے میں آجائے گا اور سیاح گبن کو بھول جائیں گے۔

۱۱رمئی ۱۹۹۸ء

جونپور والی گرمی ہے یہاں

اب گرمی کا موسم ممبئی میں اپنا غصّہ دکھانے لگا ہے۔کبھی کہا جاتا تھا کہ یہاں ہر موسم ایک جیسا ہوتا ہے مگر اب وہ دن کہاں اور وہ بات بھی کہاں؟ گرمی کا موسم ممبئی اور ممبئی والوں کو ہر وقت آنکھیں دکھاتے رہتا ہے۔اتر پردیش کے چند نوجوان اندھیری سے ماہم جانے والی بس میں محوِ گفتگو تھے۔ ایک نے کہا،''یوپی کی ہر چیز کو ممبئی نے اپنا لیا ہے۔وہاں کے لوگ، وہاں کی تہذیب اور حد تو یہ ہے کہ پکوان بھی۔'' دوسرے نے درمیان میں اپنے خیالات کا اظہار کچھ اس طرح کیا،''ہم کبھی ممبئی والوں سے کہتے تھے کہ یوپی جاؤ تو گرمی کا احساس ہوگا۔لیکن اب تو وہی جونپور اور پرتاپ گڑھ والی گرمی یہاں بھی پڑنے لگی ہے۔''اس نوجوان کی بات بھی صحیح تھی اس لیے بس میں سوار دوسرے مسافروں نے پسینہ صاف کرتے ہوئے اس کا ساتھ دیا۔

۱۲رمئی ۱۹۹۸ء

ہٹیا کہاں ہے؟ رانچی کہاں ہے؟

چھترپتی شیواجی ٹرمنس کے ایک بکنگ کاؤنٹر پر بیٹھنے والی خاتون کلرک کو یہ معلوم نہیں ہے کہ ہٹیا کہاں ہے اور رانچی کہاں ہے؟ گذشتہ روز اس بکنگ کاؤنٹر پر ایک ایسا واقعہ رونما ہوا جس نے قطار میں کھڑے رہنے والوں کو حیرت زدہ کردیا۔لگ بھگ دو گھنٹے تک قطار میں اپنی باری کا انتظار کرنے کے بعد وہ شخص بکنگ کاؤنٹر پر پہنچا اور بکنگ کلرک سے ہٹیا ریلوے اسٹیشن کے ٹکٹ کی فرمائش کی۔ بکنگ کاؤنٹر نمبر ۴ کی خاتون کلرک نے بڑی دیر تک کمپیوٹر پر ہٹیا ریلوے اسٹیشن کو ڈھونڈا اور بعد میں یہ کہا کہ بھارت میں اس نام کا کوئی ریلوے اسٹیشن نہیں ہے۔اس شخص نے جواب دیا کہ ہٹیا رانچی کے نزدیک ہے۔ دلچسپ بات یہ ہے کہ اس خاتون کلرک کو یہ بھی پتہ نہیں تھا کہ رانچی نامی کوئی شہر

ہندوستان میں موجود ہے۔ خاتون کلرک نے منہ بناتے ہوئے پوچھا،"یہ رانچی کہاں ہے؟" ٹکٹ لینے والے شخص نے اسے بتایا،"رانچی بہار میں ہے، لہٰذا آپ کمپیوٹر میں پہلے رانچی تلاش کیجیے اور اس کے بعد ہٹیا ڈھونڈیے۔" خاتون کلرک نے اس ہدایت پر عمل کیا تو اسے کامیابی مل گئی۔ ٹکٹ لینے کے بعد اس شخص نے خاتون کلرک سے پوچھا،"میڈم! یہ ہٹیا کہاں سے آگیا؟" اب خاتون کلرک اس بات کا کیا جواب دیتی۔ وہ خاموش ہوگئی اور قطار میں کھڑے کسی منچلے نے اونچی آواز میں کہا،"پڑوسی دیش سے آیا ہے۔"

۱۲/مئی ۱۹۹۸ء

یہ نام پہلی بار سُنا ہے

ویرار لوکل میں کچھا کھچ بھیڑ تھی۔ ایک راجستھانی بریف کیس پکڑے گیٹ پر کھڑا تھا۔ گاڑی اپنی سست رفتاری سے چرنی روڈ اسٹیشن پر پہنچی۔ راجستھانی نے سمندر کو دیکھتے ہوئے اپنے برابر کھڑے ایک شخص سے کہا،"بھائی صاحب، اگر ممبئی میں سمندر نہ ہوتا تو شاید اتنی آبادی بھی نہیں ہوتی۔ سمندر کے سبب یہ شہر خوبصورت لگتا ہے۔" باتیں سننے والا شخص شاید بہار کا تھا۔ اس نے جواب دیا،"ہاں بھائی صاحب، آپ ٹھیک کہہ رہے ہیں۔ اگر یہ سمندر نہیں ہوتا تو یہاں کی خوبصورتی ختم ہو جاتی۔ مگر یہ بتائیے کہ آپ یہاں کے ہیں جو اچانک سمندر نے آپ کو متاثر کر دیا؟" راجستھانی شخص نے کہا،"میں راجستھان سے آیا ہوں۔ ہمارے یہاں سندر محل ہے، بڑے ریگستان ہیں اور بھی بہت کچھ ہے۔" بہاری بابو نے اپنے بہاری انداز میں اس سے پوچھا،"آپ اس علاقے کی بات کر رہے ہیں جو آج کل خبروں میں ہے۔" راجستھانی نے تعجب سے دریافت کیا،"کون سا علاقہ؟" بہاری بابو نے کہا، "پوکھرن۔" پوکھرن کا نام سُننے کے بعد راجستھانی نے جواب،"یہ نام پہلی بار سُنا ہے۔"

۲۳/مئی ۱۹۹۸ء

کرکٹ کے آگے سب بے کار

بھائیندر کے سمندری ساحل پر اب شام ڈھلے لوگ ٹھنڈی ہواؤں سے لطف اندوز ہوتے دکھائی دینے لگے ہیں۔ اس ساحل پر آپ کو صبح دوڑتے ہوئے نوجوان اور بوڑھے بھی مل جائیں گے۔ آج کل شہر میں درجہ حرارت میں مسلسل اضافہ ہو رہا ہے لہٰذا موسم سے اوب کر سمندری کناروں پر شہری اپنا وقت گزارنا پسند کر رہے ہیں۔ ایک دن سورج ڈوب چکا تھا پھر بھی بھائیندر کا یہ سمندری ساحل ویران پڑا تھا۔ حالانکہ دوپہر میں شدید گرمی تھی مگر شام ہوتے ہی ہوائیں چلنے لگی تھیں۔ تین منچلے جب وہاں پہنچے تو ماحول کی خاموشی نے انھیں حیرت زدہ کر دیا ''آج یہاں کوئی نہیں آیا؟ کیا بات ہے؟'' پھر سبھی اس کی وجہ ڈھونڈنے لگے۔ ''کوئی پابندی نہیں؟ ماحول بھی خوشگوار ہے تو پھر اتنی ویرانی کیوں؟'' اچانک ایک نوجوان کو یاد آیا اور اُس نے زور سے اپنے ساتھی کی پیٹھ پر تھپکی مارتے ہوئے کہا ''یار! آج بنگلہ دیش اور انڈیا کا میچ ہے۔ اسی لیے سب ٹیلی ویژن سے چپکے بیٹھے ہوں گے۔'' یہ سن کر دوسرے نوجوان نے کہا ''جب کرکٹ ہو رہا ہو تو لوگوں کو نہ ٹھنڈی ہوائیں اچھی لگتی ہیں اور نہ ہی سمندری لہریں۔'' تینوں منچلے بھی اپنے گھروں کی جانب چل پڑے، شاید ٹیلی ویژن سے چپکنے۔

۲۳ر مئی ۱۹۹۸ء

ہیجڑے اور غیر ملکی خواتین

دو غیر ملکی خواتین ٹرین میں ہیجڑوں سے جس طرح باتیں کر رہی تھیں اگر اس طرح کوئی ہندوستانی خاتون ان سے گفتگو کرتی تو دیگر خواتین پھبتیاں کستیں۔ ٹرین اندھیری سے چرچ گیٹ جا رہی تھی۔ لیڈیز ڈبے میں دو انگریز خواتین بھی موجود تھیں۔ سانتا کروز ریلوے اسٹیشن پر تین ہیجڑے اس کمپارٹمنٹ میں داخل ہوئے اور اپنے مخصوص انداز میں تالیاں بجا کر بھیک مانگنے لگے۔ جب وہ ان غیر ملکی خواتین کے پاس پہنچے تب ایک انگریز خاتون نے مسکرا کر ان تینوں ہیجڑوں کے نام پوچھے۔ ہیجڑوں نے بھی اپنے دانت دکھاتے ہوئے انگریزی میں جواب دیا۔ انگریز خاتون نے دریافت کیا ''جب لوگ ان پر فقرے کستے ہیں انھیں اس وقت کیسا محسوس ہوتا ہے؟'' ہیجڑوں میں

سے ایک نے جواب دیا،''اب ہمیں عادت سی پڑ چکی ہے۔''انگریز خاتون نے ان سے مخصوص انداز میں تالیاں بجانے کا طریقہ سکھانے کی درخواست کی۔ ہیجڑوں کو بھی لطف آرہا تھا۔انھوں نے انگریز خاتون کو تالیاں بجانے کی مشق کروائی۔انگریز خاتون کچھ دیر کی کوشش کے بعد بالکل ہیجڑوں کی طرح تالیاں بجانے لگی۔ہیجڑوں نے آہستہ سے کہا،''میڈم!ٹرین کے باہر تالیاں مت بجانا۔''ہیجڑوں کی بات سن کر انگریز خاتون مسکرانے لگی اور تینوں ہجڑے مہالکشمی ریلوے اسٹیشن آتے ہی تالیاں بجاتے اتر گئے۔

۲۵رمئی ۱۹۹۸ء

اتنی موٹی آنٹی!

باندرہ میں واقع گیٹی سینما میں گووندا کی نئی فلم''آنٹی نمبرون''دیکھ کے دو نوجوان باہر نکلے اور ان میں بحث شروع ہوگئی۔ان کی بحث کا موضوع تھا کہ'آنٹی نمبرون' اچھی فلم ہے یا کمل ہاسن کی'چاچی ۴۲۰'۔ایک کا کہنا تھا،''چاچی ۴۲۰'عمدہ فلم ہے اور اس میں کمل ہاسن نے جو اداکاری کی ہے وہ گووندا دوسرے جنم میں بھی نہیں کرسکتا۔''دوسرا شاید گووندا کا مداح تھا۔اس نے جواب دیا،''کمل ہاسن نے اوورا یکٹنگ کی تھی جب کہ گووندا واقعی آنٹی لگ رہا ہے۔''پہلا ہاتھ نچاتے ہوئے بولا،''کمل ہاسن کا میک اَپ دیکھا تھا۔وہ واقعی چاچی لگ رہا تھا۔''دوسرے نے دوبارہ گووندا کی حمایت کی، ''گووندا کا میک اَپ بھی کچھ کم نہیں ہے۔اس نے بالکل بوڑھی آنٹی کو اسکرین پر اُتارا ہے۔'' اس بات پر پہلے نے چڑھ کر کہا،''مانا گووندا بہت عمدہ ایکٹر ہے لیکن وہ آنٹی کے رول میں کچھ عجیب سا لگا۔یار!اتنی موٹی آنٹی؟''یہ سنتے ہی گووندا کے مداح کی بولتی بند ہوگئی۔

۲۶رمئی ۱۹۹۸ء

رومیو کی شامت

چرچ گیٹ ریلوے اسٹیشن پر اچھی خاصی بھیڑ تھی۔ نیگرو نے ایک منچلے کو اپنی باہوں میں زور سے دبوچ رکھا تھا۔ دراصل تین نیگرو کسی کا انتظار کر رہے تھے۔ ان کے ساتھ ایک لڑکی بھی تھی۔ منچلے نے اپنی عادت کے مطابق اس نیگرو حسینہ کے ساتھ چھیڑ خانی کی۔ نیگرو لڑکی نے فوراً اپنے ساتھیوں سے اس منچلے کی شکایت کی۔ کوئی دوسری لڑکی ہوتی تو شاید خاموش رہ جاتی لیکن نیگرو لڑکی کو منچلے کا فقرہ ناگوار گزرا تھا۔ بس پھر کیا تھا۔ اپنی ساتھی حسینہ کی شکایت پر ایک نیگرو نے اس منچلے کا پیچھا کیا، جب منچلے کو اس بات کا احساس ہوا کہ کوئی اس کو پکڑنے آ رہا ہے تو وہ دوڑنے لگا۔ منچلے کو دوڑتا دیکھ کر نیگرو نے بھی دوڑ لگائی۔ منچلا ذرا ہوشیار بھی تھا۔ خود کو بچانے کے لیے وہ ٹرین کے لیڈیس کمپارٹمنٹ میں چڑھ گیا۔ نیگرو ڈبّے کے باہر رک گیا اور اسے باہر بلانے لگا۔ منچلا اندر سے باہر آنے کے لیے تیار نہ تھا۔ طیش میں آ کے نیگرو لیڈیس کمپارٹمنٹ میں گھس گیا اور منچلے کا کالر پکڑتے ہوئے اُسے باہر نکالا اور گھسیٹتے ہوئے اپنی ساتھی لڑکی کے پاس لے گیا۔ اب منچلے کا بُرا حال تھا۔ وہ صفائی پیش کرتے ہوئے کہہ رہا تھا کہ اس نے نیگرو لڑکی کو نہیں چھیڑا ہے۔ بعد میں جب نیگرو نے اسے پولیس کے حوالے کرنے کی دھمکی دی تب اُس نے فوراً معافی چاہی۔ مسافروں کی اچھی خاصی بھیڑ یہ منظر دیکھنے کے لیے جمع ہو چکی تھی۔ پولیس بھی آ گئی تھی۔ پولیس نے جب معاملہ سننا چاہا تب نیگرو نے کہا کہ اس کی طبیعت خراب ہو گئی تھی لیکن اب ٹھیک ہو چکی ہے۔ پولیس کے واپس جانے کے بعد منچلے نے نیگرو کا شکریہ ادا کیا اور فوراً وہاں سے کھسک گیا۔

۶؍جون ۱۹۹۸ء

پنجو گنگولی: ایک مشہور کارٹونسٹ

پنجو گنگولی یکم اگست ۱۹۶۴ء کو کرناٹک کے ضلع اڑوی کے کندا پور نامی گاؤں میں پیدا ہوئے۔ انھیں بچپن ہی سے ڈرائنگ میں دلچسپی تھی۔ وہ شروع میں لینڈ اسکیپ، پورٹریٹ اور ماڈرن آرٹ کو کینوس کی زینت بناتے تھے مگر اس فنکاری کے عوض انھیں کوئی معاوضہ نہیں ملتا تھا۔ بعد

ازاں روپے کمانے کے لیے وہ باقاعدگی سے کارٹون بنانے لگے۔ ۱۹۸۳ء میں انھوں نے کنڑ میگزین 'ترنگ' کے لیے کارٹون بنایا۔ پھر وہ کنڑ ڈیلی 'مونگارو' اور سیاسی میگزین 'لنکیش' سے وابستہ ہوگئے۔ وہاں سے انھیں ممبئی سے شائع ہونے والے انگریزی اخبار 'سنڈے آبزرور' میں مدعو کیا گیا۔ 'سنڈے آبزرور' میں مشہور سیاسی شخصیتوں کے بیان پر ان کے تخلیق کردہ کارٹون سیریز 'پنجو پیوپلس' نے انھیں راتوں رات اسٹار کارٹونسٹ بنادیا۔ آج وہ انگریزی اخبار 'بزنس انڈیا' کے لیے کارٹون بنارہے ہیں۔ پنجو گنگولی کے مطابق ''کارٹون، آرٹ یا صحافت نہیں ہے بلکہ کارٹون، آرٹ اور صحافت دونوں ہے۔ اس ناطے ایک کارٹونسٹ آرٹسٹ بھی ہے اور صحافی بھی۔'' وہ بتاتے ہیں ''کارٹون اداریے سے زیادہ طاقتور ہوتا ہے لیکن اس کے باوجود وہ بہت بڑا میڈیم نہیں ہے کیونکہ عمدہ سے عمدہ کارٹون صرف اخبارات اور رسائل تک ہی محدود رہتا ہے۔ اور اخبار اور رسائل کتنے لوگ پڑھتے ہیں؟'' پنجو گنگولی 'بزنس انڈیا' میں 'پنجو پیچ' عنوان کے تحت معاشی اور سیاسی مسائل پر تیار کیے گئے کارٹون میں بھرپور طنز کرتے ہیں۔ موصوف کے بقول ''بزنس کارٹون بنانا سیاسی کارٹون سے زیادہ مشکل ہوتا ہے کیونکہ بزنس کارٹون میں کسی بھی واقعے یا حادثے کو دکھانے کا اینگل محدود ہوتا ہے۔'' کنڑ سے انگریزی صحافت کی طرف رخ موڑنے والے پنجو گنگولی کا کہنا ہے، ''انگریزی کے کارٹونسٹ کی حالت بہتر ہوتی ہے کیونکہ یہاں پیسہ اور ذریعہ ہے۔'' آر کے لکشمن کے بارے میں وہ بتاتے ہیں، ''ان کا اسٹائل آسان ہے۔ آئیڈیا اچھا ہوتا ہے۔ سب سے بڑی بات یہ ہے کہ وہ لگاتار کارٹون بنارہے ہیں۔'' پنجو گنگولی کو افسوس ہے کہ آج یہ فن ختم ہورہا ہے اور نئی نسل کارٹون بنانے سے زیادہ کارٹون بننے پر محنت کررہی ہے۔

۸ / جون ۱۹۹۸ء

تمباکو بم سے زیادہ نقصان دہ

سانتا کروز میں رہنے والے سندیپ بھونسلے ۴۸ برس کے تھے۔ ان کی ایک بیٹی چودہ برس کی تھی اور ایک بیٹا بارہ برس کا۔ چھوٹا سا خوشحال گھرانہ تھا مگر گھر کے ماحول میں تمباکو کی بدبو شامل تھی۔ پچھلے دو مہینے سے نہ وہ گھرانہ خوشحال ہے اور نہ ہی چار دیواری کے اندر کو کر کا اڑتا دھواں۔ سندیپ کوئی ڈیڑھ برس سے پھیپھڑے کے کینسر سے جوجھ رہے تھے اور آخر کار ایک دن وہ اپنی بیوی بچوں کو روتا

بلکتا چھوڑ گئے۔ اپنے آخری دنوں میں وہ اپنی بیوی کی گود میں سر رکھ کر سسکتے ہوئے یہ کہتے تھے، ''مجھے بچوں کے لیے اور تمھارے لیے جینا ہے۔'' لیکن جینے کا فیصلہ کرنے میں انھوں نے بہت دیر کردی تھی کیونکہ موت کے دھویں نے زندگی کے دروازے میں سوراخ کردیا تھا۔ سندیپ نے اپنے بچوں کے رخساروں پر اتنا بوسہ نہیں لیا تھا جتنا ان کے ہونٹوں نے سگریٹ کو چھوا تھا۔ ہمارے ملک میں تمباکو مخالف مہم کے لیے جو رقم خرچ کی جارہی ہے اس رقم سے بھی سندیپ کی بیوی اور بچوں کے زخموں کو بھرا نہیں جاسکتا۔ ایک دھیمے خطرناک بم تمباکو کا قہر نہ جانے کتنی زندگیوں اور خاندانوں پر برسوں سے ٹوٹ رہا ہے۔ ''تمباکو نوشی صحت کے لیے مضر ہے'' کی وارننگ ہمارے ملک میں کوئی مطلب نہیں رکھتی۔ دیواروں، زینوں اور سڑکوں پر پان کی سرخ پیک اور سگریٹ کا لہراتا دھواں خاموشی سے یہی کہہ رہا ہے کہ تمباکو بم سے زیادہ مہلک ہے۔

۱۰ر جون ۱۹۹۸ء

پولیس کانسٹبل

آپ کی بھی ایسے لوگوں سے ملاقات ہوئی ہوگی جو گفتگو کے دوران دوسروں پر رعب ڈالنے کے لیے انگریزی کے لفظوں کا استعمال کرتے ہیں۔ ایک خاتون سانتا کروز میں باندرہ جانے والی بس اسٹاپ پر کھڑی بس کا انتظار کر رہی تھی۔ بناؤ سنگھار سے یہ ظاہر ہو رہا تھا کہ وہ کسی دولت مند فیملی سے تعلق رکھتی ہے۔ گرمی سے وہ کچھ پریشان سی تھی۔ کچھ دیر بعد اُس نے بغل میں کھڑے پولیس کانسٹبل سے انگریزی میں پوچھا، ''باندرہ جانے کے لیے کون سی بس پکڑوں؟'' پولیس کانسٹبل نے ہچکچاتے ہوئے جواب دیا، ''ہاں! گرمی بہت زیادہ ہے۔'' خاتون نے منہ بنا کر پسینہ پوچھتے ہوئے ایک دوسرے شخص سے دریافت کیا، ''آپ ۸۷ نمبر کی بس پکڑیں۔'' سامنے والے شخص سے جواب سُن کر خاتون نے تھینک یو کہتے ہوئے اس پر مسکان اُچھالی۔ دلچسپ بات یہ تھی کہ خاتون جس اسٹاپ پر کھڑی تھی وہاں ۸۷ نمبر کی بس نہیں رکتی تھی۔ اب وہ خاتون یہاں وہاں تاکنے لگی۔ پولیس کانسٹبل نے اس سے کہا، ''آپ تھوڑی دیر چھاؤں میں کھڑی رہیں بس آنے پر میں روک دوں گا۔'' ۸۷ نمبر کی بس آتے ہوئے دکھائی دی۔ پولیس کانسٹبل کے اشارے پر بس کی رفتار کچھ دھیمی ہوئی لیکن پھر تیزی سے

آگے بڑھ گئی۔ پولیس کانسٹبل نے شرمندگی محسوس کی۔ خاتون پولیس کانسٹبل سے مخاطب ہوئی،''آپ اپنا کام کیجیے۔ میں آگے سے بس پکڑلوں گی۔'' خاتون کے جاتے ہی پولیس کانسٹبل نے بڑبڑاتے ہوئے کہا،''پیسہ نہیں ہے اور انگریزی میں بولتی ہے۔ زیادہ گرمی لگ رہی ہے۔ تو ٹیکسی میں جانا چاہیے۔'' کانسٹبل کی بات سن کر بس اسٹاپ پر کھڑے مسافر ہنس پڑے۔ پولیس کانسٹبل نے گھوم کے لوگوں کو ہنستے ہوئے دیکھا اور چپ چاپ وہاں سے کھسک گیا۔

۱۶؍جون ۱۹۹۸ء

اندر بھگوان کا گیئر پھنسا

عروس البلاد میں پچھلے تین روز سے بارش خوب اودھم مچا رہی ہے۔ برکھا رانی نے پہاڑوں کی گھاٹیوں میں ہریالی کی چادر بچھادی ہے۔ کھیت کھلیان اور پیڑوں نے سبز پتوں کی چھتری پکڑ رکھی ہے۔ کل اندھیری سے بمبئی کی طرف جانے والی بس میں ایک بچہ اپنے پاپا سے پوچھ رہا تھا،''پاپا! یہ برسات کون کرتا ہے؟'' پاپا کا جواب تھا،''اندر بھگوان۔'' بچے نے دوبارہ دریافت کیا،''اندر بھگوان کے پاس ایسی کون سی مشین ہے جس سے یہ پوری دنیا میں بارش کراتے ہیں؟'' پاپا نے جواب دیا،''بیٹے! جیسے اسکوٹر کے گیئر سے اسکوٹر تیز یا دھیمی ہوتی ہے ٹھیک اسی طرح اندر بھگوان بھی اپنی مشین کا گیئر دھیما اور تیز کرکے بارش کرواتے ہیں۔'' بچے سے یہ سن کر رہا نہ گیا۔ اس نے فوراً کہا،''پاپا! اندر بھگوان کا گیئر پھنس رہا ہے اس لیے یہاں رُک رُک کر برسات ہو رہی ہے۔'' بچے کی بات سن کر پاپا نے کھسیا کر ادھر اُدھر نگاہ دوڑائی اور بچے کو خاموش رہنے کی تاکید کی۔

۳؍جولائی ۱۹۹۸ء

ہٹو اکم سُون

جب سے موبائل اور پیجر کا زمانہ آیا ہے تب سے لوگ باگ انھیں اپنی ضرورت کے حساب سے استعمال کرنے کا فن بھی سیکھ گئے ہیں۔ محکمہ پولیس موبائل اور پیجر کے ذریعے مجرمین تک پہنچ رہا ہے۔

دوسری طرف جرائم پیشہ گروہ موبائل اور پیجر کی مدد سے سازشیں انجام دے رہا ہے۔ بعض نوجوان ایسے بھی ہیں جنھوں نے اپنی محبوباؤں کو پیجر دے رکھے ہیں جس پر وہ دل کے احساسات یا پیغام پہنچایا کرتے ہیں۔ سائن سرکل پر رہنے والے ایک صاحب پیجر کا کس طرح فائدہ اٹھا رہے ہیں وہ آپ بھی جانیے۔ ان کا ایک آٹھ سالہ لڑکا کھیلتے ہوئے دور تک نکل جاتا تھا اور اسے تلاش کرنے کی خاطر انھیں آس پاس کی عمارتوں اور گھروں کے چکر لگانے پڑتے تھے۔ ایک دن وہ پریشان ہو کر اپنے بیٹے کے لیے پیجر خرید لائے۔ اب جب بھی انھیں اپنے بیٹے کو گھر بلانا ہوتا ہے تو وہ پیجر پر پیغام دیتے ہیں، ''بٹو اکم سُون۔'' اور انکا بٹوا پیغام ملتے ہی فوراً گھر پہنچ جاتا ہے۔

۱۵ر جولائی ۱۹۹۸ء

بریڈمین اور آرم اسٹرانگ

ستیش چافیکر لگ بھگ ۳۰ برس سے آٹوگراف جمع کر رہے ہیں۔ ان کے پاس آٹوگراف کے ڈھیروں البم موجود ہیں جن میں آر کے لکشمن، جنرل کرپا، رچرڈ گیرے، دلیپ کمار، دیو آنند، نیلسن منڈیلا، اٹل بہاری واجپائی، ڈان بریڈمین، ایم ایف حسین اور نیل آرم اسٹرانگ کے نام قابل ذکر ہیں۔ ستیش چافیکر کے بقول ''جنرل کرپا پاس کی ایک میٹنگ میں آرہے تھے۔ میں نے سُنا اور وہاں چلا گیا۔'' جنرل کرپا کا یہ آٹوگراف آج ستیش چافیکر کے پاس نہیں ہے مگر تھانہ میں واقع ان کی رہائش گاہ میں بے شمار آٹوگراف بکس، کرکٹ کے ۲۵ بلے اور سینکڑوں تصویریں ہیں جن پر کئی اہم لوگوں کے دستخط موجود ہیں۔ آرم اسٹرنگ کا آٹوگراف انھوں نے کیسے حاصل کیا؟ یہ ایک دلچسپ روداد ہے۔ ''تاج محل ہوٹل میں منعقد ایک پروگرام میں آرم اسٹرنگ کو شرکت کرنی تھی۔ باہر بھاری تعداد میں حفاظتی بندوبست تھا۔ میں معمولی بندہ کون اندر جانے دیتا؟'' ستیش چافیکر اندر کیسے پہنچے؟ ''میں کچن کے راستے اندر داخل ہو گیا اور پہلی قطار میں بیٹھ گیا۔ نیل آرم اسٹرانگ نے تقریر ختم کی اور سیدھے نیچے آکر میری برابر والی سیٹ پر بیٹھ گئے۔'' آٹوگراف جمع کرنے کا شوق بہت سوں کو ہوتا ہے۔ ستیش چافیکر انھیں نصیحت کرتے ہیں، ''صبر اس شوق کی سب سے پہلی ضرورت ہے۔'' ڈان بریڈمین نے انھیں آٹوگراف دینے کے لیے پچیس چھٹیوں تک انتظار کرایا ہے۔ ستیش چافیکر ڈومبیولی میں ایک

میوزیم کی بنیاد رکھنے کی جستجو میں ہیں۔ یوں وہ صبح ۸ بجے سے رات ۸ بجے تک ٹیوشن دیتے ہیں۔ انھیں اپنے شوق کے سبب بریڈمین اور نیل آرم اسٹرانگ تک رسائی کا موقع دستیاب ہوا جو اپنے آپ میں ایک اعزاز ہے۔

۲۱ر جولائی ۱۹۹۸ء

سنیل کا قصور کیا تھا؟

بارہ سالہ سنیل گپتا جب ۶ر فروری کو اندھیری سے کاندیولی جانے کے لیے لوکل ٹرین میں سوار ہوا تو اُسے یہ احساس نہیں تھا کہ یہ سفر اس کے لیے منحوس ثابت ہوگا۔ سنیل گپتا کاندیولی میں رہتا ہے لیکن اس روز وہ اپنے والد سے ملنے اندھیری آیا تھا جو اندھیری میں پُل کے نیچے پھل فروخت کرتے ہیں۔ سنیل لیڈیز کمپارٹمنٹ میں کھڑا تھا۔ کاندیولی اسٹیشن آنے سے قبل پھاٹک کے پاس لوکل ٹرین دھیمی ہوگئی۔ ایک خاتون نے سمجھا کہ پلیٹ فارم آگیا لہٰذا اس نے اُترنے کی جلد بازی میں دروازے پر کھڑے سنیل گپتا کو دھکیل دیا۔ وہ پل بھر میں پھاٹک کے پاس جا گرا۔ اس حادثے میں سنیل گپتا کا بایاں پیر نصف اور دایاں پیر پنجے کے پاس سے کاٹ دیا گیا۔ ڈاکٹروں نے اس کے لیے بھگوتی اسپتال سے خون منگوایا جو اس کے جسم میں داخل کر دیا گیا۔ ۱۸ر مارچ کو اسے نائر اسپتال میں پلاسٹک سرجری کے لیے بھیجا گیا۔ یہاں بھی اس کے جسم میں دو بوتل خون چڑھایا گیا۔ نائر اسپتال میں خون چڑھاتے ہی سنیل گپتا کو بخار آگیا۔ بخار جب لگاتار چار دنوں تک نہیں اترا تو نائر اسپتال کی ڈاکٹر اوشا نے اس کا خون بامبے اسپتال جانچنے کے لیے روانہ کیا۔ ۲۷ر مارچ کو بامبے اسپتال سے جو رپورٹ نائر اسپتال کے ڈاکٹروں کو موصول ہوئی اس میں یہ شک ظاہر کیا گیا تھا کہ سنیل گپتا کے خون میں ایڈس کے جراثیم موجود ہیں۔ سنیل گپتا کے ایک رشتے دار وجے پال کے مطابق ''بامبے اسپتال کی رپورٹ آتے ہی نائر اسپتال کے ڈاکٹروں، نرسوں اور دیگر اسٹاف کا رویہ سنیل گپتا کے تئیں تبدیل ہوگیا۔ صرف سنیل گپتا ہی نہیں بلکہ اس کے رشتے داروں سے بھی وہ اچھوتوں جیسا برتاؤ کرنے لگے۔ اسے دوا دینا بند کر دیا گیا۔ اس کے علاج سے پورا اسٹاف لاپروا ہوگیا'' بعد ازاں ڈاکٹر لالوانی سے شکایت کرنے پر ۷ر جولائی کو اس کا آپریشن کیا گیا۔ اب یہ بدنصیب لڑکا کسی حد تک ٹھیک نظر آرہا ہے

مگر بھگوتی اسپتال اور نائر اسپتال کے ڈاکٹروں، نرسوں اور دیگر اسٹاف کی لاپروائی سے اس کے جسم میں چڑھائے جانے والے خون کے ذریعے ایڈس کے جو جراثیم داخل ہوئے تھے اس کا علاج اب کس طرح ممکن ہے؟ ریلوے میں سفر کرنے والی اس خاتون کی جلد بازی سے سنیل گپتا نے اپنی دونوں ٹانگیں گنوادیں اور ڈاکٹروں کی اپنے فرائض کے تئیں کوتاہی سے بارہ سالہ بچے کی پوری زندگی دوزخ بن گئی۔ کیا ہندوستان میں اس طرح کے حادثے کا شکار ہونے والوں کے لیے کوئی سرکاری امداد کا انتظام ہے؟ جی نہیں! نہ جانے ہمارے ملک میں ایسے کتنے سنیل تقدیر کی چوٹ برداشت کرنے کے لیے مجبور ہوں گے؟ کیا ممبئی کی دوڑتی بھاگتی زندگی میں کسی نے بھی یہ سوچنے کی خاطر وقت نکالا کہ بے چارے سنیل گپتا کا قصور کیا تھا؟

۲۲ر جولائی ۱۹۹۸ء

خط لکھ دے سنوریا کے نام بابو

خط نے تاریخ اور پیار کی کئی کہانیاں لکھی ہیں۔ چند دہائی قبل تک خط زندگی کی سب سے بڑی ضرورت ہوا کرتے تھے۔ بیٹی کو وداع کرنے کے بعد ماں کو تب تک تسلی نہیں ملتی تھی جب تک بیٹی کا سسرال سے خط نہ آجائے۔ بیٹے کو کسی دوسری شہر میں پڑھنے اور نوکری پر بھیجنے کے بعد باپ بیٹے کے خط کے انتظار میں روز ڈاکیہ کا منتظر رہتا تھا۔ خط کا سب سے زیادہ انتظار رہتا تھا ان عاشقوں اور محبوباؤں کو جو ایک دوسرے کے خط کی چاہ میں رات بھر کروٹیں بدلتے رہتے تھے۔ مگر وقت نے سب کچھ تبدیل کر دیا۔ اب بیٹی سسرال پہنچنے کے بعد خط کے بجائے ٹیلی فون کرنا زیادہ پسند کرتی ہے۔ بیٹا دوسرے ملک سے قلم کا استعمال نہ کرتے ہوئے صرف ڈائل گھماتا ہے۔ جواں دلوں کی دھڑکنیں اب کاغذ پر کم اور ٹیلی فون کی گھنٹیوں پر زیادہ دھڑکتی ہیں۔ پوسٹ ماسٹر وجے کمار کھنہ کا کہنا ہے، ''اب گھریلو خطوط کی تعداد میں کمی آرہی ہے اور ٹیلی ویژن مقابلوں، ملازمت اور انٹرویو کے خطوط کی تعداد بڑھ گئی ہے۔ گذشتہ چند برسوں میں ٹیلی فون کے استعمال میں کتنا اضافہ ہوا ہے اس کا اندازہ ایم ٹی این ایل کے ریکارڈ سے ہوتا ہے۔ دہلی اور ممبئی میں ۱۹۸۷ء تک ایم ٹی این ایل کے صرف ۸ لاکھ ٹیلی فون کنکشن تھے لیکن ۲۵ر جنوری ۱۹۹۸ء تک یہ تعداد ۲۶ لاکھ تک پہنچ گئی تھی۔ ایک اندازے کے مطابق

آج پورے ملک میں ۸۰/لاکھ سے زائد ٹیلی فون کنکشن موجود ہیں جب کہ نومبر ۱۹۹۶ء تک یہ تعداد ۱۵۲/لاکھ تھی۔ ناگپاڑہ کے ایک پی سی او سے روزانہ ایس ٹی ڈی پر بات کرنے کا اوسط ۸۰/فی صد سے ۱۰۰/فیصد کے درمیان ہے۔ پوسٹ ماسٹر وجے کمار کھنہ ٹیلی فون کے بڑھتے رجحان کے باوجود پُر امید ہیں کہ خط کا چلن ختم نہ ہوگا۔ انھوں نے پان چباتے ہوئے کہا،''ٹیلی فون کا استعمال بھلے ہی کتنا بھی بڑھ جائے لیکن خط کی اہمیت اپنی جگہ برقرار رہے گی اور خط ہر دور میں لکھے جاتے رہیں گے۔''

۲۲/جولائی ۱۹۹۸ء

بھکاری، مجرم اور بے روزگاری

کچھ دنوں پہلے کا واقعہ ہے۔ کپول اسکول (مجیٹھیا پارک) کے عین مقابل ایک باپ اپنے بیٹے کو بری طرح زدوکوب کر رہا تھا۔ بیٹے کے ساتھ ساتھ وہ اپنی بیوی پر بھی ڈنڈے برسا رہا تھا۔ بعد ازاں دونوں ماں بیٹے راستے پر بیٹھ کر بھیک مانگنے لگے۔ بیٹے کو سزا اس لیے دی جا رہی تھی کہ وہ ایس ایس سی میں ناکام ہوا تھا جب کہ ماں کو بیٹے کے باپ نے بیٹے کی ناکامی کا ذمہ دار ٹھہراتے ہوئے سزا دی۔ پولیس اور مقامی افراد کی مداخلت سے یہ معاملہ وہیں تھم گیا مگر اس واقعہ نے ایسے کئی سوالات اٹھائے جس کے تار بے روزگاری، مجرمانہ سرگرمیوں اور خودکشی سے وابستہ ہیں۔ بیٹے کو پیٹنے کے دوران باپ چلّا چلّا کر کہہ رہا تھا،''تو فیل ہوگیا۔ اب تجھے نوکری کون دے گا لہٰذا تو بھیک مانگ۔'' اس بات پر وہاں کھڑے ایک راہگیر نے کہا،''یہ لڑکا بھلے بھکاری نہ بنے لیکن باپ کی سزا نے اس میں مجرم بننے کا بیج بو دیا ہے۔'' یہ منظر ممبئی کے نزدیکی علاقہ نالاسوپارہ کا ہے مگر اس طرح کے واقعات آج پورے شہر اور ملک میں رونما ہو رہے ہیں۔ خودکشی کے خلاف تحریک چلانے والی این جی او 'پرینا' کی سنیتا ایئر کے بقول،''خودکشی کرنے والے زیادہ تر اشخاص روزی روٹی کے مسئلے کی وجہ سے یہ قدم اٹھاتے ہیں۔'' موصوفہ بتاتی ہیں،''بے روزگاری کے سبب خودکشی کا شکار زیادہ تر وہ نوجوان ہوتے ہیں جن کے والدین کو ان کی ملازمت اپنے رُتبے کے خلاف لگتی ہے۔ اس وجہ سے جب انتھک محنت کے باوجود کسی کو مناسب ملازمت نہیں ملتی ہے تو وہ زندگی پر موت کی رسّی یا زہر کو ترجیح دیتا ہے۔'' سنیتا ایئر نے بتایا، ''اب کسی بھی میدان میں مقابلہ آرائی اس قدر بڑھ گئی ہے کہ لوگ احساس کمتری کا شکار ہو رہے ہیں۔

اس کے علاوہ انتخابات میں فیل ہونے والے طلبا ہی نہیں بلکہ کم فی صد پانے والے بچے بھی خودکشی کر رہے ہیں۔ والدین کے خوف سے جو بچے گھر سے بھاگ جاتے ہیں وہ جرم کی دنیا میں داخل ہوجاتے ہیں جوون وے ہوتی ہے۔" ایک پولیس انسپکٹر نے گفتگو کے دوران کہا،"سرکار ہر کسی کی روزی روٹی کا انتظام کردے تو پھر نہ کوئی کسی کو قتل کرے گا اور نہ ہی کوئی خودکشی کے لیے مجبور ہوگا۔" شہر میں جرائم کی شرح میں متواتر اضافہ کیوں ہو رہا ہے؟ جواب میں انھوں نے بتایا،"شہر میں روزی روٹی کی تلاش میں باہر سے لوگ آتے ہیں۔ جب انھیں دوڑ بھاگ کے باوجود نوکری نہیں ملتی تو وہ جرم کی طرف راغب ہوتے ہیں۔" عام طور سے ممبئی کو پڑھے لکھے افراد کا شہر کہا جاتا ہے لیکن یہاں ڈھیروں تعلیم یافتہ اشخاص یا تو پان بیڑی بیچ رہے ہیں یا پھروڑا پاؤ اور کباب پاؤ کی گاڑیاں لگا کے اپنا پیٹ بھر رہے ہیں۔ ۱۹۹۴ء میں ایمپلائمنٹ ایکسچینج میں ۴۱۲۳۳ لوگوں نے اپنے نام درج کروائے تھے جن میں سے صرف ۶۶۵۳ افراد کو ملازمت حاصل ہوئی۔ گذشتہ سال پوری ریاست میں ۶۸۸۶۸۵ بے روزگاروں نے ایمپلائمنٹ ایکس چینج میں اپنے فارم داخل کیے اور ۲۲۵۹۲ لوگوں کو ملازمت دستیاب ہوئی۔ سرکار کو چاہیے کہ وہ نیوکلیائی تجربات کے ساتھ ساتھ بے روزگاری کے مسئلے پر بھی دھیان دے ورنہ وہ دن دور نہیں کہ جب ممبئی اور پورا ملک واشنگٹن اور جوہانسبرگ کی طرح بن جائے گا جہاں مجرمانہ سرگرمیوں کا تناسب پوری دنیا میں سب سے زیادہ ہے۔

۲۸ر جولائی ۱۹۹۸ء

ویرار لوکل اور گورے

دو گورے چرچ گیٹ ریلوے اسٹیشن پر ویرار لوکل کے انتظار میں کھڑے تھے۔ انھیں ویرار جانا تھا۔ کچھ دیر میں ایک ٹرین پہنچی اور ٹرین کی راہ تکنے والے تمام مسافر دوڑ کر اس میں سوار ہونے لگے۔ ایک شخص نے انگریزوں کو بتایا کہ یہی ویرار لوکل ہے اور آپ اس میں بیٹھ کر ویرار جاسکتے ہیں۔ دونوں گورے فوراً لپک کے ٹرین میں چڑھ گئے مگر تب تک وہ کمپارٹمنٹ بھر چکا تھا۔ گوروں کو تعجب ہوا کہ لوکل ٹرین میں اتنی بھیڑ؟ مسافروں کو اتنی تیزی سے دوڑتے بھاگتے ٹرین میں سوار ہوتے وہ پہلی بار دیکھ رہے تھے۔ ایک گورے نے دوسرے سے پوچھا،"باہر کچھ گڑبڑ ہوگئی کیا؟" ایک نوجوان ان

کے پاس ہی کھڑا تھا اس نے مسکراتے ہوئے انگریزی میں کہا ''انھیں بوریولی سے آگے جانا ہے لہٰذا یہ سب سیٹ پانے کے لیے دوڑ لگاتے ہیں۔'' انگریز نے نوجوان سے دریافت کیا ''روزانہ اتنے لوگ ٹرین میں چڑھتے ہیں؟'' انھیں جواب ملا ''اس سے کہیں زیادہ۔ آج تو بھیڑ کم ہے۔ سنیچر ہونے کی وجہ سے کئی دفاتر بند ہیں۔'' گوروں کو بڑی حیرت ہوئی۔ ایک نے کہا ''واقعی، آپ لوگوں کو دقتوں کا سامنا کرنا پڑتا ہے۔ ہم تو اس طرح روز سفر کرنے کے بارے میں سوچ بھی نہیں سکتے۔'' جب اندھیری میں بھی انگریزوں کو بیٹھنے کے لیے سیٹ نہیں ملی تو دوسرے نے چڑ کر نوجوان سے کہا ''کیا اس ٹرین میں سب چڑھتے ہیں اُترتا کوئی نہیں؟'' لیکن دھکم دھکی کے درمیان گورے کی یہ بات بھی اُس کی طرح دب کے رہ گئی۔

۳/اگست ۱۹۹۸ء

گلا ایک، آوازیں ایک سو چالیس

کیا آپ مندار کرولکر سے واقف ہیں؟ یہ وہ شخص ہے جس نے گلا تو ایک پایا ہے مگر اسے قدرت نے اس ایک گلے سے ایک سو چالیس آوازیں نکالنے کا ہُنر بخشا ہے۔ مندار کرولکر کو مشہور شخصیتوں کی آوازیں بولنا پسند ہے۔ ۲۳ سالہ مندار کرولکر مارگریٹ تھیچر، گیگری پیک اور عمر شریف جیسی دنیا کی ایک سو چالیس مقبول ہستیوں کی آوازیں آسانی سے نکالتے ہیں۔ ان کے گلے سے سب سے میٹھی آواز گلوکارہ لتا منگیشکر کی نکلتی ہے۔ ایک مرتبہ مندار کرولکر ایک اسٹیج پروگرام میں ممکری کر رہے تھے اور مہمانوں میں لتا جی بھی موجود تھیں۔ مندار کرولکر نے جب لتا منگیشکر کی آواز میں بات کی تو لتا جی بھی حیران رہ گئیں۔ مندار کرولکر آسمان کو مٹھی میں بند کرنے کی خواہش رکھتے ہیں مگر ہندستان میں کیا یہ ممکن ہے؟ وینس میوزک کمپنی نے ان کے دو کیسٹ ریلیز کیے ہیں لیکن انھیں کچھ خاص فائدہ نہیں ہوا۔ مندار کرولکر اب کارٹون فلموں میں اپنے اس فن کا مظاہرہ کرنا چاہتے ہیں۔ مندار کرولکر کی طرح ہالی ووڈ میں رابن ولیمس آواز تبدیل کرنے کے ہنر سے دولت اور شہرت کما رہے ہیں۔ ہالی ووڈ میں مندار کرولکر جیسے فنکاروں کے لیے کوئی جگہ نہیں ہے۔ یہاں بہروپیوں کی قدر ہے۔

۱۰/اگست ۱۹۹۸ء

خاتون پاکٹ مار اور صحافی

آپ نے مہنگائی، بے روزگاری اور روزمرہ کی ضروری اشیا کی ناقص کوالیٹی کے بارے میں اکثر سنا ہوگا لیکن کوئی پاکٹ مار اگر یہ کہے کہ آج کل بہت تنگی ہے تو آپ کیا سوچیں گے؟ اور خصوصاً وہ پاکٹ مار کوئی خوبصورت عورت ہو تب آپ متحیر ہو جائیں گے یا نہیں؟ ملاڈ ریلوے اسٹیشن پر ایک خوبصورت خاتون پاکٹ مار اپنی ساتھیوں کو دکھڑا سنا رہی تھی، ''ان دنوں لڑکیاں اور عورتیں پیسوں کی جگہ کنڈوم لے کر سفر کرتی ہیں۔ خطرہ مول لے کر ہاتھ صاف کرنے کے بعد کنڈوم دیکھ کے غصّہ آجاتا ہے۔'' ایک صحافی کان لگائے اس خاتون پاکٹ مار کی باتیں سن رہا تھا۔ نزدیک آکے اس نے کہا، ''آپ بھی ایک عورت ہیں لہٰذا آپ دوسری عورتوں کو کیوں بدنام کر رہی ہیں؟'' صحافی کو اس خاتون پاکٹ مار نے جواب دیا، ''اس میں برائی جیسی کیا بات ہے؟ پہلے ہم دن بھر میں پندرہ سو سے دو ہزار روپے آسانی سے کما لیتے تھے مگر اب چار پانچ سو روپے بھی کمانا دشوار ہو گیا ہے۔ ہاں! اب پاکٹ مارنے کے بعد جب پاکٹ کی تلاشی لیتے ہیں تو کنڈوم ضرور ملتے ہیں۔'' یہ کہہ کر اس خاتون پاکٹ مار نے صحافی کو اپنے پرس سے ڈھیروں کنڈوم کے پیکٹ دکھائے جنھیں دیکھ کر صحافی خاموش ہو گیا۔ یہ خاتون پاکٹ مار بوریولی سے چرچ گیٹ کے درمیان صبح ۹ بجے سے شام ۷ بجے تک لیڈیز کمپارٹمنٹ میں اپنے شکار کو ڈھونڈتی ہے۔

۱۲/ اگست ۱۹۹۸ء

پہلے جیسا پیار

شہر کی بھاگتی دوڑتی زندگی کے باوجود بھی لوگ تفریح کی خاطر وقت نکال لیتے ہیں اور اگر بارش ہو رہی ہو تو پھر سونے پر سہاگہ۔ گذشتہ روز موسلا دھار برسات نے راستوں کو جل تھل کر دیا تھا۔ نوجوان جوڑے موسم کی رنگینی سے بھرپور لطف اندوز ہو رہے تھے۔ آزاد میدان کے باہر ایک چائے کے اسٹال پر چند نوجوان جوڑے بارش سے بچنے کے لیے کھڑے تھے۔ اُن کے نزدیک سے گزرتے

ہوئے ایک بوڑھی خاتون نے کہا،''ہائے توبہ! کیا زمانہ آگیا ہے۔ جب ہم لوگ جوان تھے تو بارش کا لطف کھلے آسمان کے نیچے رہ کر اٹھاتے تھے۔ آج کے نوجوان گھر میں رہ کر بارش کا مزہ لیتے ہیں۔'' ایک نوجوان نے بوڑھی خاتون کی بات سن کر کہا،''آنٹی! آپ لوگ دیسی گھی اور اصلی دودھ پی کر کپکپاتی ٹھنڈی اور کڑکتی دھوپ کا مزہ اٹھاتے تھے مگر ہم لوگ پاؤڈر کا دودھ اور ملاوٹی ونسپتی گھی کھا کے بڑے ہوئے ہیں۔'' ایک منچلے نے درمیان میں کہا،''اگر آپ کی خواہش ہے تو ہم لوگ ایک ساتھ بھیگنے کے لیے تیار ہیں۔'' یہ سنتے ہی اس بوڑھی خاتون کے لبوں پر مسکراہٹ کھل اٹھی۔ بس پھر کیا تھا وہ سبھی جوڑے،''برسا رے برسا، اب کے برس یوں برسا رے پانی۔'' گاتے ہوئے آزاد میدان میں داخل ہوگئے۔ انھیں جاتے دیکھ کر بوڑھی خاتون نے مسکرا کے کہا،''کون کہتا ہے کہ آج کے جوڑوں میں وہ پہلے جیسا پیار نہیں ہے۔''

۱۲/اگست ۱۹۹۸ء

کھنڈالہ نے بھیجا جیل

فحش فلمی گیتوں کی مخالفت بے حد ضروری ہے کیونکہ ایسے گیت سماج پر منفی اثرات مرتب کرتے ہیں۔ بالخصوص خواتین کو راہ چلنا دشوار ہو جاتا ہے۔ جب ایسا کوئی گیت گنگنانے کے سبب اڑتالیس افراد بیک وقت جیل کی سلاخوں کے پیچھے پہنچ جائیں تو آپ بخوبی اندازہ لگا سکتے ہیں کہ ایسے گیتوں کے خلاف کوئی ٹھوس اقدام کتنا درست ہوگا؟ ایک زریں دور وہ بھی تھا کہ جب 'وندے ماترم' گا کر ہندستانی جیل جاتے تھے اور آج حالات یہ ہیں کہ پولیس پوچھتی ہے،''کیا بولا تُو؟'' اور اگر آپ نے کھنڈالہ جانے کا تذکرہ کیا تو سیدھا لاک اَپ۔ کھنڈالہ نے جن اڑتالیس افراد کو لاک اَپ پہنچایا وہ ممبئی اور تھانہ ضلع سے تعلق رکھتے ہیں۔ ان سبھی کا جرم یہ تھا کہ انھوں نے گیت کار نتن رائیکر کا گیت''آتی کیا کھنڈالہ'' سنانے کے لیے نہ تو کسی اسٹیج یا محفل کو منتخب کیا اور نہ ہی کسی بوڑھے یا جوان کو۔ بلکہ انھوں نے کھنڈالہ چلنے کی دعوت کالج کی طالبات کو دی۔ فی الحال شہر کی پولیس ان سبھی منچلوں کو گرفتار کر رہی ہے جو دوشیزاؤں سے''آتی کیا کھنڈالہ'' پوچھتے پھرتے ہیں۔''آتی کیا کھنڈالہ'' چھیڑ خانی کی نشانی بن چکا ہے۔ ویسے اس گیت نے یہ بھی واضح کر دیا ہے کہ آج کل فلموں میں کچھ گیت کار گیت لکھنے میں

مشغول ہیں اور کچھ چھیڑ خانی میں۔اس متنازعہ گیت نے ناکامیوں کے پہاڑ تلے دبے فلم ساز مکیش بھٹ کو مزید تباہی سے بچالیا ہے اور آج وہ ''غلام'' فلم کے ذریعے اپنی تمام سابقہ ناکامیوں کو بھول چکے ہیں۔''غلام'' نے انھیں ''غلام'' بننے سے بچایا ہے۔مہاراشٹر کے سیاحتی شعبے کو اس سے یہ فائدہ پہنچ رہا ہے کہ اسے اب کسی سے یہ پوچھنے کی زحمت نہیں کرنی پڑتی کہ ''آتی کیا کھنڈالہ؟'' اور اگر اس نے بھی یہ پوچھ لیا تو....؟

۲۵/اگست ۱۹۹۸ء

کلنٹن ٹناٹن

سوپر پاور امریکا نے سوڈان اور افغانستان پر دھاوا بول دیا۔ ہر جگہ امریکا کے اس جارحانہ تیور پر چرچے جاری ہیں۔شہر کے ایک مشہور بیئر بار سے لڑکھڑاتے ہوئے نکلنے والے دو شرابیوں کی بحث کا موضوع امریکی صدر بل کلنٹن تھے۔ایک نے کہا،''سنا ہے کلنٹن نے سوڈان پر حملہ کر دیا؟'' دوسرے نے جواب دیا،''سچ سنا ہے۔سوڈان ہی نہیں بلکہ افغانستان پر بھی۔'' پہلے نے پوچھا،''اچھا... مگر کیوں؟'' دوسرے نے جواب دیا،''کلنٹن کو شک تھا کہ لیونسکی کو ان کے خلاف اکسانے والے یہ دونوں دیش ہی تھے۔'' پہلے نے دوسرے کو سمجھانے والے انداز میں کہا،''ارے یار! ذرا ادب سے نام لو۔ لیونسکی نہیں بلکہ امریکا کی اول محبوبہ مس مونیکا لیونسکی۔انھیں کی خاطر وہ میزائل چھوڑ رہے ہیں تاکہ ان کا داغ دھول جائے۔'' دوسرے نے مستی میں کہا،''تب تو وہ خوب ٹناٹن ہیں۔آگ اور چنگاری انھیں نظر نہیں آئی۔آج جب اندھیرے کا پاپ بولنے لگا تو دوسروں پر میزائل چھوڑ کر امریکیوں کو اپنا حامی بنا رہے ہیں۔'' ان دونوں شرابیوں کی گفتگو سننے والے راہگیروں میں سے ایک شرابی نوجوان نے کہا، ''واہ رے کلنٹن... تُو نے خوب کیا ٹناٹن!'' اتنا سنتے ہی سب کی ہنسی چھوٹ گئی اور دونوں شرابی بھی ہنسنے لگے۔

ا/ستمبر ۱۹۹۸ء

رانی کا نیکلیس ماند پڑ رہا ہے

کوئنس نیکلیس کا آخری چھور، صبح وشام تفریح کرنے والوں کی سیر گاہ، چہل قدمی اور جواں دلوں کے گپ شپ اور بوس وکنار کا خوبصورت مرکز نریمن پوائنٹ اب ماند پڑ رہا ہے۔ یہاں کے عالی شان بلڈنگوں کے ساکنوں کو یہ بات پریشان کر رہی ہے مگر شہری اور مہانگر پالیکا کو اس علاقے کی کوئی پروا نہیں ہے۔ مہانگر پالیکا کے اعلیٰ افسران، تعمیری محکمہ کو اس لاپروائی کا قصوروار ٹھہراتے ہیں اور تعمیری محکمہ کا کہنا ہے کہ مہانگر پالیکا کو نریمن پوائنٹ کی سندرتا برقرار رکھنے کی پہل کرنی چاہیے۔ ریاستی سرکار بھی نریمن پوائنٹ کی مرمت کے لیے کوئی فنڈ مختص نہیں کر رہی ہے۔ سمندر کی لہروں نے آہستہ آہستہ نریمن پوائنٹ کی دیواروں کو کمزور کر دیا ہے۔ اس علاقے کے باشندوں نے تقریباً دس برس قبل ہی نریمن پوائنٹ کی مرمت کا مطالبہ شروع کر دیا تھا۔ مرین ڈرائیو اینڈ چرچ گیٹ ریسیڈینٹس ایسوسی ایشن متواتر مہانگر پالیکا سے رجوع کر رہی ہے مگر اب تک کی تمام کوششیں بے کار ثابت ہوئی ہیں۔ نریمن پوائنٹ کے آخری چھور سے گرگام چوپاٹی تک جو روڈ موجود ہے اس کے دونوں طرف اور درمیان میں اسٹریٹ لائٹ کچھ اس فنکاری سے نصب کی گئی ہیں کہ آس پاس کی اونچی عمارتوں اور خاص طور سے ہینگنگ گارڈن سے رات کو دیکھنے پر یہ روڈ کسی رانی کے گلے میں جگمگانے والے نیکلیس کی طرح نظر آتا ہے۔

۹ر ستمبر ۱۹۹۸ء

کاش مچھلیوں کو بولنا آتا

بڑے ڈرموں سے ابھرتی تیز آواز، ہواؤں میں اڑتا گلال، مستی میں جھومتے عورت اور مرد، گنپتی کی بڑی بڑی مورتیوں کے ساتھ ''پڑ چیا ورشی لوکریا'' کا نعرہ لگاتے بھکت۔ گذشتہ دنوں شہر میں گنپتی کا تہوار بڑی دھوم دھام سے منایا گیا۔ گنپتی وسرجن کی گہما گہمی کے دوران کسی نے بھی سوچا نہیں کہ وسرجن کے بعد سمندر اور مچھلیوں کا کیا حشر ہوتا ہوگا؟ گنپتی کی مورتیاں پانی میں گھلنے کے بعد کیچڑ کا روپ دھار لیتی ہیں۔ ان مورتیوں کو خوبصورت بنانے کے لیے جن رنگوں کا استعمال کیا جاتا ہے وہ، لکڑیاں

اور ایلومنیم کے تار ایک پرت کی شکل اختیار کرلیتے ہیں جس کی وجہ سے مچھلیوں اور کیڑے مکوڑوں کو سانس لینا مشکل ہوجاتا ہے اور وہ تڑپ تڑپ کے مرجاتے ہیں ۔ جو مچھلیاں زندہ رہ جاتی ہیں وہ بازاروں میں آنے کے بعد کھانے والوں کے بدن میں زہر پھیلانے کی وجہ بن جاتی ہیں ۔آئی ٹی آئی کے پروفیسر شیام آسولکر کے مطابق ''گنیش وسرجن کے چوبیس گھنٹے کے اندر مچھلیاں دم توڑ دیتی ہیں ۔'' ماحولیاتی محکمہ کی ڈاکٹر رشمی میور کا کہنا ہے،''بڑی مورتیاں وسرجن کے بعد سمندر کے آکسیجن کو بڑا نقصان پہنچاتی ہیں ۔'' محترمہ سمندر میں وسرجن کو بند کرنے کے حق میں ہیں ۔ وہ سوال اٹھاتی ہیں، ''چالیس لاکھ سے زائد مورتیوں کو اتھلے سمندر میں ڈالنے کے بعد سمندر کوکس طرح صاف کیا جاسکتا ہے؟'' اکھل مہاراشٹر مچھلی مارکرتی سمیتی کے صدر دامودر تانڈیل نے ڈاکٹر رشمی میور کے خدشے کو بکواس قرار دیا۔ان کا کہنا ہے،''ایسا کبھی دیکھنے میں نہیں آیا کہ وسرجن کے سبب مچھلیوں کی موت ہوئی ہو۔'' لیکن زیادہ تر ڈاکٹروں اور سائنسدانوں کے نزدیک سمندروں، تالابوں اور جھیلوں میں گنیش کا وسرجن نقصان دہ ہے ۔کاش ! مچھلیوں کو قدرت نے بولنے کی صلاحیت بخشی ہوتی تو یہ پتہ چل جاتا کہ گنیش وسرجن ان کی موت کی وجہ بنتا ہے یا نہیں ۔

۹رستمبر ۱۹۹۸ء

پرمود نولکر کی کالم نویسی

پرمود نولکر ۲۳رجنوری ۱۹۳۵ءکو پیدا ہوئے ۔مراٹھی، ہندی اور انگریزی زبانوں پر عبور رکھنے والے پرمود نولکر نے بی اے تک تعلیم حاصل کی ہے ۔فی الحال وہ شیوسینا کہ ودھان سبھا کے رکن ہیں ۔انھوں نے ملازمت بھی کی ہے ۔ ۱۹۷۲ء سے ۱۹۷۸ءتک مہاراشٹر ودھان سبھا اور ۱۹۸۰ء سے ۱۹۸۶ءتک وہ ودھان پریشد میں شامل رہے ۔ ۱۹۸۸ء میں دوبارہ ودھان پریشد کے لیے منتخب ہوئے ۔ ۱۷رجولائی ۱۹۹۱ء سے جولائی ۱۹۹۲ءتک ودھان پریشد میں اپوزیشن لیڈر کی ذمہ داری انجام دی ۔ ۱۹۹۵ء سے شیوشاہی دور اقتدار میں وزارت کی کرسی پر براجمان ہیں ۔ایک خاص بات یہ ہے کہ پرمود نولکر صحافی بھی ہیں اور ادیب بھی ۔''دینک نوشکتی'' میں کالم نویسی کے علاوہ ''پربھوپربھات'' کے اڈیٹر اور ہفت روزہ ''مارمک'' کے جوائنٹ اڈیٹر ہیں ۔علاوہ ازاں بھرمنتی،

پربھات، بھٹکیا ممبئی مہانگری، جھپاٹا، آٹھونی اور دیگر تصانیف منظر عام پر آچکی ہیں۔ مجموعی طور پر پرمود نولکر نے ابھی تک ۳۶ کتابیں لکھی ہیں۔ وہ ناٹک اداکار بھی رہ چکے ہیں۔ داداکونڈکے کی ایک مراٹھی فلم میں انھوں نے پولیس انسپکٹر کا کردار نبھایا تھا۔ پرمود نولکر اسکول کے زمانے سے آج تک متواتر لکھ رہے ہیں۔ ''نوشکتی'' میں مسلسل ۴۲ برسوں سے وہ ایک ہفتہ واری کالم تحریر کر رہے ہیں جس کے عوض ان کا نام ''لمکا بک آف ورلڈ ریکارڈ'' میں درج ہو چکا ہے۔ ''نوشکتی'' میں ''بھٹکیا چی بھرمنتی'' نامی ان کا کالم آنے والے ۲/دسمبر کو اپنی ۴۲ ویں سالگرہ منائے گا۔ پرمود نولکر کی خواہش ہے کہ وہ مذکورہ کالم کی گولڈن جبلی مکمل کریں۔ آج بھی وہ روزانہ ڈیڑھ دو گھنٹے کالم نویسی کے لیے وقت نکالتے ہیں۔ وہ جہاں بھی جاتے ہیں موضوعات ان کا تعاقب کرتے ہیں۔ یہ سچ ہے کہ ہر کسی کو موضوع نظر نہیں آتا کیونکہ اسے دیکھنے کے لیے نگاہ درکار ہوتی ہے۔ ''بھٹکیا چی بھرمنتی'' ایک موضوعاتی کالم بن چکا ہے۔

۱۴/ستمبر ۱۹۹۸ء

اضافہ: پرمود شچیدانند نولکر کی ۲۰/نومبر ۲۰۰۷ کو موت ہوگئی۔

ماؤنٹ میری کا میلہ

باندرہ میں اتوار سے ماؤنٹ میری کا میلہ شروع ہو چکا ہے۔ امسال بھی وطن اور بیرون وطن سے لاکھوں افراد مدر میری کے درشن اور میلہ گھومنے کی خاطر باندرہ آ رہے ہیں۔ باندرہ اور لیڈی آف ماؤنٹ کی بنیاد آج سے ساڑھے چار سو برس قبل پندرہویں صدی میں رکھی گئی تھی، جب باندرہ ایک چھوٹا سا قصبہ تھا اور یہاں پرتگالی، کولی، عیسائی، ہندو اور مسلمان قومیں آباد تھیں۔ ۱۵۶۶ء میں دو پادریوں نے مل کر آور لیڈی کی عقیدت میں تعلیم کا آغاز کیا تھا جو وقت کے ساتھ ساتھ روپ بدلتی رہیں۔ دور دراز کے باشندے جوق در جوق مدر میری کے یہاں اپنی مرادیں لے کر آتے رہے۔ اس صدی کے ابتدا میں یہاں میلہ سجنے لگا۔ ایک اندازے کے مطابق ماؤنٹ میری کے میلے میں سینکڑوں افراد شرکت کرتے ہیں۔ پیڑھیوں سے چلی آ رہی روایت کے تئیں معتقدین آور لیڈی آف ماؤنٹ میری سے کوئی بھی ایک مراد مانگتے ہیں اور اس مراد کے حساب سے انھیں موم سے تیار کردہ بتّی پیش کرتے ہیں۔ ماؤنٹ میری کے میلے میں سبھی مذاہب کے افراد شرکت کرتے ہیں۔ پورے

سات روز تک باندرہ کا یہ علاقہ رنگ برنگی روشنیوں سے جگمگاتا رہتا ہے۔ ماؤنٹ میری چرچ پر واقع نرملا کالونی سے سجنے والے اس میلے میں لگ بھگ دو ہزار دکانیں لگتی ہیں جن میں کھلونے، مٹھائیاں، موم سے تیار کردہ اشیا، لذیذ پکوان اور مشروبات ملتے ہیں۔

۱۴/ستمبر ۱۹۹۸ء

برسات اور بس

سنیچر کی رات تھی۔ لگ بھگ بارہ بجے کا وقت تھا۔ تھکن سے نڈھال مسافروں کا ہجوم لوکل سے اُتر کے گوریگاؤں اسٹیشن سے باہر آرہا تھا۔ آٹو رکشا کے ڈرائیور اپنی مرضی سے کرایہ طے کر رہے تھے۔ او پر سے یہ شرط بھی عائد تھی کہ یہاں جائیں گے اور وہاں نہیں جائیں گے۔ ایک بس کھڑی تھی جس میں مسافر بیٹھنے لگے۔ اسی وقت ایک اور بس آئی جو صرف ڈنڈوشی ڈپو تک ہی جانے والی تھی۔ مسافروں نے طوفانی بارش میں جلدی گھر پہنچنے کے لیے اس کا سہارا لیا۔ موسلا دھار بارش سے فلم سٹی روڈ پر گھٹنے تک پانی بھر گیا۔ لوگ یوں ہی پریشان تھے اور اس پر طرّہ یہ کہ بس کی چھت بھی بادل بن بیٹھی۔ مسافر بس کے اندر بھی بھیگنے لگے۔ سیٹوں سے لوگ کھڑے ہو گئے۔ ایک نے اپنی چھتری کھولی، دوسرے نے کنڈکٹر سے شکایت کی۔ تیسرے نے صرف اتنا کہا، ''رہنے دو بھائی، شکایت مت کرو، ورنہ ٹکٹ کے او پر اور پیسے دینے پڑیں گے۔ اس شہر میں رین ڈانس کا جب مہنگا ٹکٹ لے کر لطف اٹھایا جا سکتا ہے تو رین ٹراویلنگ کے لیے بھی زائد کرایہ لیا جا سکتا ہے۔'' قہقہوں کے درمیان ڈنڈوشی ڈپو آگیا اور مسافروں نے بہتے پانی میں قدم جما کر گھروں کی جانب چلنا شروع کر دیا۔

۱۷/ستمبر ۱۹۹۸ء

پرتھوی تھیئٹر اور مراٹھی ناٹک

جوہو کا پرتھوی تھیئٹر ڈراموں کے مداحوں کی پہلی پسند ہے۔ اس تھیٹر کی ساخت کو برقرار رکھنے اور لوگوں میں ڈراموں کے تئیں دلچسپی پیدا کرنے کے لیے کپور خاندان نے جو قربانیاں دی ہیں وہ

سب پر عیاں ہیں۔ پرتھوی راج کپور، ششی کپور، جینیفر کپور اور اب سنجنا کپور۔ پرتھوی تھیٹر میں مراٹھی، ہندی، انگریزی، گجراتی اور اردو کے ڈرامے کھیلے جاتے ہیں۔ مراٹھی کا اولین ناٹک یہاں کب کھیلا گیا اور اس میں کتنے تماش بین تھے؟ کینٹین میں اودھو دیسائی نے چائے کی چسکیاں لیتے ہوئے جب یہ بتایا تو تعجب ہوا۔ اودھو دیسائی بھی اس ناٹک کے ایک درشک تھے۔ تقریباً ۲۰ برس پہلے ولیم سرویا کے انگریزی پلے ''کیوڈ پولرس'' کو مراٹھی میں ولے پارلے کے گاسپ گروپ کے وجے بوندرے نے ڈب کیا تو سوال پیدا ہوا کہ اس پلے کو کہاں پیش کیا جائے؟ مذکورہ گروپ کے سکریٹری اودھو دیسائی نے پرتھوی تھیٹر کا مشورہ دیا۔ گروپ نے ششی کپور سے رابطہ کیا اور ششی کپور نے پرتھوی تھیٹر میں اولین مراٹھی ڈرامے کو کھیلنے کی اجازت دی۔ ناٹک کا ٹائٹل رکھا گیا ''گوہا گھر۔'' مراٹھی کے مشہور کلا کار ونئے آپٹے نے اس ناٹک کا مرکزی کردار نبھایا تھا۔ یہ وہی ونئے آپٹے ہیں جن کی ہدایت کاری سے مزین ناٹک ''می ناتھورام گوڈسے بولتوئے'' آج کل موضوع بحث ہے۔ مراٹھی اخبارات میں ''گوہا گھر'' کی کافی پبلسٹی کی گئی۔ جب شو کا دن آیا تو کلا کار ونئے آپٹے کے ہمراہ سبھی خوش اور بے قرار تھے۔ منچ پر پہنچتے ہی سبھی کے پسینے چھوٹ گئے، یہ کیا؟ ہال میں ایک بھی درشک نہیں تھا۔ تبھی ششی کپور، جینیفر کپور اور ان کی بارہ سالہ بیٹی سنجنا کپور اندر داخل ہوئے۔ بعد میں کسی نے دو ٹکٹ اور خریدے۔ صرف پانچ تماش بینوں نے اس وقت گوہا گھر دیکھا۔ شو کے خاتمے پر ششی کپور نے سبھی کو اٹالین چائے پلائی اور دو گھنٹے تک ناٹک کے بارے میں بات کی۔ آج پرتھوی تھیٹر میں مراٹھی ناٹکوں کی سرگرمی تھیٹر کے پیچھے مچلتی لہروں سے کم نہیں ہے۔

۱۷ رستمبر ۱۹۹۸ء

جمعرات کی برسات

''اے بھائی! وڑا پاؤ کتنے کا ہے؟'' گھٹنے سے بھی اوپر تک پتلون چڑھائے ایک راہگیر نے دور کھڑے وڑا پاؤ والے سے دریافت کیا۔ ''تین روپے کا ایک وڑا پاؤ۔'' اس نے بھی اسی انداز میں چلّا کے جواب دیا۔ ''آج تو سستا دے دو، ورنہ خراب ہو جائے گا۔'' راہگیر نے پھر کہا، ''اچھا دو روپے کا دے دو۔'' یہ منظر لال باغ کا ہے۔ آج جمعرات ہے۔ کئی اور جگہوں پر وڑا پاؤ اور سیب اور کیلے بھی

راہگیروں کو ستے میں مل رہے ہیں ۔موسلا دھار بارش کی وجہ سے زیادہ تر دفاتر میں ملازمین کی تعداد کافی کم تھی ۔ کچھ ایسے بھی اصولوں کے پابند لوگ دکھائی دیے جو کاندھے پر پتلون ڈالے، ہاتھ میں جوتے اٹھائے، نیکر پہنے، گھر سے دفتر جانے کے لیے نکل پڑے تھے ۔ ایسے بھی نوجوان نظر آئے جو گٹروں اور نالوں کے کناروں پر قطار بنائے راہگیروں کو راستہ دکھا رہے تھے ۔ گھٹنے سے بھی اوپر تک پانی سے گزرتے وقت ایک ضعیفہ لہراتی ہے لیکن تب تک چند نوجوان آگے بڑھ کر اسے سہارا دیتے ہیں ۔ الہاس نگر میں ندی کنارے بنی چال میں رہنے والے دنیش شکلا نے پہلے اپنے گھر والوں کو چار پائی پر بٹھایا۔ پانی بڑھتا رہا اور بڑھتا رہا۔ بالآخر پورا کنبہ پلنگڑی سے اتر کر گھر سے باہر آ گیا۔ پانی بڑھتے بڑھتے چھت کے پتروں کو چھونے لگا۔ میرا روڈ میں تالاب چھلک پڑا تھا اور خالی پلاٹ بھی تالاب لگ رہے تھے ۔ مچھلیاں راہ چلتے لوگوں کے پاؤں سے کچل رہی تھیں ۔ ادھر جہاں پانی تیزی سے بہہ رہا تھا وہاں چند افراد جال ڈالے بیٹھے تھے ۔ وہ مچھلیاں پکڑ رہے تھے اور چند قدم کے فاصلے پر فروخت بھی کر رہے تھے ۔ جمعرات کو مچھلیاں کھیل رہی تھیں اور لوگ پریشان تھے ۔ واقعی یاد رہے گی شہریوں کو یہ جمعرات ۔

۱۹ر ستمبر ۱۹۹۸ء

پانجرہ پول کا کبوتر خانہ

ممبئی میں یوں تو کئی کبوتر خانے ہیں مگر ان میں پانجرہ پول کا کبوتر خانہ بے حد مشہور ہے ۔ عموماً کبوتر خانوں میں کبوتروں کے لیے پینے کا پانی اور دانے کی سہولت موجود رہتی ہے لیکن گندگی بھی اپنی مثال آپ ہوتی ہے ۔ راہگیر آتے ہیں اور دانہ خرید کر کبوتر خانوں میں پھینکتے ہیں اور اپنی راہ لیتے ہیں ۔ خراب دانے کھا کر جو کبوتر بیمار پڑ جاتے ہیں ان کی خبر گیری کرنے والا کوئی نہیں ہوتا ۔ بھولیشور کے پانجرہ پول کا کبوتر خانہ ممبئی کے دیگر کبوتر خانوں سے منفرد ہے ۔ یہاں بیمار کبوتروں کا علاج ڈاکٹروں سے کروایا جاتا ہے اور ان کا ہر طرح سے خیال رکھا جاتا ہے ۔ ۱۸۳۴ء میں بننے والے اس کبوتر خانے میں روزانہ ہزار کلو اناج کی کھپت ہوتی ہے جس سے کبوتروں کی تعداد کا اندازہ لگایا جاسکتا ہے ۔ عوام کی طرف سے تقریباً پانچ سو کلو اناج اور سر جمشید جی جیجا بھائی ٹرسٹ کی جانب سے تقریباً پانچ

کلو اناج روزانہ کبوتروں کے لیے پروسا جاتا ہے۔ پانجرہ پول کبوتر خانے میں بیمار کبوتروں کے لیے آٹھ وارڈ بنائے گئے ہیں جہاں کبوتروں کا آپریشن کیا جاتا ہے۔ بلّی یا دوسرے جانوروں کے حملے میں زخمی ہونے والے کبوتروں کا مفت میں علاج کیا جاتا ہے۔ کبوتر پالنے کے شوقین افراد اپنے کبوتروں کو علاج کی غرض سے یہاں لے کر آتے ہیں۔ پانجرہ پول کا یہ کبوتر خانہ ہر وقت کبوتروں کی غٹر غوں سے چہکتا رہتا ہے۔

۲۲ر ستمبر ۱۹۹۸ء

کچھ املا کے بارے میں

اس کی آواز میں مٹھاس ہے۔ دھیمے سروں میں وہ دریافت کرتی ہے،" مجھ میں ایسا کیا ہے، جو آپ انٹرویو لینا چاہتے ہیں؟" اپنے بارے میں نہ جاننے والے لوگ کئی ہیں جو اپنے کام کو عبادت کا درجہ دیتے ہیں۔ انھیں شہرت سے کوئی سروکار نہیں۔ پانچ بچوں کی ماں ہے املا سنگھے پور کر۔ آپ سوچ رہے ہوں گے کہ اس میں کیا انوکھی بات ہے؟ بچہ چاہے ایک ہو یا پانچ۔ ماں کو تو بچوں کی پرورش کرنی پڑتی ہے۔ ہاں! مگر املا ایک عام ماں نہیں ہے۔ املا نے ان بچوں میں سے کسی بھی ایک بچے کو اپنی کوکھ سے جنم نہیں دیا ہے لیکن اس کے باوجود وہ ان پانچوں کو اپنی جان سے زیادہ عزیز رکھتی ہے۔ سب سے بڑے کا نام ہے اندریش۔ تیرہ سالہ اندریش بائیں پیر سے لاچار ہے۔ وہ سات آٹھ مہینے کا تھا تب پولیو نے اسے آدبوچا تھا۔ اپنے پریوار کا چھوٹا بچہ، متوسط خاندان میں صحت مند بچے کی پرورش بڑی مشکل سے ہوتی ہے تو اندریش کو کیسے سنبھالا جائے؟ یہ ایک مسئلہ تھا۔ ماں نے اندریش کو مندر کے احاطے میں چھوڑ دیا اور ایک بائیس سالہ بیوہ نے اسے گود لے لیا۔ یہ بات الہاس نگر کی ہے اور یہ بائیس سالہ بیوہ تھی املا۔" میں نے یہ سوچ کر اس بچے کو اپنایا تھا کہ اسے ہی نہیں مجھے بھی نئی زندگی ملے گی مگر مجھے سماج کی دیواروں کا اندازہ نہیں تھا۔ سماج نے میرا ساتھ دینے کی بجائے میرے لیے دشواریاں پیدا کیں۔" یہ تیرہ برس قبل کی بات ہے۔ املا نے بی ایڈ کیا اور ایک کنڈرگارٹن میں ملازمت کر لی۔ ایسا نہیں تھا کہ املا کے گھر والے موجود نہیں تھے۔ اس کے شوہر برین ہیمریج کا شکار ہو گئے تھے۔ اس کے چھوٹے بیٹے کا نام پریش ہے۔ پریش کی دیکھ بھال کرنے کے لیے اس نے

ایک لڑکی کو رکھا تھا۔ دس سالہ اس لڑکی کو اس کی ماوسی املا کے گھر چھوڑ گئی تھی۔ تب تک اس لڑکی کا نام نہیں رکھا گیا تھا۔ املا نے اسے اندو نام دیا۔ اندو آج آٹھویں کلاس میں پڑھتی ہے۔ املا کے دو بچے اس کے دوسرے شوہر سے بھی ہیں۔ اس کا دوسرا شوہر پونہ میں ملازم ہے۔ ہر ہفتے وہ املا سے ملنے آتا ہے۔ پانڈو راؤ سنگے پور کر سے املا کو اندو نے ملوایا تھا۔ اندو کی بڑی بہن اس کے گھر ملازمہ تھیں۔ پانڈو راؤ کی بیوی اپنے دوسرے بچے کو جنم دیتے وقت مرگئی تھی۔ املا کے گھر کی سب سے چھوٹی رکن ہے اس کی دو سالہ بیٹی پریتی۔ وہ پانڈو راؤ کی بہن کی بچی ہے جس نے پچھلے سال خودکشی کرلی۔ زندگی میں حادثے ہوتے رہتے ہیں۔ دھوپ چھاؤں آتی جاتی رہتی ہے۔ املا اپنے بچوں کے ساتھ بے حد خوش ہے۔ کیا اب بھی آپ املا سنگے پور کر کو ایک عام ماں کہیں گے؟

۲۹ر ستمبر ۱۹۹۸ء

لوکل کمپارٹمنٹ بنا شیواجی پارک

چرچ گیٹ سے ویرار جانے والی آخری تیز لوکل کے ایک کمپارٹمنٹ میں سیاسی موضوع پر گرما گرم بحث چھڑی۔ ایک صاحب کانشی رام کی خوب تعریفیں کر رہے تھے اور اپنے برابر اور سامنے کی سیٹ پر بیٹھے مسافروں کو قائل کرنے کی کوشش میں تھے کہ کانشی رام سے بہتر کوئی سیاست داں ملک میں نہیں ہے۔ انھوں نے کہا ''سیاسی گلیاروں میں اگر کوئی زبردست تجربہ رکھتا ہے تو وہ ہیں کانشی رام۔ ان کے بعد دوسرے نمبر پر مایاوتی ہیں۔ مایاوتی کا بھی جواب نہیں۔'' تذکرہ عام ووٹر کی سمجھ کو لے کر چھڑا تھا۔ ناخواندگی کو اس کا بنیادی سبب مانا گیا۔ لیکن تعلیم اور جاہلیت کو حاشیے پر ڈال کر ان صاحب نے بتانا شروع کیا ''اس میدان میں کانشی رام اور مایاوتی نے کرانتی کاری تبدیلیاں کی ہیں۔ ان کا سیاسی ہاتھی نہ صرف ریاست اتر پردیش بلکہ مدھیہ پردیش میں بھی چنگھاڑ رہا ہے۔ اگر ان کے ہاتھی کی رفتار یہی رہی تو ایک دن دہلی میں بھی جا پہنچے گا۔'' کمپارٹمنٹ شیواجی پارک بن گیا۔ کمی تھی تو صرف نعروں اور بینروں کی۔ اچانک ایک مسافر نے سیٹ سے اٹھتے ہوئے ان سے سوال کیا ''آپ کرتے کیا ہیں اور کانشی رام سے اتنا لگاؤ کیوں ہے؟'' ایک لمحے کے توقف کے بعد انھوں نے جواب دیا ''میں سوشل ورکر ہوں۔'' ایک جملے کا جواب دے کر وہ رک گئے۔ ''آپ رہتے کہاں ہیں؟'' اس

مرتبہ انھوں نے گول مول جواب دیا،''یہیں رہتا ہوں۔'' کانشی رام کے نام پر خاموشی اختیار کی۔ایک دوسرا مسافر درمیان میں بول اٹھا،''یہیں کہاں؟''جواب پھر گول مول،''یہیں!یعنی مہاراشٹر میں۔'' اس جواب پر تیسرے مسافر نے پوچھا،''کیا پورے مہاراشٹر میں آپ اکیلے رہتے ہیں؟''اس سوال کا جواب دینے کے بجائے وہ صاحب اٹھ گئے اور یہ کہتے ہوئے دروازے کی طرف بڑھ گئے،''میرا اسٹیشن آگیا۔میں جارہا ہوں۔''

۳۰ ستمبر ۱۹۹۸ء

ممبئی کی نوراتری

عروس البلاد میں تجارتی اعتبار سے بھی راس گربا کا اہتمام کیا جاتا ہے۔ممبئی کے راس گربا کو پوری دنیا میں اہمیت حاصل ہے۔اس میں گلیمر بھی ہوتا ہے اور مقناطیسی کشش بھی۔نوراتری کی نوراتوں میں ان چہروں کو نزدیک سے دیکھنے کا موقع دستیاب ہوتا ہے جو عام راتوں میں اپنے اپنے گھروں میں مقید رہتے ہیں۔بوریولی،کاندیولی،گوریگاؤں،ملنڈ،گھاٹ کوپر،وڈالہ،سانتا کروز اور جوہو وغیرہ جیسے علاقوں میں راس گربا انتہائی دھوم دھام سے کھیلا جاتا ہے۔راس گربا میں امسال سوپر اسٹار پھالگنی پاٹھک کے علاوہ موسی پائیک،دکشا دیگڑا،شیلا نسیٹھیا،راجیند رگڈوی،کشورمنراج،کشور سوڈا،دیپک کمار اور ملن سنگھ کا طوطی بول رہا ہے۔موسیقار آدیش سریواستو اور جتن للت کا تذکرہ یہاں ضروری ہے کیونکہ دونوں فلموں میں آنے سے قبل راس گربا کے توسط سے مقبول ہو چکے تھے۔ڈسکو ڈانڈیا کو ہندستان میں مقبول کرانے کا سہرہ موسیقار کلیان جی آنند جی کے چھوٹے بھائی بابلا کے سر بندھتا ہے جنھوں نے نوراتری کو سنگیت میں سجا کر ڈھول،شہنائی اور نگاڑے سے پُرکشش بنا دیا۔آج امریکا،لندن،مغربی افریقہ اور بعض عرب ممالک میں راس گربا کی زبردست مانگ ہے۔کلیان جی آنند جی کے خانوادے کے ایک فرد موسیقار وجوشاہ وڈالا میں ایک طویل عرصے تک راس گربا کا پروگرام پیش کرتے رہے ہیں۔دو سال قبل تک بالی برہم بھٹ،سدیش بھونسلے اور ابھجیت سانتا کروز کے راس گربا میں گایا کرتے تھے۔امسال پورے شہر میں سب سے شاندار راس گربا کا پروگرام بوریولی کے جی ایچ ہائی اسکول کے گراؤنڈ میں منعقد کیا گیا ہے۔موسی پائیک یہاں اپنے فن کا مظاہرہ کررہے

ہیں ۔گذشتہ برس انھوں نے کاندیولی کے ٹھاکر کمپلیکس میں نوراتری کے مداحوں کو محظوظ کیا تھا۔ملاڈ کے ساکن موسی پائیک مسلمان ہیں ۔وہ پچھلے پندرہ برسوں سے نوراتری کی رونق میں اضافہ کر رہے ہیں ۔جوہو کے جے ایس ایم گراؤنڈ میں امسال اشیش، بپن،نشتِ اور اسپیش کی ٹیم کے چرچے ہیں ۔ حاجی علی کے ہیرا پنّا میں 'رمجت' کے کلا کار اپنا شو پیش کر رہے ہیں ۔وڈالا کے اسپورٹس کمپلیکس میں 'بامبو بیٹس' کا آرکیسٹرا اپنی دھنوں پر بچوں،نوجوانوں، جوانوں اور بوڑھوں کو تھر کا رہا ہے ۔نوراتری کا مطلب ہے نورات ۔درگادیوی کو خوش کرنے کی خاطر ہر سال کی مخصوص نوراتوں میں درگا کے بھکت خوب منتیں کرتے ہیں ۔ڈانڈیا راس بھی اس عبادت کا ایک روپ ہے ۔خاص بات یہ ہے کہ ان نوراتوں میں مسلم نوجوان بھی اپنے دل کے ہاتھوں مجبور ہو کے گرباراس کے پنڈالوں میں ڈانڈیا اور آنکھیں لڑاتے ہوئے نظر آجاتے ہیں ۔

یکم اکتوبر ۱۹۹۸ء

پولیس پریس روم: کچھ یادیں، کچھ باتیں!

پچھلے دنوں شہر کے جانے مانے کرائم رپوٹروں سے تبادلہ خیال کے بعد ایک خبر شائع ہوئی تھی جس میں کرائم رپورٹنگ کے زوال پذیر معیار کا تذکرہ بھی موجود تھا۔رپورٹنگ میں اس کا سبب یہ بتایا گیا تھا کہ کرائم کے سنسنی خیز واقعات سے بھی بڑھ کر دیگر موضوعات لوگوں کی توجہ کا مرکز بن چکے ہیں ۔ دوسری طرف حقائق کو دیانتداری سے عوام کے سامنے لانے کا رجحان بھی کرائم رپورٹروں میں کم ہوتا جارہا ہے ۔حالانکہ اس خبر میں بتایا گیا تھا کہ پولیس پریس روم کی رونق اور گہما گہمی اب کم ہوتی جارہی ہے مگر بزرگ کرائم رپورٹر اور اردو کے مشہور کرائم کے کالم نویس عثمان غنی کے مطابق''اب بھیڑ بہت زیادہ ہوتی ہے ۔سہ پہر سے لے کر شام تک کرائم رپورٹروں کا اژدہام رہتا ہے ۔ چھوٹے چھوٹے اخبارات کے رپورٹر اور اخبارات کا محض ڈکلیریشن حاصل کرنے والے افراد بھی کرائم رپورٹر بن کر پولیس پریس روم میں براجمان رہتے ہیں ۔'' یہ صدفی صد سچ ہے ۔کمشنر آفس میں واقع پولیس کا پریس روم آج کرائم رپورٹر کا دفتر بن چکا ہے ۔یہیں وہ اپنے سودے طے کرتے ہیں ۔ پولیس افسران اور جرائم پیشہ افراد کے درمیان توڑپانی بھی کرائم رپورٹروں کے توسط سے آسانی سے طے

پا جاتی ہے۔علاوہ ازاں پولیس پریس روم کا ٹیلی فون استعمال کرنے کی سہولت سے بھی وہ فیضیاب ہوتے ہیں۔ پولیس پریس روم میں بیٹھنے والا ایسا ہی ایک رپورٹر ٹاڈا کے تحت زیر حراست رہ چکا ہے۔دیگر دو رپورٹرس کو فراڈ کیس میں پولیس نے اپنی تحویل میں لیا تھا۔ایک رپورٹر نے اپنے والد کو قتل کرنے کی کوشش کی تھی لہذا اقدام قتل کے کیس میں وہ آج بھی مفرور ہے۔ کچھ عرصہ قبل پولیس پریس روم سے دو بئی اور امریکا ٹیلی فون کرنے کا ایک معاملہ منظر عام پر آچکا ہے۔ماضی کے کامیاب کرائم رپورٹر وجے کمار باندیل جنوں نے کنپٹی مار رامن راگھون کا انٹرویو کیا تھا اب مراٹھی اخبار'سکال' میں چیف رپورٹر بن گئے ہیں۔موصوف کا اب کرائم رپورٹنگ سے دور کا بھی رشتہ نہیں ہے۔'جنم بھومی' کے سٹی اڈیٹر سریندر مودی اب پچاس برس کے ہو گئے ہیں۔سریندر مودی کے مطابق''کرائم اسٹوریز میں اب وہ دم خم نہیں رہا۔ پولیس پریس روم میں جانے کا من بھی نہیں کرتا مگر اہم مجرمانہ واقعات رونما ہوتے رہتے ہیں تو جانا ہی پڑتا ہے۔''عثمان غنی کے بقول''شام کے تمام اخبارات تفریحی اور مسالہ آئیٹم پر زور دیتے ہیں۔کرائم آئیٹم اب ثانوی درجہ اختیار کر گیا ہے۔'' آج پولیس پریس روم اور شعبۂ کرائم رپورٹنگ میں عثمان غنی، کرن نابر اور سریندر مودی کو کافی عزت کی نگاہ سے دیکھا جاتا ہے۔ پولیس پریس روم کی بنیاد ۱۹۷۵ء میں رکھی گئی تھی۔اس وقت روزانہ صبح دس بجے ڈپٹی کمشنر آف پولیس بذات خود پریس روم میں آ کر تمام کرائم رپورٹروں سے ملاقات کرتے تھے مگر آج وہ دن عثمان غنی، کرن نابر اور سریندر مودی جیسے رپورٹروں کے لیے یادوں کی حیثیت رکھتا ہے۔ویسے پولیس پریس روم آج بھی اپنی ذمہ داری بخوبی نبھا رہا ہے۔روزانہ شہر سے چھپنے والے تمام روزنامے اور شام نامے یہاں آتے ہیں۔کرائم کی خبروں کے تراشوں کی باقاعدہ فائل ترتیب دی جاتی ہے۔روزانہ یہ فائل پولیس کمشنر کی خدمت میں پیش کی جاتی ہے۔ پولیس پریم روم میں غیر معتبر صحافیوں کی بہتات صحافیوں کو مشکوک بنا دیتی ہے۔

۵/اکتوبر ۱۹۹۸ء

شاید آجائے

گذشتہ دنوں شہر بھر میں بی ای ایس ٹی کے بسوں کی ہڑتال تھی۔اس اچانک ہڑتال سے شہریوں کو اچھی خاصی پریشانی کا سامنا کرنا پڑا۔صبح سے دوپہر تک شہر کے تقریباً سبھی بس اسٹاپ پر

لوگوں کی بھیڑ جمع رہی۔انھیں اطلاع تک نہیں تھی کہ آج بس کی ہڑتال ہے۔ایسا ہی ایک نظارہ باندرہ سینٹرل کے ایک بس اسٹاپ کا تھا۔ایک شخص نے بس کا بڑی بے صبری سے انتظار کرنے والے ایک مسافر سے پوچھا،''آپ کب سے بس کا انتظار کر رہے ہیں؟''اس نے کہا،''تقریباً آدھے گھنٹے سے۔''

''کیا آپ نے اس درمیان کوئی بس دیکھی؟''

اس نے جواب دیا،''جی نہیں۔''

''کیا آپ کو معلوم ہے کہ آج بس کی ہڑتال ہے؟''

اس نے فرمایا،''جی ہاں۔''

''تو پھر آپ کھڑے کیوں ہیں؟''مسافر نے جواب دیا،''اس انتظار میں کہ شاید بس آجائے۔''

۸/اکتوبر ۱۹۹۸ء

فلیٹ کے ساتھ مفت میں بیوی بھی

اب وہ دن دور نہیں جب فلیٹ کے ساتھ بیوی بھی مفت میں دینے کی پیش کش کی جائے گی۔ دراصل ہر شعبہ جات میں در آنے والی معاشی کشمکش کے سبب دلچسپ اشتہارات کا دور شروع ہوا ہے۔آٹے کے ساتھ نمک، ٹوتھ پیسٹ کے ساتھ تیل کی بوتل، ٹیلی ویژن کے ساتھ واشنگ مشین یا ریفریجریٹر اور کتابوں کا پیوں کے ہمراہ پینسل مفت میں دی جا رہی ہے۔وسئی کے ایک بلڈر نے تین فلیٹ کے ساتھ ایک فلیٹ مفت دینے کا اعلان کیا ہے۔ساؤتھ افریقن ایرویز نے ممبئی سے جوہانسبرگ کے سیدھے سفر کے لیے شوہر کے ساتھ بیوی کا ٹکٹ مفت میں فراہم کرنے کا اشتہار جاری کیا ہے۔ہفتے میں چار دن ممبئی سے جوہانسبرگ کے لیے اڑنے والے اس طیارے کے اکنامی کلاس یا بزنس کلاس کے ایک ٹکٹ پر شوہر اپنے ساتھ اپنی بیوی کو بھی ۳۱/اکتوبر تک مفت میں ساؤتھ افریقہ لے جا سکتا ہے۔صرف ہوائی کمپنیاں معاشی بحران کا شکار ہیں یہ کہنا غلط ہوگا۔بلڈر حضرات تو کئی مہینوں سے اس تنگی سے جوجھ رہے ہیں۔حالت یہ ہے کہ کم داموں میں بھی کوئی گاہک مکان خریدنے سامنے نہیں آرہا ہے۔وسئی کے انباڑی روڈ اور وسنت وہار میں تین فلیٹ کی خریداری پر ایک فلیٹ مفت میں دیا جا رہا ہے۔ابھی تک کسی نے اس اسکیم سے فائدہ نہیں اٹھایا ہے۔زبردست معاشی بحران اور

بلڈروں کی بڑی رقم پھنسنے سے یہ ممکن ہے کہ آنے والے دنوں میں فلیٹ کے ساتھ بیوی بھی (غیر لائسنس شدہ) مفت میں فراہم کی جائے۔

۱۳/اکتوبر ۱۹۹۸ء

آتی کیا وڈالہ؟

عامر خان کی فلم 'غلام' میں 'آتی کیا کھنڈالہ؟' گیت کیا آیا کہ آوارہ لڑکوں کو راہ چلتی لڑکیوں کو چھیڑنے اور نڈر لڑکیوں کو لڑکوں کو پیٹنے کا بہترین موقع مل گیا۔ ابھی تک کھنڈالہ چلنے کی دعوت پر معلوم نہیں کتنے ٹپوریوں کو لڑکیوں کی سینڈلس برداشت کرنی پڑی ہوں گی۔ آج بھی کالجوں، بس اسٹاپ، ریلوے پلیٹ فارم اور راستوں پر لڑکیوں کو کھنڈالہ چلنے کی دعوت کھلے عام دی جارہی ہے۔ کل دادر ریلوے اسٹیشن پر ایک دلچسپ واقعہ رونما ہوا۔ پلیٹ فارم نمبر دو پر لڑکیوں کو کھنڈالہ چلنے کی پیش کش کرنے والی ایک منڈلی کھڑی تھی۔ سامنے سے گزرنے والی لڑکی سے پوچھا جارہا تھا کہ آتی کیا کھنڈالہ۔ یہ الگ بات ہے کہ جو لڑکا کھنڈالہ چلنے کی دعوت دیتا تھا وہ لڑکی کے پلٹنے یا غصّے سے دیکھنے پر اپنے ساتھیوں کے درمیان چھپ جاتا تھا۔ بڑی دیر تک یہ آوارگی جاری رہی۔ کئی ٹرینیں آئیں اور اپنی منزل مقصود کی طرف روانہ ہوگئیں لیکن ان لڑکوں کو کوئی ایسی لڑکی نہیں ملی جو ان کے ہمراہ کھنڈالہ چلنے کے لیے تیار ہو۔ کچھ دیر بعد ایک لڑکی آتی دکھائی دی۔ ایک منچلے نے اس سے پوچھا، ''آتی کیا وڈالہ؟'' لڑکے کی اس پیش کش پر لڑکی نے مسکرا کے دیکھا اور کچھ دور جانے کے بعد رک گئی۔ بس پھر کیا تھا، وہ لڑکا سینہ چوڑا کر کے دوستوں کے درمیان کھڑا ہوگیا۔ اس کے دوستوں نے تعجب سے سوال کیا، ''تم نے کھنڈالہ کی بجائے وڈالہ چلنے کی دعوت کیوں دی؟'' اس لڑکے نے جواب دیا ''یار! پاکٹ کے وزن کے حساب سے سب کام ہوتا ہے۔ کھنڈالہ جانے کے لیے روپے تو ہونا چاہیے۔'' سب دوستوں نے اپنے ساتھی کی حاضر دماغی کی داد دی اور کچھ دوری پہ کھڑی لڑکی سے زور دار آواز میں کہا، ''اس عامر خان کا نام سبھاش ہے۔'' اتنے میں لوکل آگئی اور اس رانی مکھرجی نے لوکل پکڑ لی۔

۱۳/اکتوبر ۱۹۹۸ء

ممبئی اور ایڈس

ممبئی بڑی تیزی سے ایڈس کے شکنجے میں جکڑتے جارہی ہے۔ایک اندازے کے مطابق روزانہ شہر میں دوسو سے تین سو کے درمیان افراد ایچ آئی وی پوزیٹیو کا شکار ہورہے ہیں۔ویسے ممبئی میں ایڈس کا اولین مریض آج سے دس بارہ سال قبل پایا گیا تھا۔شروعاتی دور میں یہ راز کھلا تھا کہ ایچ آئی وی کے جراثیم ٹرک ڈرائیور اور جسم فروش خواتین کے توسط سے بڑی تیزی سے پھیل رہے ہیں۔ڈاکٹر آئی ایس گلڈا کا کہنا ہے کہ فی الحال شہر میں ڈھائی لاکھ افراد ایڈس جیسے موذی مرض میں گرفتار ہیں اور تقریباً چالیس ہزار لوگوں کو مکمل طور سے ایڈس ہو چکا ہے اور جن کا مرنا طے ہے۔ممبئی کے فارس روڈ، پلے ہاؤس، کانگریس ہاؤس، پاؤ والا اسٹریٹ، کماٹی پورہ اور کھیت واڑی وغیرہ ریڈ لائٹ علاقوں کی زیادہ تر جسم فروش عورتوں میں ایچ آئی وی پازیٹیو کی علامت پائی گئی ہے۔کچھ کال گرلس اور بار ویٹرس میں ایڈس کی تشخیص ہوئی ہے۔یہاں دس سے پندرہ فی صد نوجوان ایڈس جیسے خطرناک مرض سے جوجھ رہے ہیں۔پورے مہاراشٹر میں ایڈس کے معاملے میں ممبئی کا مقام ۱۱روا ں ہے۔

۱۵راکتوبر ۱۹۹۸ء

سمندر پر تیرتا پانچ ستارہ ہوٹل

پانچ ستارہ ہوٹل اور سمندر پر! سننے میں کچھ اٹ پٹا سا لگتا ہے۔یورپ اور امریکا میں سمندری پانچ ستارہ ہوٹلوں کی بہتات ہے مگر ہمارے یہاں زمینی پانچ ستارہ ہوٹل تو موجود ہیں لیکن سمندری کوئی نہیں۔بحر حال ''سوپر اسٹار لیو'' کوئی پانچ ستارہ ہوٹل نہیں ہے مگر اس میں جو سہولیات دستیاب ہیں وہ کسی فائیو اسٹار ہوٹل سے کم بھی نہیں ہیں۔''اسٹار کو سیس''ایک ملیشیائی کمپنی ہے جس نے پندرہ کروڑ کی لاگت سے ''سوپر اسٹار لیو'' نامی سمندری جہاز جرمن میں تیار کیا ہے جس کا شمار آج دنیا کے دس سب سے بڑے جہازوں میں ہوتا ہے۔ ۷۶ ہزار ۸ سوٹن وزنی اس جہاز پر مسافروں کے لیے دو ہزار کمرے اور گیارہ سو ملازمین ہمہ وقت خدمات کے لیے موجود رہتے ہیں۔جہاز پر حفاظتی اقدامات کے طور پر

ایک ہزار کیمرے نصب ہیں۔ ’’سوپر اسٹار لیو‘‘ پر کوئی ایک نہیں بلکہ پندرہ ریستوراں چوبیس گھنٹے گاہکوں کے پسندیدہ پکوان پروستے ہیں۔ ہندوستانی گاہکوں کے لیے سبزیوں سے بنی ڈشیں بھی ملتی ہیں۔ تقریباً ۲۶۸ میٹر لمبے اور ۳۳ میٹر چوڑے اس جہاز پر مسافروں کے منورنجن کے لیے تھیٹر، ڈسکو تھیک، کئی میکدے، لائبریری، آڈیٹوریم، کھیل کود کے لیے ٹینس، باسکٹ بال، والی بال اور گولف کورٹ بھی ہیں۔ اس کے علاوہ ۲۸ دکانیں ہیں جہاں مسافر شاپنگ کر سکتے ہیں۔ گذشتہ اتوار کو شہر کے چند خصوصی افراد کو ’’سوپر اسٹار لیو‘‘ کی سیر کا موقع فراہم کیا گیا تھا۔ سمندر پر تیرنے والے اس فائیو اسٹار ہوٹل کو دیکھنے کے بعد سبھی نے کہا..... واہ!

۱۵/اکتوبر ۱۹۹۸ء

اندھیرے جیون میں اُجالے کی کرن

دیپاولی ان لوگوں کے لیے خوشی کا تہوار ہے جن کی تجوری میں لکشمی ہوتی ہے مگر دو وقت کی روٹی جٹانے میں مصروف افراد کے لیے دیپاولی کے دیپک اور پٹاخوں کی کوئی اہمیت نہیں ہے، انھیں بس فکر ہے تو چند کھنکتے سکوں اور نوٹوں کی۔ کیا آپ کو اطلاع ہے کہ آتش بازی کا یہ تہوار کئی بچوں کا بچپن اور زندگی ہڑپ کر رہا ہے؟ مہاراشٹر اور دیگر ریاستوں میں منھ اندھیرے بچوں کو نیند سے جگا کر بذریعے ٹرک ان کارخانوں کے لیے روانہ کر دیا جاتا ہے جہاں وہ دن بھر بارود کے ڈھیر میں گھرے آتش بازی کی اشیا بنانے میں مشغول رہتے ہیں۔ صرف چند لمحوں کے شغل کی خاطر آج بچوں کی ہنستی کھیلتی زندگیوں کو تاریکیوں میں تبدیلی کرنے کا ایک رواج سا چل پڑا ہے۔ تامل ناڈو کے شیوا کاشی میں تین سال سے چار سال کی عمر والے لگ بھگ ایک لاکھ بچے بارود کے کارخانوں میں ملازم ہیں۔ قابل ذکر بات یہ ہے کہ انھیں روزانہ اٹھارہ گھنٹے مزدوری کرنے کے بعد صرف دس سے پندرہ روپے دیے جاتے ہیں۔ گذشتہ دس برسوں سے جب بچہ مزدوری کا تذکرہ چھڑتا ہے شیوا کاشی کا نام ضرور سنائی دیتا ہے لیکن آج بھی وہاں بچہ مزدوری کی لعنت پورے شباب پر ہے اور سرکار خاموش ہے۔ ’’کرائے‘‘ نامی ایک سماجی تنظیم نے امسال مختلف اخبارات میں اشتہارات شائع کروا کے اس منڈی میں ملازمت کرنے والے بچوں کی جو تصویر کشی کی ہے اس سے رونگٹے کھڑے ہو جاتے ہیں۔

ذرا تصور کیجیے، پھول سے معصوم بچے کس طرح اندھیرے اور سیلن زدہ کمروں اور زہریلے ماحول میں اٹھارہ گھنٹے گھٹنوں کے بل بیٹھ کر پٹاخے، ماچس اور آتش بازی کی دیگر اشیا تیار کرتے ہوں گے۔ کام کے دوران ان بچوں کو آرام کی ذرا بھی اجازت نہیں ہے۔ اگر کوئی بچہ آرام کرتے ہوئے نظر آتا ہے تو اس کی مزدوری میں کٹوتی کی جاتی ہے۔ تین چار برس کی عمر میں ہی مزدور بن جانے والے یہ بچے جوانی کی دہلیز پر قدم رکھتے وقت مختلف امراض میں مبتلا ہو جاتے ہیں۔ ''کرائے'' اور ''یوتھ فور یونیٹی اینڈ والینٹری ایکشن'' نے پچھلے دنوں پوسٹروں، ڈاکومینٹری فلموں اور سلائیڈ کے توسط سے شہر کے تقریباً ۱۲۰ اسکولوں اور کالجوں میں دو ہفتے تک ایک مہم چلائی تھی جس میں انھوں نے شہریوں سے اپیل کی تھی کہ وہ بچوں کے ذریعے تیار کی جانے والی اشیا کو استعمال کرنے سے گریز کریں۔ ۱۵/اکتوبر کو آزاد میدان میں ہزاروں شہریوں نے موم بتی جلا کر یہ عہد کیا ہے کہ وہ آئندہ ایسی اشیا قطعی استعمال نہیں کریں گے جو بچوں نے تیار کی ہیں۔ ہر شہری کا فرض بنتا ہے کہ وہ اس تحریک میں بڑھ چڑھ کے حصہ لے تاکہ ان بچوں کے اندھیرے جیون میں بھی اجالے کی کرن جھلملائے۔

۲۱/اکتوبر ۱۹۹۸ء

پیاز کا عطر

بھائندر سے چرچ گیٹ جانے والی گیارہ بج کر پانچ منٹ کی لوکل کے ایک کمپارٹمنٹ میں چند بیوپاری پیاز کی قلت پر تبادلۂ خیال کر رہے تھے۔ ان کا کہنا تھا کہ اگر پیاز کا دام بدستور آسمان کو چھوتا رہا تو انھیں شیئر بازار اور کپڑوں کی دلالی چھوڑ کر پیاز کا بیوپار کرنا پڑے گا۔ یہ بیوپاری روزانہ بھائندر سے مرین لائن کے لیے لوکل کے اسی کمپارٹمنٹ میں سوار ہوتے ہیں۔ سیاسی اور غیر سیاسی موضوعات پر بحث ومباحثہ کرنے والے یہ بیوپاری اس دن پیاز چھیلنے بیٹھ گئے۔ ایک نے مشورہ دیا ''سرکار کو پیاز کے استعمال پر پابندی عائد کرنی چاہیے جس طرح منشیات پر ہے۔ نہ کوئی پیاز استعمال کرے گا اور نہ ہی اس کے دام میں اضافہ ہوگا۔'' دوسرے نے پیاز کی قیمت میں کمی کرنے کے چند قیمتی نسخے بتائے جنھیں دوسروں نے مسترد کر دیا۔ ایک نے کہا ''آج سے بیس برس بعد والی نسل تاریخ کی کتابوں میں

پیاز کا تذکرہ پڑھے گی اور یہ بھی پڑھے گی کہ ہم دو کلو پیاز کے بدلے ایک کلو گوشت خریدتے تھے۔" بڑی دیر سے خاموش ایک مسافر نے درمیان میں کہا،"یہ بھی ممکن ہے کہ اب پیاز کا عطر تیار کیا جائے جسے سالن یا پلاؤ میں ذرا سا ڈال کر پیاز کی کمی کو پورا کیا جائے۔"

۱۰/نومبر ۱۹۹۸ء

جے بالا اور مہرو برڈی

مہرو برڈی کو شاید آپ نہیں جانتے۔ لگ بھگ ۲۴ سال قبل مہرو برڈی کے ساتھ بھی جے بالا جیسا واقعہ رونما ہوا تھا۔ موصوفہ نے جے بالا کو کھل کر رونے کی صلاح دی ہے تاکہ سر درد اس کی آنکھوں سے بہہ کر نکل جائے اور وہ زندگی کی تلخ حقیقتوں کا مقابلہ کرنے کے لیے خود کو تیار کر سکے۔ مہرو برڈی کے ساتھ جو حادثہ ہوا تھا اُسے یاد کر کے وہ آج بھی رو دیتی ہیں۔ ریلوے کا حال ۲۴ برس پہلے بھی ٹھیک ایسا ہی تھا جیسا اب ہے۔ وہ بتاتی ہیں،"طویل جدو جہد کے بعد سوجھا جسم، پھٹے کپڑے، ننگے پاؤں اور ہاتھ سے بہتا خون لے کر جب میں بدحواس نیچے اتری تو مسافروں یا کسی ریلوے ملازم نے آگے بڑھ کر میری کوئی مدد نہیں کی۔ میں نے ٹانکے تک گھر جا کے لگوائے تھے۔" اس واقعے کے بعد کئی دنوں تک انھوں نے صرف ٹیکسی میں سفر کیا تھا۔ مہرو برڈی کو ۲۷/اپریل ۱۹۷۴ء کا وہ سیاہ دن بخوبی از بر ہے۔ اس وقت وہ برٹش ایئرویز میں ریسپشنسٹ تھیں۔ شام کو وہ ولے پارلے سے کھیت واڑی (گرانٹ روڈ) واپس آرہی تھیں۔ لوکل چلتے ہی ایک شخص لیڈس ڈبّے میں گھس آیا۔ اندر داخل ہوتے ہی اس نے سبھی کھڑکیاں بند کر دیں۔ پنکھے چالو کر دیے اور مہرو برڈی کی گھڑی چھیننے لگا۔ چھوٹی پیاری سی وہ گھڑی مہرو برڈی کو ان کی دادی نے تحفے میں دی تھی جس میں چاندی کی زنجیر لگی تھی۔ انھوں نے جب مداخلت کی تو اس چور نے انھیں نیچے گرا دیا اور زدوکوب کرنے لگا۔ جوں جوں اگلا اسٹیشن نزدیک آنے لگا اس چور کا غصہ بڑھنے لگا۔ بلیڈ سے اس نے مہرو برڈی کے ہاتھوں پر متعدد وار کیے۔ سانتا کروز پلیٹ فارم آنے پر اس نے مہرو برڈی کو چلتی گاڑی سے پھینکنے کی کوشش کی مگر مہرو برڈی نے اپنا حوصلہ برقرار رکھا۔ لوکل رکنے پر ایک پولیس کانسٹبل نے انھیں دیکھا اور انجان بن گیا۔ بغل والے ڈبے کے مسافروں کی مدد سے شنکر چوہان نامی وہ

بدمعاش پکڑ گیا۔ بعد ازاں مہرو کو سانتا کروز سے باندرہ اور وہاں سے بذریعہ لوکل پریل لے جایا گیا۔ پریل سے ننگے پیر چلا کر اسے کے ای ایم اسپتال میں بھرتی کیا گیا۔ ڈاکٹروں نے اس کی مرہم پٹی کر کے فوراً چھٹی دے دی ۔ جے بالا کے ساتھ جو حادثہ پیش آیا اسے پڑھنے کے بعد مہرو بر ڈی کو اپنا واقعہ یاد آ گیا۔

۱۰ر نومبر ۱۹۹۸ء

کُرلا کے گدھے

کیا آپ سوچ سکتے ہیں کہ شاہ رُخ خان، جیکی شراف، اکشے کمار اور ریکھا ریلوے پٹریوں کی صفائی کرتے ہوں گے؟ لیکن یہ سچ ہے۔ اگر آپ کا کبھی کُرلا کی ریلوے پٹریوں کے پاس سے گزر ہو تو آپ بھی انھیں پٹریاں صاف کرتے ہوئے دیکھ سکتے ہیں۔ ''ارے شاہ رُخ خان کدھر چلا گیا؟'' یہ آواز سننے کے بعد آپ چونک کر دیکھیں گے تو پتہ چلے گا کہ شاہ رُخ خان کوئی اور نہیں بلکہ ایک گدھا ہے۔ شہر کی ریلوے پٹریوں پر آپ کو فلمی ستاروں کے نام والے کئی گدھے مل جائیں گے۔ ریلوے کی طرف سے پٹریوں کی صفائی کا ٹھیکہ جن ٹھیکے داروں کے سپرد کیا جاتا ہے وہ پیار سے اپنے گدھوں کو فلمی ستاروں کے نام سے پکارتے ہیں۔ کرلا میں جڑواں گدھے بھی ہیں جن کے نام 'کرن ارجن' رکھے گئے ہیں۔ یہاں آپ کو 'رنگیلا' بھی مل جائے گا۔ دلچسپ بات یہ ہے کہ ان گدھوں کو بالی ووڈ کی فلموں میں بھی کام کرنے کا موقع ملتا ہے۔ شکتی کپور کی فلاپ فلم 'اللہ مہربان تو گدھا پہلوان' میں نظر آنے والا گدھا کُرلا ہی کا تھا۔

۱۱ر نومبر ۱۹۹۸ء

یہ ٹیکسی ڈرائیور

لوکل ٹرینیں اگر شہر کی دھڑکن ہیں تو یہاں کی سڑکوں پر دن رات دوڑنے والی اڑتالیس ہزار ٹیکسیوں کو آکسیجن کہا جا سکتا ہے۔ جہاں لوکل ٹرینوں کی سرحد ختم ہو جاتی ہے وہاں سے ٹیکسی کا سفر شروع ہوتا ہے۔ گذشتہ ۷ ۳ برس میں لوکل ٹرینوں کی بہ نسبت ٹیکسیوں کی تعداد میں خاطر خواہ اضافہ ہوا ہے۔

دس سال سے عروس البلاد میں مقیم مہندر پرساد ورما بہار کے باشندے ہیں۔ یہاں آکر انھوں نے ڈھابوں میں نوکری کی۔آج کل وہ ٹیکسی چلا کے اپنی روزی کمارہے ہیں۔وہ اندھیری کی ایک چال میں کرائے کی کھولی میں رہتے ہیں۔روزانہ سو روپے بینک میں جمع کرواتے ہیں ٹیکسی ڈرائیور فیاض خان کھیرواڑی باندرہ کی ایک چال میں اپنی بیوی اور بچوں کے ساتھ رہتے ہیں۔انھوں نے گٹر کے اوپر لکڑیاں بچھا کر زمین تیار کرلی ہے۔دیواریں پلاسٹک کی ہیں۔مدھیہ پردیش کے فیاض خان موسم باراں کے آغاز میں بیوی بچوں کو وطن روانہ کردیتے ہیں اور خود یہاں برسات میں مصیبتوں کا سامنا کرتے ہیں۔پچھلے دس سال سے وہ اسی طرح زندگی گزار رہے ہیں۔جون پور کے راج منی یادو جوگیشوری میں رہتے ہیں۔کھیتی کی ضرورتیں پوری کرکے وہ ممبئی آجاتے ہیں اور ٹیکسی چلاتے ہیں۔ راج منی یادو کھانا کھانے کے بعد اپنی نیند بھی ٹیکسی میں پوری کرتے ہیں۔امیتابھ بچن اور کشور کمار بننے کا خواب لے کر جو نوجوان ممبئی کارُخ کرتے ہیں اور یہاں دردر کی ٹھوکریں کھانے کے بعد جب ناکام ہوجاتے ہیں تو ان کے سامنے روزی کا بس ایک ہی ذریعہ رہ جاتا ہے اور وہ ٹیکسی ڈرائیور بن جاتے ہیں۔

۱۲/نومبر ۱۹۹۸ء

یہ ہیں شیام بھاٹیہ

بھائندر میں شیام بھاٹیہ کو ہر کوئی جانتا ہے۔یہ کوئی ڈان، لیڈر یا سرکاری افسر نہیں بلکہ ایک نائی ہیں۔'شیام بیوٹی پارلر' میں وہ اپنی خدمات انجام دیتے ہیں۔شیام بھاٹیہ کی طرح ان کے چاچا ہریش بھاٹیہ بھی بال سنوارنے میں ماہر ہیں۔موصوف کا نام آنکھوں پر پٹی باندھ کر بال تراشنے کی وجہ سے 'لمکا بک آف ریکارڈس' میں درج ہوچکا ہے۔راجا مہاراجاؤں کے ادوار سے عام و خاص شخصیتوں کے بال سنوارنے کے باوجود باربر برادری کو وہ رتبہ حاصل نہ تھا جن کی وہ حقدار تھی۔لیکن آج دنیا تبدیل ہوچکی ہے۔موجودہ صورتِ حال یہ ہے کہ مشہور باربر باقاعدہ اپوئنٹ مینٹ دینے لگے ہیں اور انھیں ہیئر ماسٹر، ہیئر پینٹر اور ہیئر انجینئر جیسے القاب سے نوازا جانے لگا ہے۔ ۳۱ سالہ شیام بھاٹیہ راجستھان کے ضلع پالی کے باشندے ہیں۔ان کی دلی آرزو یہ ہے کہ وہ ایک ایسی تنظیم کی بنیاد رکھیں جو سماج کے

دبے کچلے لوگوں کی ہر ممکن مدد کرسکے۔شیام بھاٹیہ نے ممبئی آنے کے بعد اپنے کیریئر کا آغاز بوریولی میں اپنے چاچا ہریش بھاٹیہ کے سیلون 'بگ باس' سے کیا تھا۔انھوں نے اپنے چاچا سے ہی اس فن کی باریکیاں سیکھیں اور آج جیسل پارک روڈ کی اوسوال پارک عمارت میں ان کا سیلون موجود ہے۔ان کے چھوٹے بھائی جگدیش بھاٹیہ بھی اسی پیشے سے منسلک ہیں۔بھائندر کے تقریباً ۱۲۵ سیلون میں 'شیام بیوٹی پارلر' کا ایک خاص مقام ہے۔یہاں مردوں کے ساتھ خواتین کی زلفیں بھی سنواری جاتی ہیں۔

۱۸ر نومبر ۱۹۹۸ء

اسپتال میں تنہا ہیں قمر جلال آبادی

مشہور نغمہ نگار قمر جلال آبادی واشی کے مہاتما گاندھی مشن اسپتال میں برین سرجری کے سبب زیرِعلاج ہیں۔حالانکہ معالجوں نے ۸۲ سالہ قمر جلال آبادی کے آپریشن کو کامیاب قرار دیا ہے مگر فی الحال ان کی صحت انتہائی کمزور ہے۔۵۰ سال سے بالی ووڈ سے جڑے قمر جلال آبادی ۱۹۴۳ء میں پاکستان سے ہجرت کرکے عروس البلاد میں آبسے تھے۔انھیں تب 'چاند' اور 'پیار کی جیت' فلموں کے گیت لکھنے کے لیے مدعو کیا گیا تھا۔قمر جلال آبادی دو سال تک شہر میں قیام پذیر رہے اور بعدازاں پونا کے پربھات اسٹوڈیو کے شعبۂ نغمہ نگاری سے منسلک ہوگئے۔کچھ دنوں تک موصوف نے پونہ میں بودوباش اختیار کی لیکن شہر کی یادوں نے انھیں پھر سے واپس آنے کے لیے مجبور کیا اور وہ ممبئی آگئے۔۱۵ اروڈ کھار میں ان کی رہائش تھی۔بعد میں جب ان کا پورا خاندان ہندوستان چلا آیا تو انھوں نے یہ مکان چھوڑ دیا اور جوہو بیچ کے پاس یونٹ کمپاؤنڈ میں ایک نیا فلیٹ خرید لیا۔قمر جلال آبادی کا پیدائشی نام اوم پرکاش بھنڈاری تھا۔انھیں قمر جلال آبادی کے قلمی نام سے ان کے ایک شاعر دوست عمر خان نے نوازا تھا۔قمر جلال آبادی بالی ووڈ سے وابستہ رہتے ہوئے بھی گلیمرزدہ ماحول سے بچے رہے۔وہ سگریٹ اور شراب نوشی کی لت سے محفوظ تھے۔ایک مرتبہ ایک فلمی پارٹی میں ایس مکھرجی نے شراب نوشی سے دور رہنے کے سبب چٹکی لیتے ہوئے ان سے کہا کہ شراب کا نشہ چڑھا کر دیکھو تو کتنا مزہ آتا ہے اور جس نے شراب نہیں پی اس کی زندگی پھیکی ہے۔قمر جلال آبادی نے جواب دیتے ہوئے کہا کہ جب اپنی سہیلیوں کی محفل میں میری بیوی فخریہ انداز میں کہتی ہے کہ میرا شوہر شرابی نہیں ہے تو جو

خوشی اس وقت مجھے حاصل ہوتی ہے وہ شراب کے نشے سے کہیں زیادہ ہے۔قمر جلال آبادی نے لگ بھگ دوسو نغمے تحریر کیے جن میں خوش ہے زمانہ آج پہلی تاریخ ہے، میں تو ایک خواب ہوں اس خواب سے تُو پیار نہ کر اور ''شہید وتم کو میرا اسلام'' آج بھی دلچسپی سے سنے جاتے ہیں۔قمر جلال آبادی موسیقار نوشاد سے زیادہ متاثر تھے۔قمر جلال آبادی کے تین بیٹے اشوک، راجو اور سبھاش امریکا میں ہیں جبکہ تین بیٹیاں آشا، وجیہ لکشمی اور سبھاشنی ابھی تک ان کی عیادت کے لیے نہیں آسکیں۔ انھیں سب سے زیادہ دکھ اس بات کا ہے کہ ان کے فلمی دوست انھیں دیکھنے اسپتال نہیں آئے۔آج اسپتال میں وہ خود کو بالکل تنہا محسوس کر رہے ہیں۔

۲۱ر نومبر ۱۹۹۸ء

ٹیبل ٹینس کی شہزادی ہے ملیکا

ملیکا پاریکھ نے پندرہ برس کی اس چھوٹی عمر میں جو شہرت اور کامیابی حاصل کی ہے وہ صرف خوش نصیبوں کا ہی مقدر بنتی ہے۔دو برس قبل ٹیبل ٹینس کی اس شہزادی نے ریاستی چمپئن شپ جیت کر ہر کسی کو دم بخود کر دیا تھا۔ابھی اس نے کراڈ میں منعقدہ ضلع اور ریاستی سطح کے جونیئر چمپئن شپ مقابلوں کے دونوں خطاب اپنے نام درج کروائے ہیں۔لگ بھگ دو سال پہلے اس نے ٹیبل ٹینس اکیڈمی کے ٹورنامنٹ کا فائنل ویشالی سبنیس کو ہرا کر جیتا تھا۔ملیکا پاریکھ کے کھیل میں وہ تمام خوبیاں موجود ہیں جو آگے چل کے اسے ایک بڑا کھلاڑی بنانے میں معاون ہوں گی۔گذشتہ پانچ برس سے مقامی، ریاستی اور قومی سطح کے کئی خطاب پر اس نے قبضہ کیا ہے۔ڈاکٹر ورشا اور بکول پاریکھ کی اس بیٹی کو شطرنج اور رقص میں مہارت تھی لیکن اہلِ خانہ کے مشوروں کے بعد ملیکا نے ٹیبل ٹینس پر توجہ مرکوز کی۔ملیکا پاریکھ کو ٹیبل ٹینس اس سبب بھی پسند ہے کہ اس کھیل میں چستی پھرتی کا بڑا عمل دخل ہے۔ ساڑھے سات سال کی عمر میں اس نے ٹیبل ٹینس کا آغاز کیا تھا۔اسے ابتدا میں اس کے پتا اور بعد میں امیتابھ چودھری نے تربیت دی۔کئی خطاب جیتنے والی یہ کھلاڑی کملیش اور مونالیزا مہتہ سے بہت متاثر ہے۔ملیکا پاریکھ کے روشن مستقبل کے لیے نیک خواہشات۔

۲۱ر نومبر ۱۹۹۸ء

یہ ہیں برہم دیو پنڈت

ہندوستانی تہذیب میں مٹی کے برتن بنانے کے فن کو قدر کی نگاہ سے دیکھا گیا ہے۔ زیادہ تر مٹی کے برتن گاؤں کے باشندے تیار کرتے ہیں جنھیں کمہار کہا جاتا ہے۔ برہم دیو پنڈت کا تعلق بہار سے ہے لیکن فی الحال وہ بھائیندر کے پانچپال اُدیوگ نگر میں رہتے ہیں۔ 'کلا کارنواس' میں داخل ہوتے ہی گاؤں کی یادیں تازہ ہو جاتی ہیں۔ ملک کی کئی ریاستوں اور بیرون ممالک میں مٹی کے برتن سپلائی کرنے والے برہم دیو پنڈت جب اپنے کام میں مصروف رہتے ہیں تو آپ ان میں اور ان کے ملازموں میں کوئی فرق محسوس نہیں کر سکتے۔ برہم دیو پنڈت کو یہ فن وراثت میں ملا ہے۔ ان کا خاندان کئی نسلوں سے برتن بنا رہا ہے مگر انھوں نے اس کاروبار کو ترقی یافتہ شکل دی ہے۔ موصوف نے ۱۹ سال کی عمر میں بیلگام کے کھادی گرام اُدیوگ سے اس فن میں مہارت حاصل کی اور آج وہ اس مقام پر ہیں کہ عالمی سطح پر ان کا نام روشن ہے۔ بارہ کاریگروں کے ساتھ کاریگری کرنے والے برہم دیو پنڈت عموماً مٹی کے ایسے برتن بناتے ہیں جنھیں گھروں میں سجایا جاتا ہے۔ جے جے اسکول آف آرٹ سے انھوں نے موڈیلنگ اور اسکلپچر بنانے کی تربیت حاصل کی ہے۔ مشہور فنکار ایل آر اجگاؤنکر ان کے استاد رہ چکے ہیں۔ یہ پچھلے ۲۶ برسوں سے صوفیہ کالج میں لیکچرار ہیں۔ ان کے گاؤں کے زیادہ تر افراد اسی پیشے سے منسلک ہیں۔ ان کی کلا بونسائی اور پھولوں کو خوشنما روپ سے پیش کرنے والے جاپانی فنکاروں میں مشہور رہے۔ وہ چھوٹے چھوٹے گھر بھی بناتے ہیں جن کا استعمال بونسائی گملوں کو سجانے میں ہوتا ہے۔ برتنوں کے ساتھ ساتھ برہم دیو پنڈت باغبانی کے شوقین ہیں۔

۲۴ رنومبر ۱۹۹۸ء

چوپاٹی کے مالش والے

سامنے لہراتا سمندر، ڈھلتی ہوئی شام اور کھردری ریت پر بچھی چادر پر لیٹے ہوئے شخص کی کبھی ہلکی

تو کبھی بھاری تھاپ کے ساتھ مالش کرتا ہوا مالش والا۔ یہ نظارہ آپ نے چوپاٹی پر دیکھا ہوگا؟ مالش والے اور چوپاٹی کا رشتہ کتنا پرانا ہے اس بات کی کسی کو کوئی جانکاری نہیں ہے۔ مگر یہ بات دعوے کے ساتھ کہی جاسکتی ہے کہ چوپاٹی کی خوبصورتی بڑھانے میں ان مالش والوں کا بہت بڑا حصہ ہے۔ پچاس کی دہائی میں اداکار جانی واکر پر ایک گیت فلمایا گیا تھا جس کے بول تھے ''سر جو تیرا چکرائے یا دل ڈوبا جائے، آجا پیارے پاس ہمارے کاہے گھبرائے۔'' یہ گیت اس دور میں بھی مقبول ہوا تھا اور آج بھی مقبول ہے۔ فی الحال چوپاٹی پر مالش کرنے والوں کی تعداد دوسو پچاس کے آس پاس ہے۔ ان میں زیادہ تر اُتر بھارتی ہیں۔ ۵۱ سالہ دیوی رام متھرا سولہ برس کی عمر میں ممبئی آئے تھے۔ انھو ں نے کچھ دنوں تک پان کی دکان پر ملازمت کی اور بعد میں مالش کا دھندہ شروع کیا۔ دیوی رام کے بقول، ''مالش ایک فن ہے۔ جسم کے کس حصّے کی مالش کس طرح کی جائے یہ ہر مالش کرنے والے کو پتا نہیں ہوتا۔'' مالش کی ضرورت بوڑھوں کو بھی پیش آتی ہے اور جوانوں کو بھی۔ مالش کرنا خطرے سے پُر ہے کیونکہ مالش کرتے وقت گاہک کی بیماری سے نقصان کا اندیشہ رہتا ہے۔ بھرت پور (راجستھان) کے باشندے مکیش ٹھاکور دودھ کی دکان پر ملازمت کرنے سے زیادہ سودمند مالش کا کاروبار سمجھتے ہیں۔ ان مالش کرنے والوں میں کئی نئے ہیں تو دوسری طرف بنگالیوں کا یہ خاندانی پیشہ ہے۔ مالش کے ساتھ چمپی کرنے کا یہ لوگ ایک گاہک سے چالیس یا پچاس روپے تک محنتانہ وصول کرتے ہیں۔ عموماً مالش والے سرسوں کا تیل یا ناریل کا تیل استعمال کرتے ہیں۔ اگر گاہک کو چوٹ لگی ہے یا پھر درد زیادہ ہے تو پھر یہ نورانی تیل اور مہانارائن تیل لگاتے ہیں جس کی قیمت الگ لی جاتی ہے۔ سفید چادر پر مالش کرواتے وقت ہری شنکر کی تھکن ایک دم دور ہو جاتی ہے۔ ۵۳ سالہ گپتا تاڑدیو میں کرانہ شاپ کے مالک ہیں۔ وہ چوپاٹی پر مالش کروانے پندرہ دنوں میں آتے ہیں۔ یہ سلسلہ لگ بھگ پندرہ برسوں سے جاری ہے۔ چوپاٹی پر ایسے بھی مالش والے مل جاتے ہیں جو گاہک کے جسم کے اندر اور باہر کی تھکن بھی اتارتے ہیں۔ ایسے واقعات بھی وقتاً فوقتاً سننے میں آتے ہیں کہ تھکن سے چُور گاہک کو نیند آگئی اور مالش والا گاہک کی طلائی زنجیر، گھڑی اور پاکٹ لے کر غائب ہو گیا۔ چوپاٹی کے زیادہ تر مالش والے ایماندار ہیں۔ ان مالش والوں میں پولیس کے رویے کو لے کر خفگی پائی جاتی ہے۔ پولیس والے مالش والوں سے ہفتہ بھی لیتے ہیں اور چوری کی شکایت پر انھیں گرفتار بھی کرتے ہیں۔ چار سال سے چوپاٹی پر مالش کر رہے برج دیو بولتے ہیں، ''صاحب! بھلا ہم

چوری کیوں کریں گے؟ ہمیں تو صرف اپنی کمائی سے مطلب ہے۔ ہم تو یہاں کچرا بھی نہیں پھینکتے۔'' ۷۰ سالہ سرن سنگھ کا مطالبہ ہے،''سرکار کو چوپاٹی کے ساتھ ساتھ مالش والوں کی حفاظت اور سہولت کی بھی فکر کرنی چاہیے۔لائسنس کے حقدار ہم بھی تو ہیں۔'' چوپاٹی پر مالش کرنے والے ایسے بھی ہیں جو دن میں کہیں اور کام کرتے ہیں اور شب میں چوپاٹی پر مالش کی شکل میں اوور ٹائم کرتے ہیں۔ ویسے عام مالش والا ایک رات میں چار سو روپے سے آٹھ سو روپے تک کما لیتا ہے۔آج تک کسی نے اس طرف توجہ نہیں دی کہ گاہک کے تھکے جسم کی گرمی کو اپنی ہتھیلی سے اپنے جسم میں سما لینے والے یہ محنتی اور غریب مزدور جب بیماری میں مبتلا ہوتے ہیں تو سوکھ کے لکڑی بن جاتے ہیں۔

۲۴رنومبر ۱۹۹۸ء

اسٹرینڈ بک اسٹال

بچوں کو کھلونے بھاتے ہیں اور خواتین کو سنگھار کی اشیا۔ٹھیک اسی طرح پڑھے لکھے افراد کتابوں کا مطالعہ کرنا پسند کرتے ہیں۔کبھی کبھار مطالعے کا شوق ان میں ایسی تبدیلیاں پیدا کر دیتا ہے کہ وہ عام قاری اور مشہور کتابوں کا آپسی رشتہ استوار کرنے کا عہد کر لیتے ہیں۔ایسے ہی ایک شخص ٹی این شانباگ ہیں۔آج وہ اپنے اسٹرینڈ بک اسٹال کے توسط سے ملک کے ہزاروں عام اور خاص قارئین کو وطن اور بیرون ممالک کے مشہور مصنفین کی تصانیف پر بھاری رعایت دے کر انھیں پڑھنے کا موقع فراہم کر رہے ہیں۔اسٹرینڈ بک اسٹال فورٹ کے سر پی ایم روڈ پر ہے۔شانباگ کے بقول،''مجھے بچپن سے مطالعے کا شوق تھا اور جب میں نے سوامی وویکانند کی کتاب پڑھی تو میرے اندر ایک نئی روشنی،نئی پھرتی آئی اور میں نے سوچا کہ لوگوں کو ذہنی طور پر بیدار کرنے کے لیے تصانیف فروخت کرنا چاہیے۔'' ٹی این شانباگ کو آج کتابیں بیچتے ہوئے پچاس سال ہو چکے ہیں۔اسٹرینڈ بک اسٹال میں لگ بھگ ۲۸۰ غیر ملکی پبلشروں کی مختلف موضوعات پر ۳۰ ہزار کتابیں موجود ہیں۔شاید آپ کو معلوم نہیں کہ اسٹرینڈ بک اسٹال کے گاہکوں میں پنڈت جواہر لال نہرو، کرشنا مینن،اے پی جے عبد الکلام،من موہن سنگھ، باقر مہدی، دیا پوار، گریش دمانیہ، دلیپ چترے، رشید ایرانی، اشوک سہانے، نانا پالکھی والا، کلدیپ نیّر،شیام لال،خشونت سنگھ،وکرم سارہ بھائی (سائنس داں)،چیتن آنند،جہاں گیر سبّا والا (پینٹر)،ایک

پدمسی، آر کے لکشمن، وجے تینڈولکر، چارلیس کوریا (مجسمہ ساز)، وجے مہتہ (ڈراما ہدایت کار)، جولیو ریبیرو، وجے کمار اور برلا جیسی شخصیتیں شامل ہیں۔ جے پرکاش نارائن جب جیل میں تھے تب وہ یہاں سے کتابیں منگایا کرتے تھے۔ اسٹرینڈ بک اسٹال میں صرف انگریزی زبان کی کتابیں دستیاب ہیں جن پر ۲۰ فی صد چھوٹ دی جاتی ہے۔

۹/دسمبر ۱۹۹۸ء

کچھ اور: پدم شری (۲۰۰۳ء) ٹی این شان باگ نے ۱۹۴۸ء میں قلابہ کے اسٹرینڈ سینما میں اس بک اسٹال کی بنیاد رکھی تھی۔ کرناٹک سے تعلیم کی غرض سے ممبئی آکے انھوں نے سینٹ زیوئیرس کالج میں داخلہ لیا تھا۔ اس دوران انھیں کتابوں کے کاروبار کا خیال آیا۔ ان کے پہلے گاہک نے ۴۵۰ روپے کی کتابیں خریدی تھیں۔ ۱۹۵۳ء میں انھوں نے اسٹرینڈ سینما سے اپنی دکان منتقل کی اور فیروز شاہ مہتہ روڈ پر آگئے۔ وہ آخری تک یھیں رھے۔ ٹی این شان باگ نے ۲۸/فروری ۲۰۱۸ء کو اسٹرینڈ بک اسٹال کا دروازہ ہمیشہ کے لیے بند کردیا۔ ان کی بیٹی ویدیا ویرکر کے مطابق Amozon اور Flipkart کی وجہ سے گاھکوں کا آنا تقریباً بند ہوچکا تھا۔ یھی وجہ کتابوں کی اس دکان کو بند کرنے کا سبب بنی۔

یہ ہے رِدھم ہاؤس

شہر کا مشہور 'رِدھم ہاؤس' کالا گھوڑا پر ہے۔ موسیقی سے لطف اندوز ہونے والوں کی پچھلے ساٹھ برس سے یہ دکان خدمات انجام دے رہی ہے۔ جہانگیر آرٹ گیلری کے نزدیک سلیمان نینسی نے 'رِدھم ہاؤس' کی بنیاد رکھی تھی۔ ممو کرمالی نے اسے مزید تقویت دی۔ آج محبوب کرمالی اور عامر کرمالی اس قدیم شاپ کو چلا رہے ہیں۔ ممو کرمالی کے صاجزادے محبوب کرمالی اپنے بچپن کے دنوں کو ذہن کے کینوس پر کریدتے ہیں، ''میں اپنی والدہ کے ساتھ اس دکان پر آیا کرتا تھا۔ ان دنوں یہاں ۷۸ آر پی ایم کے ریکارڈس، ریڈیو گرام اور جیوک باکس بیچے جاتے تھے۔ یہ تمام چیزیں بیرون ممالک

سے منگوائی جاتی تھیں جنھیں ہم خود جا کر گاہک کے گھروں میں نصب کرتے تھے۔'' وہ آگے بتاتے ہیں، ''مجھے آج بھی وہ دن یاد ہیں جب میں انتظار کرتا تھا کہ کوئی ایئر کنڈیشنڈ باکس خالی ہو اور میں اس میں بیٹھ کر سنگیت سنوں۔'' رِدھم ہاؤس کی خصوصیات کو یاد کرتے ہوئے محبوب کرمالی مخاطب ہوتے ہیں، ''ہمارے دکان کے ایئر کنڈیشنڈ باکس کی بھی بڑی اہمیت ہوتی تھی۔ اس میں ایک صوفہ، ایک گھومنے والی میز، ایمپلیفائر اور اسپیکر لگا ہوتا تھا۔ سنگیت کے شوقین افراد صوفے پر بیٹھ کر گھنٹوں موسیقی سے محظوظ ہوتے تھے۔ ہمارے اشتہارات میں بھی اسی کو اولیت دی جاتی تھی۔ آج یہ دکان اس مقام پر پہنچ چکی ہے کہ تشہیر کی قطعی ضرورت نہیں۔'' اب 'ردھم ہاؤس' سی ڈیز اور کیسٹ کی دکان بن چکا ہے۔ محبوب کرمالی کے بقول، ''ایک وقت وہ بھی تھا جب ہم مستقل گاہکوں کو بذریعہ ٹیلی فون نئے البم کی اطلاع دیا کرتے تھے۔ ٹی سیریز نے اچھی اور سستی کیسٹ نکال کر موسیقی کو عام آدمی کے گھروں تک پہنچایا۔ ورنہ قدیم زمانے میں سنگیت سننا اور ریکارڈ خریدنا امیروں کا شوق تھا۔ 'ردھم ہاؤس' میں آج بھی سب سے زیادہ ہندی گانے فروخت ہوتے ہیں۔'' اس میں کوئی دو رائے نہیں کہ آج ردھم ہاؤس میں سنگیت کے دیوانوں کے لیے خزانہ بھرا پڑا ہے۔ دکان میں گانے گنگناتے ہوئے گاہک اپنے پسند کے کیسٹ خریدتے ہیں۔ 'ردھم ہاؤس' میں کلوز سرکٹ ٹیلی ویژن لگا ہوا ہے مگر اس کے باوجود کیسٹ چوری ہو جاتے ہیں۔ کئی بار چوری کرنے والے گاہک پکڑے بھی جاتے ہیں۔ بہرحال 'ردھم ہاؤس' آج ملک کے علاوہ بیرون ممالک میں بھی مقبول ہے۔

۱۲/ دسمبر ۱۹۹۸ء

کل اور آج : ردھم ہاؤس کے مالک Mehmood Curmally (ممو) نے مارچ ۲۰۱۶ء میں شہر کے مشہور ردھم ہاؤس کو ہمیشہ کے لیے بند کرتے ہوئے کہا تھا کہ وہ مستقبل میں اس برانڈ نیم کا استعمال جاری رکھیں گے۔ ردھم ہاؤس کی بنیاد ۱۹۴۰ء میں کرم علی خاندان کے نزدیکی دوست سلیمان نینسی نے رکھی تھی۔ مہندرا گروپ کے چیئرمین آنند مہندرا کی خواہش تھی کہ اس اسٹور میں ایک میوزک ہب قائم کیا جائے مگر ان کی تمنا پوری نہ ہوسکی۔ کرم علی خاندان نے اپنے اس اسٹور کو انتہائی خاموشی سے زیورات ڈیزائن کرنے والے بیوپاری Nirav Modi کو بیچ دیا۔ یہ سودا آپسی رضامندی سے طے کیا گیا اور اتنی رازداری برتی گئی کہ رجسٹرار آفس کو بھی اس سودے کی بھنک نہیں لگی۔

یہ بھی پتہ نہیں چلا کہ کتنی رقم میں سودا ہوا تھا۔ یہ وہی Nirav Modi ہیں جن پر ۲۰۱۸ء میں پنجاب نیشنل بینک کے ساتھ ۱۱۳۰۰/ کروڑ روپے غبن کرنے کا الزام عائد کیا گیا تھا اور ملک سے فرار ہونے کے بعد انہیں بھگوڑا قرار دیا گیا تھا۔

کچھ رام کرشنن کے بارے میں

۲۰ سالہ رام کرشنن ایک ایسے فنکار ہیں جو ہاتھوں کے بجائے پیروں سے مصوری کرتے ہیں۔ پیروں سے تصویروں میں رنگ بھرنے میں وہ بڑے ماہر ہیں۔ ان کی پینٹنگ میں زیادہ تر پھول اور پودے ہی دکھائی پڑتے ہیں۔ انھیں ہاتھوں سے مصوری پر یقین نہیں ہے۔ رام کرشنن تین دن کی عمر میں پیلیے کا شکار ہو گئے تھے اور اس کا اثر دماغ پر بھی ہوا جس کے سبب دماغ ٹھیک سے جسم کو قابو نہیں کر پاتا ہے۔ وہ بول سکتے ہیں مگر وہ کیا کہہ رہے ہیں یہ سمجھ میں نہیں آتا ہے۔ انھیں تمل، ہندی اور انگریزی زبانیں آتی ہیں۔ دو بہنیں بھی ہیں۔ جب بہنیں اسکول جاتیں اور وہاں مصوری کی تعلیم دی جاتی تو وہ گھر آ کر رام کرشنن کو سکھانے کی کوشش کرتیں۔ اس طرح ان میں مصوری کا شوق پیدا ہوا اور وہ رنگوں سے کھیلنے لگے۔ شروع میں انھوں نے انڈے کے چھلکوں پر تصویریں بنائیں۔ ان کا یہ جذبہ دیکھ کر جے جے اسکول آف آرٹس کے کئی طلبہ گھر آ کے ان کی رہنمائی کرنے لگے۔ ۱۹۹۱ء میں تائیوس میں ہونے والی ایشین آرٹسٹ کانفرنس میں رام کرشنن کو مدعو کیا گیا تھا۔ 'ویری اسپیشل آرٹس انڈیا' ایک ایسی تنظیم ہے جو معذور افراد کی قابلیت کو اجاگر کرنے کی بھرپور کوشش کرتی ہے۔ ۳ دسمبر کو 'نیشنل سوسائٹی فار اِکول اپار چونیٹیز فار دی ہینڈی کیپڈ' نے رام کرشنن کی فنکاری کی سراہنا کرتے ہوئے انھیں اعزاز سے نوازا ہے۔

۱۲/ دسمبر ۱۹۹۸ء

لوکل گاڑیاں

کسی نے سچ کہا ہے کہ جب تک لوکل گاڑیاں دوڑتی ہیں ممبئی کی سانسیں چلتی ہیں۔ آپ نے دیکھا

ہوگا کہ آخری لوکل کے بعد شہر اور خاص کر کے ریلوے اسٹیشنوں کے اطراف کے علاقے سنسان اور ویران ہوجاتے ہیں ۔گویا شہر کی سانسیں تھم گئی ہوں ۔ ۱۹۵۰ء میں چار لاکھ مسافروں کے لیے شہر میں ۵۲۵ لوکل گاڑیاں روزانہ چلتی تھیں مگر آج پچاس لاکھ مسافروں کی خاطر صرف گیارہ سو لوکل گاڑیاں پٹریوں پر دوڑ رہی ہیں ۔حالانکہ ریلوے انتظامیہ نے ڈبوں کی چوڑائی دس فٹ سے بڑھا کر بارہ فٹ اور ڈبوں کی تعداد چھ سے بڑھا کر نو اور اب بارہ کر دی ہے لیکن پھر بھی شہریوں کے ذرائع نقل و حرکت کے لیے لوکل گاڑیاں ناکافی ثابت ہو رہی ہیں ۔سینٹرل ریلوے کے مضافاتی ٹریک پر مجموعی طور پر ۶۳ ریلوے اسٹیشن موجود ہیں جن کی مسافت چھترپتی شیواجی ٹرمنس سے کلیان تک ۵۴ کلو میٹر ہے ۔کلیان سے آگے یہ دو حصوں میں منقسم ہو جاتی ہیں جس میں ایک کسارا کی طرف ۱۲۱ کلو میٹر تک اور دوسری کرجت کی جانب ۱۰۰ کلو میٹر تک ۔ چھترپتی شیواجی ٹرمنس اور کلیان کے مابین چار ٹریکس ہیں جس میں دو ٹریکس شہری لوکل کے لیے اور دو دیگر ٹریکوں پر تیز ٹرینیں یا پھر دیگر شہروں اور ریاستوں کو جانے والی میل گاڑیاں چلتی ہیں ۔سینٹرل ریلوے کی ہاربر لائن چھترپتی شیواجی ٹرمنس سے وڈالا تک پھیلی ہے جو آگے چل کر دو حصوں میں تقسیم ہو جاتی ہے ۔ایک لائن ماہم سے ویسٹرن ریلوے میں ضم ہو جاتی ہے اور باندرہ اور اندھیری تک جاتی ہے اور دوسری سائن کولی واڑہ، کرلا اور اس سے آگے پنویل تک جاتی ہے ۔ ہاربر لائن پر چھترپتی شیواجی ٹرمنس سے اندھیری تک کا فاصلہ ۳ء۲۱ کلو میٹر ہے ۔وکٹوریہ ٹرمنس کی بنیاد ۱۰۱ برس پہلے رکھی گئی تھی اور ۱۹۲۵ میں وکٹوریہ ٹرمنس سے مضافاتی شہر کو جوڑا گیا تھا۔اس وقت شہر کی کل آبادی چھ لاکھ تھی اور وکٹوریہ ٹرمنس اور کرلا کے درمیان ۱۵۰ گاڑیاں چلتی تھیں ۔اسی وکٹوریہ ٹرمنس کا نام تبدیل کر کے چھترپتی شیواجی ٹرمنس رکھا گیا۔ویسے شہر میں آبادی کے لحاظ سے لوکل گاڑیوں کی تعداد میں اضافہ ہوتا چلا گیا مگر آج لوکل گاڑیوں میں جانوروں کی طرح بھرے ہوئے مسافروں کو دیکھ کر یہ تعداد بھی ناکافی معلوم ہوتی ہے ۔ایک اندازے کے مطابق نو ڈبوں والی لوکل میں ایک وقت میں دو ہزار سات سو مسافر سوار ہوتے ہیں جب کہ دفتری اوقات میں یہ تعداد چار ہزار پانچ سو سے پانچ ہزار تک جا پہنچتی ہے ۔

۲۳؍جنوری ۱۹۹۹ء

صہیب الیاسی اور انڈیا موسٹ وانٹیڈ

اس وقت شب کے تقریباً دو بجے تھے۔ دوسرے دن اتوار ہونے کی وجہ سے ونود اپنے دوستوں کے ساتھ آخری شو میں فلم دیکھنے کے بعد گھر لوٹ رہا تھا۔ وہ جیسے ہی اپنی سوسائٹی میں داخل ہوا اس کی نگاہ ایک اجنبی پر پڑی جو اس کے نزدیک کھڑا تھا۔ ونود کو دیکھتے ہی اس شخص نے دروازے سے باہر کی راہ لی۔ دونوں کی نظریں ملیں۔ گھر میں داخل ہونے کے بعد ونود نے حسبِ عادت ''انڈیا موسٹ وانٹیڈ'' دیکھنے کے لیے ٹیلی ویژن کا سوئچ آن کیا۔ پروگرام دیکھنے کے بعد ونود کے ماتھے پر پسینہ چمکنے لگا۔ اس نے سوسائٹی میں داخل ہوتے وقت اپنے گھر کے نزدیک جس شخص کو دیکھا تھا وہ ''انڈیا موسٹ وانٹیڈ'' کا وانٹیڈ پرسن ہی تھا جو ایک ہار کی خاطر اپنی مالکن کو قتل کرکے اتر پردیش سے بھا گا تھا۔ یہ سچا واقعہ اندھیری ورسوا میں پچھلے دنوں رونما ہوا تھا۔ اسی واسطے اپنی نوعیت کا ایک الگ سیریل ہے ''انڈیا موسٹ وانٹیڈ۔'' اس سیریل میں ان مجرمانہ واقعات پر روشنی ڈالی جاتی ہے جو پولیس کے ذریعے حل نہیں ہوپائے یا دیگر معنوں میں ان مفرور مجرموں کا کچا چٹھا عیاں کیا جاتا ہے جو پولیس کی گرفت سے بہت دور ہیں۔ ''انڈیا موسٹ وانٹیڈ'' نے مجرمین کی گرفتاری میں پولیس محکمے کی بے حد مدد کی ہے جس کا ثبوت ہے اپنی محبوبہ کا قتل کرکے فرار ہونے والے قاتل انوپ کمار شری واستو کا پولیس کے چنگل میں آنا یا عوام الناس کو دھوکا دینے والی سشیلا چھیڈا کا پولیس کے ذریعے گرفتار ہونا۔'انڈیا موسٹ وانٹیڈ' کے فلم ساز اور ہدایت کار صہیب الیاسی کو آج غنڈوں کی طرف سے روزانہ دھمکیاں مل رہی ہیں۔ حالانکہ پولیس نے انھیں سیکوریٹی دی ہے مگر صہیب الیاسی کے بقول،''ہاں! دھمکیوں کا سلسلہ جاری ہے جسے نظر انداز کرنا حماقت ہوگی۔ کئی مجرمین کو احساس ہو چکا ہے کہ یہ شو آنے والے دنوں میں ان کے لیے خطرناک ثابت ہوسکتا ہے لہٰذا وہ کچھ بھی کرسکتے ہیں۔ پولیس نے مجھے جو سیکوریٹی دی ہے وہ ناکافی ہے۔'' پولیس نے صہیب الیاسی کو زیڈ درجے کی سیکوریٹی فراہم کرنے کی درخواست خود کی ہے۔ صہیب الیاسی نے وزیر اعظم اٹل بہاری واجپائی سے اس بارے میں رابطہ کیا تھا مگر بی جے پی سرکار انھیں اعلیٰ سیکوریٹی دینے کے موڈ میں نہیں ہے۔ دہلی پولیس بھی صہیب الیاسی کی خدمات کو بالائے طاق رکھ کر انجان بنی بیٹھی ہے۔ بے باک اور جیالے صہیب الیاسی ۲

فروری کو بطور احتجاج 'انڈیا موسٹ وانٹیڈ' ٹیلی کاسٹ نہیں کریں گے۔ ہمارے ملک کی پولیس کا مزاج بھی کچھ سمجھ میں نہیں آتا ہے۔ پولیس اخبارات میں اشتہار دے کر عوام سے درخواست کرتی ہے کہ وہ جرائم کے خاتمے کی خاطر پولیس کو اطلاعات دیں اور دوسرے جانب جب کوئی مجرم دیانت دار اور شریف شہری کو ہراساں کرتا ہے تو پولیس محکمہ سب کچھ جاننے کے باوجود خاموش رہتا ہے۔ صہیب الیاسی کا واقعہ ان شہریوں کے لیے باعث درس ہے جو زیادہ ایمانداری اور اصولوں کا منتر پڑھ کر اپنی جان جوکھم میں ڈالتے ہیں یا پولیس کے مخبر بن جاتے ہیں۔ بہر حال صہیب الیاسی کو 'اسکرین ویڈیوکون' ایوارڈ ملنے پر مبارکباد!

کل اور آج: صہیب الیاسی ۸/ستمبر ۱۹۶۶ء کو پیدا ہوئے۔ وہ آل انڈیا امامس آرگنائزیشن کے قائد اور دھلی کے کستوبار گاندھی مارگ پر واقع ایک مسجد کے پیش امام جمیل الیاسی کے فرزند ھیں۔ انھوں نے ملک کے بے حد مقبول ٹیلی ویژن کرائم شو (زی ٹی وی مارچ ۱۹۹۸ء) 'انڈیا موسٹ وانٹیڈ' کی میزبانی کی تھی۔ اس ٹیلی ویژن شو کی مقبولیت کا یہ عالم تھا کہ ناظرین بے تابی سے اس کا انتظار کرتے تھے۔ صہیب الیاسی نے ایک اور ٹیلی ویژن شو 'فیو جیٹیو موسٹ وانٹیڈ' بھی بنایا تھا۔ انھوں نے ھندی فلمیں بھی بنائی ھیں۔ وہ 'بیورو کریسی ٹوڈے' نامی رسالہ نکالتے تھے۔ ان کی ٹی وی ایشیا سے وابستگی رہ چکی ھے۔ صہیب الیاسی کو شہرت بھی نصیب ہوئی اور بدنامی بھی۔ ان کی قابلیت سے انکار ممکن نھیں۔ انھیں دھلی کی کرکرڈوما عدالت نے اھلیہ انجو کے قتل کے جرم میں ۲۰/دسمبر ۲۰۱۷ء کو عمر قید کی سزا سنائی۔ دھلی ھائی کورٹ نے جمعہ ۵/اکتوبر ۲۰۱۸ء کو انھیں اس الزام سے بری کردیا۔ دھلی پولیس نے اس فیصلے کو سپریم کورٹ میں ۹/فروری، ۲۰۱۹ء کو چیلینج کیا ھے۔

۲۳/جنوری ۱۹۹۹ء

مہنگا پڑا قانون سکھانا

کبھی کبھار زیادہ ہوشیاری بھی نقصان دہ ثابت ہوتی ہے۔ گذشتہ دنوں چھترپتی شیواجی ٹرمنس پر

ایک شخص فرسٹ کلاس کا پاس لینے ٹکٹ کھڑکی پر پہنچا۔ اس نے ٹکٹ کلرک کو سو روپے کے تین نوٹ دیے جس میں ایک نوٹ کا کونا پھٹا ہوا تھا۔ سرکاری انداز میں اس کلرک نے نوٹ واپس کر کے دوسرے نوٹ کا تقاضہ کیا۔ اس شخص نے ٹکٹ کلرک سے کہا کہ ریزرو بینک آف انڈیا کے جاری کردہ نوٹ کو تم کیسے واپس کر سکتے ہو؟ یہ سرکاری کرنسی کی بے عزتی ہے۔ کلرک بھی ضد پر اڑا رہا۔ پانچ منٹ سے زائد ان دونوں میں بحث جاری رہی۔ آخر کار اندر بیٹھے انچارج نے پوچھا کہ معاملہ کیا ہے؟ اس شخص نے اندر جا کر انچارج کو بتایا کہ سرکاری نوٹ کو واپس کر کے ٹکٹ کلرک نے جرم کیا ہے۔ جواب میں انچارج نے کہا، ''آپ قانون کی بات کر رہے ہیں تو میں آپ کو بتا دوں کہ آپ نے پھٹے ہوئے نوٹ کو چپاں کرنے کی خاطر اسٹیکر کا استعمال کیا ہے جو کہ ریزرو بینک آف انڈیا کے قاعدے کی خلاف ورزی ہے۔ کلرک اس نوٹ کو ضرور قبول کرتا اگر اس پر اسٹیکر نہیں چپاں ہوتا۔ آپ نے تو خود غیر قانونی کام کیا ہے۔'' جناب گئے تھے ٹکٹ کلرک کو قانون سکھانے اور خود پھنس گئے۔ اب انھوں نے چپ چاپ وہاں سے کھسکنے میں اپنی عافیت سمجھی۔

۲۵ / جنوری ۱۹۹۹ء

صاحب! ٹھیک ہی سوچیں گے

اس دن لوکل ٹرین میں رش نہیں تھا۔ ہند پاک کرکٹ مقابلے کے سبب لوگ اپنے گھروں میں دبکے بیٹھے تھے۔ ٹیلی ویژن اسکرین پر سچن ٹینڈولکر کی مزاحمت سے پُر بلے بازی اور پاکستانی بالروں کی کامیابی نے بلڈ پریشر کے مریضوں کا پریشر بڑھا دیا تھا۔ دوسری طرف مہاراشٹر کے وزیر اعلیٰ منوہر جوشی چار سال کی طویل اننگ کھیلنے کے بعد واپس پویلین لوٹ رہے تھے۔ شیوسینکوں کو تعجب تھا۔ نیا کھلاڑی یعنی نیا وزیر اعلیٰ کون ہوگا؟ وزارتی کابینہ کے اراکین بال ٹھاکرے کے اس فیصلے سے متعجب تھے۔ بال ٹھاکرے نے ریموٹ کنٹرول کا بٹن دبایا اور نئے کھلاڑی کے روپ میں نارائن رانے کا نام سنائی دینے لگا۔ لوکل ٹرین میں بیٹھے چند اشخاص کرکٹ کے ساتھ ساتھ سیاسی کرکٹ پر بھی بحث و مباحثہ کر رہے تھے۔ ایسے آخری لمحات میں منوہر جوشی نے اپنا استعفیٰ کیوں پیش کیا؟ ایک نے کہا، ''شاید ریموٹ کنٹرول کا پیغام ٹھیک طرح سے موصول کرنے میں وہ چوک گئے تھے۔''

دوسرے نے کہا،"یہ چھوٹے شیروں کا بھی کارنامہ ہوسکتا ہے۔"ایک نے فقرہ کسا،"یہ بھی ممکن ہے کہ بال ٹھاکرے کو ان کا ادب سے لگاؤ پسند نہیں آیا کیوں کہ انھیں صرف کارٹون اچھا لگتا ہے۔"ایک شخص کونے میں کافی دیر سے خاموش بیٹھا باتیں سن رہا تھا۔ وہ اچانک بول پڑا"یہ صاحب کا حکم ہے۔ صاحب جو کرتے ہیں ٹھیک کرتے ہیں۔" شاید وہ شیوسینک تھا۔ سب خاموش ہو گئے۔ کمپارٹمنٹ میں خاموشی بول رہی تھی،"ہاں بھائی! صاحب جو سوچیں گے وہ ٹھیک ہی ہوگا۔"

۶/فروری ۱۹۹۹ء

سونی جوزف کی بد قسمتی

حادثے کے بعد اکثر لوگ حالات کے آگے گھٹنے ٹیک دیتے ہیں لیکن سونی جوزف نے خاتون ہونے کے باوجود لوہے کا کلیجہ پایا تھا۔ ۷/جون کو دہیسر اور میرا روڈ کے درمیان کسی آوارہ بچے نے ایک وزنی پتھر اس لوکل کی طرف پوری قوت سے پھینکا جس میں سونی جوزف سوار تھی۔ پتھر سے پہنچنے والی چوٹ نے سونی جوزف کی دائیں آنکھ کو ہمیشہ کے لیے بے نور کر دیا۔ نالاسوپارہ کی اریہنت بلڈنگ کے جس فلیٹ میں سونی رہتی ہے وہاں باہری کمرے میں ایک بڑی سی تصویر رکھی ہے جس میں سونی جوزف اور اسکا شوہر مسکرا رہا ہے۔ کیا تصویر میں دکھائی دینے والی وہ مسکراہٹ آج بھی سونی کے لبوں پر رقص کرتی ہے؟ جی نہیں۔ آج سونی جوزف میں بے پناہ خود اعتمادی تو ضرور ہے مگر ان کے لبوں پر ہنسی کچھ پل کے لیے آتی ہے اور کچھ دیر ٹھہرنے کے بعد کافور ہو جاتی ہے۔ حادثے سے قبل بھی سونی جوزف ملازمت کرتی تھی اور آج بھی کرتی ہے لیکن اس حادثے نے اس کی سوچ کو تبدیل کر دیا ہے اور لوگوں کی سوچ کو بھی۔ پہلے لوگ اسے سونی جوزف کی حیثیت سے جانتے تھے اور آج پتھر لگی عورت کے روپ میں۔ ریلوے کی ملازمت میں بھی جب اس کے ساتھی ملازمین اسے اس روپ میں پہچانتے ہیں تب وہ روہانسی ہو جاتی ہے۔ آج کل وہ چرچ گیٹ کے اسٹےبلشمنٹ ڈپارٹمنٹ میں ملازم ہے۔ سونی جوزف کو ایک آنکھ گنوانے کے بعد مرکزی وزیر برائے ریلوے رام نائیک کی ایما پر نوکری ملی ہے۔ حادثے سے قبل وہ اندھیری کی ایک پرائیویٹ فرم میں کام کرتی تھی۔ خاص بات یہ ہے کہ آج بھی وہ کمپیوٹر آپریٹر کی ذمہ داری نبھا رہی ہے اور ایک آنکھ سے اسی

طرح کام کر رہی ہے جس طرح حادثے سے پہلے دونوں آنکھوں سے کرتی تھی۔کمپیوٹر اس کی دوسری آنکھ کو متاثر کرسکتا ہے۔کیا سونی جوزف کو اس نقصان کا اندازہ ہے؟"جی ہاں! مجھے پتا ہے۔مگر مجھے لگتا ہے کہ میرے ساتھ جتنا بُرا ہو چکا ہے اب اس سے زیادہ بُرا ایشور اور کیا کرسکتا ہے۔"ریلوے انتظامیہ نے سونی جوزف کو ایک لاکھ ساٹھ ہزار روپے معاوضہ دینے کا اعلان کیا تھا لیکن اب تک اسے صرف ساٹھ ہزار روپے ہی ملے ہیں۔

۱۶/فروری ۱۹۹۹ء

منیشا: بال سپاہی سے پولیس کانسٹبل تک

سولہ سالہ منیشا موہن مگر کو اس دن پولیس کی وردی میں دیکھ کر راہگیر ششدر رہ گئے۔انھیں یقین نہیں آرہا تھا کہ منیشا واقعی پولیس کی سپاہی ہیں یا فلموں کی شوٹنگ میں حصہ لینے والی کوئی ایکسٹرا گرل۔گذشتہ ہفتے ممبئی پولیس کی اولین دوشیزہ منیشا نے مرول میں اپنی ڈیوٹی جوائن کی۔ویسے ریاستی پولیس محکمے میں خواتین سپاہی کا تصور کافی پرانا ہے لیکن آج بھی زیادہ تر مردوں کو ترجیح دی جاتی ہے۔منیشا موہن مگر کے انتخاب سے لڑکیوں کے لیے بھی پولیس بننا اب آسان ہوگیا ہے۔روایت یہ ہے کہ کسی پولیس آفیسر یا دیگر ملازم کی وفات کے بعد اس کے بچوں میں سے کسی ایک کو پولیس محکمے میں ملازمت دی جاتی ہے۔اگر بچے کی عمر اٹھارہ سال سے کم ہوتی ہے تو اٹھارہ سال مکمل ہونے تک اسے بچہ سپاہی کی حیثیت سے رکھا جاتا ہے اور اٹھارہ سال مکمل ہوتے ہی تمام ضروری خانہ پُری کے بعد اسے سپاہی کی ڈیوٹی پر فائز کیا جاتا ہے۔منیشا موہن مگر کے پتاجی پولیس حوالدار تھے۔ان کی وفات کے بعد ان کے اہلِ خانہ کو سخت آزمائشوں سے گزرنا پڑا۔منیشا اپنے گھر کی سب سے بڑی لڑکی ہے اور اس کی عمر سولہ سال ہے۔سابق پولیس کمشنر رام دیوتیاگی اور پولیس ہیڈ کوارٹر کے ڈپٹی کمشنر چندرشیکھر روکڑے کے سامنے کچھ پولیس جوانوں نے یہ معاملہ رکھا اور محکمہ پولیس کے متفقہ فیصلے کے بعد منیشا موہن مگر کو پولیس محکمے میں شامل کرلیا گیا۔جب منیشا کے پتاجی کا ندھن ہوا تھا تب وہ ایس ایس سی کا امتحان دے رہی تھی جس میں اسے ناکامی کا سامنا کرنا پڑا۔منیشا نے ہمت نہیں ہاری اور بال سپاہی کے روپ میں ڈیوٹی انجام دیتے ہوئے دوبارہ امتحان میں شرکت کی اور ایس ایس سی کی ڈگری

حاصل کی۔ پولیس محکمے میں شمولیت کے لیے ایس ایس سی پاس ہونا ضروری ہے اور اس پہلی شرط کو منیشا نے پورا کرلیا تھا۔ اب اس کے سامنے اونچائی کا مسئلہ تھا۔ طے شدہ قد کی شرط پر وہ پوری نہیں اترتی تھی۔ بہرکیف اس نے اسٹنٹ پولیس کمشنر بال راوت سے ملاقات کی اور ۳۰/اپریل ۱۹۹۸ء کو اٹھارہ سال مکمل ہوتے ہی اسے پولیس محکمے میں شامل کرلیا گیا۔ بال راوت اور سنجے بروے نامی اعلیٰ پولیس افسران کی درخواست پر ریاستی سرکار نے منیشا موہن مگر کو خصوصی رعایت دی۔ آج پولیس سپاہی کی سبھی ضروری شرائط کو پورا کرنے اور تربیت حاصل کرنے کے بعد منیشا موہن مگر مرول اندھیری میں بحیثیت لیڈس پولیس کانسٹبل اپنی ڈیوٹی نبھا رہی ہے۔

۲۳/فروری ۱۹۹۹ء

پاپا! ریموٹ کنٹرول چاہیے

بچوں کی ضدیں بھی ٹھیک ان کی طرح معصوم اور بھولی ہوتی ہیں۔ چاکلیٹ، ٹافی اور آئس کریم سے لے کر غبارے تک ان کی ضد میں شامل رہتے ہیں۔ آج کل جس تیزی سے زندگی اور سماج میں تبدیلیاں رونما ہورہی ہیں ان کے اثرات نے بچوں کو اپنی لپیٹ میں لے لیا ہے۔ بعض بچے اس طرح کی فرمائش کر بیٹھتے ہیں کہ بے چارے والدین پریشان ہوجاتے ہیں۔ گذشتہ روز ایک صاحب کے یہاں دوستوں کے لیے ڈنر کا اہتمام کیا گیا تھا۔ کھانے کے دوران سبھی مہاراشٹر کی سیاسی صورتِ حال اور شیوسینا پرمکھ بال ٹھاکرے کے متعلق اپنے تاثرات کا اظہار کر رہے تھے۔ بال ٹھاکرے کا جب تذکرہ چھڑتا 'ریموٹ کنٹرول' کا بھی ذکر آجاتا۔ جن صاحب نے دعوت کا انتظام کیا تھا ان کے بچے کھیلنے کے بعد گھر میں داخل ہوئے اور صوفے پر چڑھ کر بیٹھ گئے۔ ایک لڑکا نہایت غور سے باتیں سن رہا تھا۔ جب بڑوں کی باتیں اور کھانا ختم ہوا تب اس بچے نے اپنے والد سے فوراً فرمائش کردی۔ ''پاپا! ریموٹ کنٹرول چاہیے۔'' اس بچے کے والد نے اسے ٹیلی ویژن کا ریموٹ کنٹرول تھما دیا مگر بچے نے ضد کی، ''پاپا! مجھے یہ ریموٹ کنٹرول نہیں بلکہ بال ٹھاکرے کا ریموٹ کنٹرول چاہیے۔'' بچے کی فرمائش سن کر سبھی کو تعجب ہوا۔ وہ اسے کس طرح سمجھاتے کہ بیٹے بال ٹھاکرے تو خود چلتا پھرتا ریموٹ کنٹرول ہیں اور انھیں کنٹرول کرنے والا کوئی نہیں ہے۔ بہرحال

جب سبھی نے اس بچے کو ایک ایک آئس کریم دلانے کا وعدہ کیا تب کہیں جا کر وہ بچہ خاموش ہوا۔

۲؍مارچ ۱۹۹۹ء

تھوک کی برسات اور تمباکو سے نقصان

کیا آپ کو پتا ہے کہ عروس البلاد میں ہر سال کتنی تھوک کی برسات ہوتی ہے؟ اگر نہیں تو جان لیجیے۔کئی دوسرے شہروں کی طرح ممبئی میں بھی زیادہ تر افراد پان، سپاری اور تمباکو وغیرہ کھا کر کہیں بھی تھوک دیتے ہیں۔اس لاپروائی اور جاہلیت کے سبب ماحولیات پر بھی منفی اثرات واضح ہو رہے ہیں اور گندگی میں بھی اضافہ ہو رہا ہے۔ممبئی یونی ورسٹی کے شعبۂ سماجیات کے ریڈر ڈاکٹر پی ایس وویک نے دسمبر ۱۹۹۸ء سے جنوری ۱۹۹۹ء کے دوران شہر کے عام تفریحی مقامات کا سروے کیا جہاں لوگ بنا کچھ سوچے سمجھے تھوک دیتے ہیں۔سروے کے مطابق ایک آدمی ایک وقت میں اوسطاً تین گرام تھوک اُگلتا ہے۔اگر یہ مان لیا جائے کہ ایک شخص دن میں کم از کم تین بار تھوکتا ہے تو وہ سال بھر میں کل گیارہ کلو گرام تھوک کی برسات کرتا ہے۔شہر کی کم و بیش ایک سو چالیس لاکھ کی آبادی کا دس فی صد حصہ عام تفریحی مقامات پر پیک اگلنے کا عادی ہے تو یہاں ہر دن تقریباً چودہ لاکھ ستر ہزار لیٹر تھوک اکٹھا ہوتا ہے۔اس طرح ممبئی میں تھوک کا سالانہ اوسطاً ۵۵۰ء۲۵ ملی میٹر ہے۔یعنی عروس البلاد میں ہر سال اوسطاً ۲۱۰۰ ملی میٹر تھوک اُگلا جاتا ہے۔سروے کے دوران ڈاکٹر پی ایس وویک نے یہ بھی مشاہدہ کیا کہ گیارہ سال سے کم عمر کے بچوں میں بھی گٹکا یا پان کھا کر تھوکنے کی عادت ہے۔ویسے آج کل اس عادت سے خواتین بھی مبرّا نہیں ہیں۔ڈاکٹر پی ایس وویک نے ٹی آئی ایف آر کے چیف سائنسداں ڈاکٹر پرکاش گپتا کے حوالے سے کہا ہے کہ ہر سال ہندوستان میں لگ بھگ ۶۳۵۰۰۰ افراد تمباکو استعمال کرنے کے سبب موت کا شکار ہوتے ہیں۔اگر کوئی تمباکو نوشی کا مسلسل عادی ہے تو اس کی عمر بارہ سے بیس برس تک کم بھی ہو سکتی ہے۔تمباکو نوشی سے کینسر، دمہ اور دل کے امراض کا خدشہ رہتا ہے۔کیا یہ شوق خودکشی کے مترادف نہیں ہے؟ تمباکو کا استعمال کرنے سے آپ بھی بچیں اور دوسروں کو بھی یہ عادت چھوڑنے کی تلقین کریں۔

۲۲؍مارچ ۱۹۹۹ء

یہ ہے ممبئی میری جان

امتحان کے تناؤ، محنت اور رات دن کی پڑھائی کے بعد جب چھٹیاں آتی ہیں تو بہت مزہ آتا ہے۔ بچوں اور نوجوانوں کا من کرتا ہے کہ خوب سوئیں، آرام کریں، ٹیلی ویژن دیکھیں اور دوستوں یا پھر والدین کے ساتھ گھومیں پھریں لیکن کہاں؟ ممبئی اور اس کے اطراف و اکناف میں ڈھیروں علاقے یا تفریحی مقامات ایسے ہیں جو قابل دید ہیں۔عروس البلاد کے متعلق یہ بات مشہور ہے کہ یہ شہر چوبیس گھنٹے جاگتے رہتا ہے۔اس وقت بھی جب دوسرے شہر آرام کرتے ہیں۔ یہاں ہمہ وقت چہل پہل رہتی ہے۔شروع میں شہر ممبئی بامبے آئی لینڈ، قلابہ، مجگاؤں، ورلی، ماٹونگا، پریل اور ماہم نامی جزیروں پر مشتمل تھا لیکن آج یہ دنیا کا سب سے مشہور شہر تسلیم کیا جاتا ہے۔کبھی یہاں صرف مچھیرے رہا کرتے تھے مگر آج ہر دھرم اور ذات پات کے لوگوں کی آبادی ہے۔قلابہ پر واقع گیٹ وے آف انڈیا کی تعمیر ۱۶ویں صدی میں جارج پنجم اور میری کی آمد پر ہوئی تھی۔اب یہاں سوامی وویکانند اور شیواجی مہاراج کے مجسمے بھی نصب ہیں۔افغان سندھ تنازعہ کے وقت ہلاک شدہ انگریز فوجیوں کی یاد میں ۱۸۴۷ء میں افغان چرچ بنایا گیا جو آج بھی موجود ہے۔اس کے علاوہ شہر میں حاجی علی درگاہ، ہتاتما چوک، بامبے ہائی کورٹ، جین مندر اور مہالکشمی مندر بھی دیکھنے لائق ہیں۔سدھی ونائیک، ممبادیوی اور بابل ناتھ ہندوؤں کے مشہور منادر ہیں۔ پانی پوری، بھیل پوری، آئس کریم اور ریتیلے ساحل پر لیٹنے اور مالش کروانے یا چہل قدمی کے لیے گرگاؤں چوپاٹی، جوہو چوپاٹی، ورسوا چوپاٹی، بینڈ اسٹینڈ باندرہ، ماروے بیچ، مڈ بیچ، ارینگل بیچ، اقصیٰ بیچ اور گورائی بیچ کافی مقبول ہیں۔ باندرہ کا جوگرس پارک اور والکیشور کا جوتا گھر پارک بھی سیر وتفریح کے نامور مقامات میں شامل ہیں۔اسی طرح بوریولی کے نیشنل پارک، وہار لیک، پوائی لیک، آرے ملک کالونی، چھوٹا کشمیر، بائیکلہ کا چڑیا گھر، چرنی روڈ کا تارا پور والا مچھلی گھر، میوزیم اور جہانگیر آرٹ گیلری میں سیاح آتے رہتے ہیں۔گرانٹ روڈ اسٹیشن کے نزدیک واقع منی بھون بچوں اور بڑوں کو ضرور دیکھنا چاہیے۔ یہاں ۱۹۱۷ء سے ۱۹۳۴ء کے درمیان مہاتما گاندھی رہا کرتے تھے۔ ۱۹۲۲ء میں مہاتما گاندھی کو انگریزوں نے یہیں سے گرفتار کیا تھا۔منی بھون میں مہاتما گاندھی کی استعمال شدہ مختلف اشیا آج بھی موجود ہیں۔ ورلی کے نہرو پلانیٹوریم میں پیر کو چھوڑ کر روزانہ آسمان میں تاروں اور گرہوں کا منظر دکھایا جاتا ہے۔نہرو سائنس سینٹر

میں بچوں کے دیکھنے، کھیلنے اور سمجھنے کے لیے سائنسی معلومات دستیاب ہیں۔علاوہ ازیں بوریولی اور ملاڈ سے آپ ایسل ورلڈ جاسکتے ہیں۔ جوگیشوری میں فینٹیسی لینڈ ہے۔گیٹ وے آف انڈیا سے علی الصباح ایلیفینٹا نامی ٹاپو پر جانے کے لیے بوٹ ملتی ہے جس سے آپ اس خوبصورت ٹاپو کی سیر کرسکتے ہیں۔عروس البلاد میں کینیری اور کارلا کی تاریخی گپھائیں بھی موجود ہیں۔آپ بالی ووڈ کی فلم سٹی،تھانہ کاسورج واٹر پارک اور نیپینسی روڈ کے پریہ درشنی پارک سے بھی لطف اندوز ہوسکتے ہیں۔ممبئی ہندستان کاسب سے مصروف شہر ہے۔لوکل اور بسوں کو یہاں کی لائف لائن کہا جاتا ہے۔اگر آپ نے ابھی تک ممبئی کو قریب سے نہیں دیکھا تو یقین جانیے دنیا کے ایک بہترین اور تاریخی شہر کو دیکھنے سے آپ محروم رہ گئے ہیں۔

۴رمئی ۱۹۹۹ء

ممبئی نہیں آنے کا عہد

بمبئی (معاف کیجیے گا آج بھی بول چال میں بمبئی ہی کہتے ہیں لوگ) ایک خوبصورت خواب ہے۔ملک کاایک تجارتی شہر ہے۔بالی ووڈ ہے یہاں۔اسی واسطے یہاں نوٹ اڑتے ہیں مگر صرف انہی کو ملتے ہیں جنھیں پکڑنے کا سلیقہ آتا ہے۔ممبئی کے لیے ملک کے مختلف شہروں میں مختلف خیالات پائے جاتے ہیں۔گاؤں دیہات کے سیدھے سادے لوگ اس عروس البلاد سے بہت متاثر ہیں۔ امیتابھ بچن اور گووندا کی فلمیں دیکھنے والوں کے لیے ممبئی خوش بختی کا شہر ہے۔روزانہ بڑی تعداد میں بیرون ممبئی سے لوگ ممبئی میں قدم رکھتے ہیں۔بھلے ایک ہی بار، چاہے گھومنے پھرنے کے لیے ہی سہی۔ لیکن ممبئی سب کے ساتھ الگ الگ سلوک کرتا ہے۔اب اسی واقعے کو لیجیے۔تھانہ ریلوے اسٹیشن پر گذشتہ دن ایک صاحب ٹکرا گئے۔جب ہم نے ان سے غصے کا سبب دریافت کیا تو تنک کر بولے، ''بھاڑ میں جائے ممبئی۔اب کبھی یہاں قدم نہیں رکھیں گے۔'' تھوڑا سا کریدنے پر سارا ماجرا سمجھ میں آگیا۔دراصل ان صاحب کو اپنی بیوی کے ساتھ ممبئی گھومنے کی آرزو تھی۔بیوی کو ساتھ لے کر وہ چلے آئے ممبئی دیکھنے۔لوکل گاڑی میں انھیں پاکٹ ماروں نے آدبوچا۔ ہوا یوں کہ دادر سے تھانہ آتے وقت کرلا میں پاکٹ ماروں نے ان کے چاروں طرف فیلڈنگ لگادی۔انھیں اپنی جیب خالی ہونے کا پورا

احساس ہو رہا تھا مگر کیا کرتے۔ بھیڑ میں ان پاکٹ ماروں نے انھیں کچھ اس طرح سے گھیرا کہ وہ ٹس سے مس نہیں ہو سکتے تھے۔ تھانے میں جب وہ نیچے اُترے تو گالیاں دینے لگے۔ ممبئی کو، ممبئی کے پاکٹ ماروں کو اور ممبئی کی لوکل کو۔ یہ تو اچھا ہوا کہ ان کی بیوی نے روپیہ لیڈس بینک میں چھپا رکھا تھا ورنہ وہ گھر تک بھی پہنچ نہیں پاتے۔ ویسے صاحب! اس طرح کے واقعات ہر شہر میں رونما ہوتے ہیں۔ ممبئی تو پھر بھی دہلی اور یوپی کے علاقوں سے بہتر ہے۔ لیکن ان صاحب نے سب کے سامنے باقاعدہ کان پکڑا اور عہد کیا کہ اب وہ کبھی ممبئی نہیں آئیں گے۔ اب آپ ہی بتائیے کہ اس میں بے چاری ممبئی کا قصور کیا ہے؟

۱۱رمئی ۱۹۹۹ء

یہ ہیں اشوک دھانوکر

آپ بھی کسی ایسے شخص کو ضرور جانتے ہوں گے جسے بیرون ملک کی کسی ایک یا کئی زبانوں پر مکمل قدرت ہوگی۔ اشوک دھانوکر پانڈورنگ سدن ۱۰ واں راستہ کھار میں رہائش پذیر ہیں۔ فرانس کے تین صدور انھیں مبارکباد کے پیغامات ارسال کر چکے ہیں۔ یہ ایک بہت بڑا اعزاز ہے۔ اشوک دھانوکر نے سکریڈ ہارٹ بوائز ہائی اسکول (سانتا کروز) اور پھر ایلائنس میں فرینچ زبان سے واقفیت حاصل کی۔ طالب علمی کے وقت ہی انھوں نے فرینچ زبان کو اپنا اوڑھنا بچھونا بنالیا تھا۔ ۱۹۷۲ء میں انھوں نے فرانسیسی مصنف ڈی ڈبلیو ایلڈن کی کتاب ''فرینچ ان ٹوئنٹی لیسن'' کو پڑھتے وقت ڈھیروں غلطیاں نشاندہی کیں اور اس بابت کتاب کی پبلشنگ کمپنی آرڈی کورینا (نیویارک) کو ایک خط بھیجا۔ جواب میں مذکورہ کمپنی نے ان کا شکریہ ادا کرتے ہوئے یہ وعدہ کیا کہ وہ آئندہ ایڈیشن میں تمام اغلاط کو درست فرمائیں گے۔ جب اس بات کی اطلاع اس وقت کے فرانسیسی صدر جارج پوینڈو کو ہوئی تو انھوں نے اشوک دھانوکر کو مبارکباد کا ایک خط روانہ کیا۔ ۱۹۸۴ء میں انھوں نے خود بھی ایک کتاب لکھی جس کا ٹائٹل ''فرینچ انگلش کنورشیشنل سینٹنس'' تھا۔ موصوف نے یہ کتاب فرانس کے اس وقت کے صدر فرینکوئس متراں کو بھیجی۔ صدر متراں کی طرف سے انھیں شکریہ اور مبارکباد کا ایک مکتوب ملا۔ بعد میں اشوک دھانوکر نے ایک کتاب ''فرینچ سینٹنس وتھ گرامر'' لکھی۔ اس کتاب کے تعلق سے فرانس

کے صدر جیکویز شیراک نے انھیں ۱۹ رفروری ۱۹۹۹ء کو ایک خط بھیجا۔ اشوک دھانو کر فرینچ زبان سکھاتے ہیں۔ ان کی روزی روٹی کا ذریعہ یہی زبان ہے۔ لیکن وہ فرینچ زبان کی گھٹتی ہوئی عوامی مقبولیت سے فکرمند ہیں۔ آج ان کے پاس چنندہ لوگ ہی فرینچ سیکھنے آتے ہیں۔

۳ رجون ۱۹۹۹ء

کچھ اور: اشوک دھانوکر گذشتہ چالیس برسوں سے هندوستانیوں کو فرینچ زبان سکھانے میں مشغول هیں۔ مهاراشٹرین خاندان سے ربط رکھنے والے اشوک دھانوکر اب ساٹھ سال کے هوچکے هیں۔ انهوں نے جب فرینچ زبان کا ٹیوشن شروع کیا تھا تب ان کی ماهانه فیس فی طالب علم صرف ۳۵ روپے تھی۔ انهیں دو بار فرانس کے سابق صدر نکولس سرکوزی نے خط لکھے تھے۔ ۱۹۷۲ء میں انهیں Georges Jean Raymond Pompidou نے بھی خط روانه کیا تھا اور ان کی قابلیت کی سراهنا کی تھی۔ وہ ۱۹۶۲ء سے ۱۹۷۴ء کے درمیان صدر رہ چکے هیں۔ اشوک دھانوکر کا کهنا هے که فرینچ، انگلش کے به نسبت زیادہ عمدہ زبان هے اور اس میں ایک ردھم شامل هے۔

سڑک چھاپ بچے اور ممبئی

مشرقی سماج میں بچوں کو ایشور کا درجہ دیا جاتا ہے۔ مگر جب آپ ممبئی کی سیر کریں گے تو آپ کو کم عمر بچے لوکل گاڑیوں اور پلیٹ فارم پر بھیک مانگتے ہوئے یا پھر جوتا پالش یا کاندھے پر جھولا لٹکائے کاغذ چنتے دکھائی دیں گے۔ پانچ سال سے لے کر سولہ سال تک کی عمر والے یہ بچے فٹ پاتھ پر رہتے ہیں۔ یہی فٹ پاتھ ان کی ماں اور گھر ہوتا ہے۔ یہ بچے جرائم کی دنیا میں قدم رکھتے ہیں۔ ممبئی ان بچوں کے ساتھ سوتیلی ماں جیسا سلوک کرتی ہے۔ ریلوے پولیس کے مطابق اب ہر سال دو سے آٹھ برس کی عمر کے لگ بھگ چھ ہزار بچے اور آٹھ سے سولہ برس کے تقریباً دس ہزار بچے عروس البلاد کا رخ کرتے ہیں۔ ان میں زیادہ تر مغربی بنگال، تمل ناڈو، اتر پردیش، مدھیہ پردیش، بہار اور راجستھان سے تعلق رکھتے ہیں۔ ریلوے پولیس نے پچھلے سال اس طرح کے ۳۲۶۶ بچوں کو گرفتار کیا تھا جب کہ

امسال ۱۲۶۰ بچے اب تک پکڑے جا چکے ہیں۔ ممبئی سینٹرل ریلوے پولیس نے گذشتہ سال ۱۱۰۲ بچوں کو اپنی حراست میں لیا تھا جو بیرون شہر سے یہاں آئے تھے۔ امسال ابھی تک ممبئی سینٹرل ریلوے پولیس نے ۳۷۴ بچوں کو حراست میں لیا ہے۔ ہندی روزنامہ ’نوبھارت ٹائمس‘ کے رپورٹر سنیل ملہوترہ نے اس تعلق سے ایک تفصیلی رپورٹ شائع کی ہے۔ موصوف نے لکھا ہے،’’چھترپتی شیواجی ٹرمنس میں ۲۳۶، دادر اسٹیشن میں ۸۵، کرلا ریلوے اسٹیشن میں ۱۰۸، باندرہ ریلوے اسٹیشن میں ۸۷ اور پال گھر ریلوے اسٹیشن میں ۴۹ بچوں کو ریلوے پولیس نے مقید رکھا ہے جو رواں سال میں پکڑے گئے ہیں۔‘‘ اس رپورٹ میں مزید لکھا ہے،’’گذشتہ سال سی ایس ٹی ریلوے پولیس نے ۲۳۹، دادر ریلوے پولیس نے ۱۲۲، کرلا ریلوے پولیس نے ۲۷۴، باندرہ ریلوے پولیس نے ۷۵۶، بوریولی ریلوے پولیس نے ۵۵۷، وسئی ریلوے پولیس نے ۵۹ اور پال گھر ریلوے پولیس نے ۱۵۷ بچوں کو گرفتار کیا تھا۔‘‘ ڈونگری چلڈرن روم میں ان بچوں کو رکھا جاتا ہے۔ ’’سڑک چھاپ‘‘ بچوں کی ایک فعال تنظیم ہے جو اس کام میں ریلوے اور شہری پولیس کو اپنا پورا تعاون پیش کرتی ہے۔ باہر سے آنے والے بچوں کو سمجھا بجھا کر واپس ان کے وطن روانہ کیا جاتا ہے۔ لیکن ان میں سے کئی بچے دوبارہ ممبئی بھاگ آتے ہیں۔ اس شہر میں آنے والے زیادہ تر بچے ہندی فلموں کے شوقین ہوتے ہیں اور ان کا خواب فلم ’دیوار‘ کا امیتابھ بچن یعنی وجے بننا ہوتا ہے۔ اس طرح کا خواب دیکھنے والے بچے وجے تو نہیں بن پاتے البتہ ویٹر، بھکاری، دلال اور منشیات کے عادی ضرور بنتے ہیں۔ سماج بھی ایسے بچوں کو حقارت سے دیکھتا ہے۔ ۱۰ سالہ روی اپنی سوتیلی ماں کے مظالم سے تنگ آکر ممبئی آیا تھا۔ ’سڑک چھاپ‘ میں آج ایسے کئی بچے موجود ہیں جو ہیرو بننے کا خواب لے کر اس شہر میں آئے تھے اور بعد میں چوری کے پیشے میں اتر گئے۔ ان بچوں کو شہر آنے سے کس طرح روکا جائے یہ ایک سنجیدہ مسئلہ ہے اور اس کا حل حکومت کے پاس بھی ندارد ہے۔ حکومت تو خیر اس طرف کوئی توجہ ہی نہیں دیتی ہے۔ کیا حکومت کا فرض نہیں بنتا کہ وہ اشتہاری مہم کے توسط سے بچوں کے مستقبل کو بہتر بنانے کی تعلیم دے؟ یا کم از کم ’سڑک چھاپ‘ جیسے فعال ادارے کو خصوصی سہولیات فراہم کرے؟

۵ رجون ۱۹۹۹ء

واہ! اُتّم تاندلے

جدو جہد سے اونچا اٹھنے والا شخص جب کامیابی کی شاہراہ پر تیز بھاگتا ہے تب پیچھے مُڑ کر دیکھتے وقت اسے اطمینان ہوتا ہے۔ اُتّم تاندلے نے کامیابی کی چوٹی اتنی آسانی سے طے نہیں کی۔ یہاں تک پہنچنے کے لیے انھیں بہت پاپڑ بیلنے پڑے۔ مغربی ملاڈ کے ایک گمنام محلے میں انھوں نے اپنی آنکھیں کھولیں۔ اُتّم تاندلے کے گھر میں غریبی پاؤں پسارے بیٹھی تھی۔ والد کا سایہ بچپن میں ہی سر سے اُٹھ گیا تھا۔ چونکہ گھر میں کمانے والا دوسرا کوئی نہیں تھا اس لیے ان کی والدہ نے گھریلو ملازمت اختیار کی اور ننھے اُتّم تاندے کو اسکول میں داخل کیا۔ ایک دن انھوں نے کھڑیا اٹھا کر اسکول بورڈ پر بھگوان گنیش کی تصویر بنائی۔ اساتذہ اور ساتھی بچوں نے نہ صرف ان کی سراہنا کی بلکہ انھیں روزانہ اسکول بورڈ پر تصویر بنانے کی ذمہ داری بھی سونپ دی۔ انھیں دنوں اتّم تاندلے کو مصوری کے مقابلے میں حصہ لینے کی خواہش ہوئی۔ لیکن ٹیچر نے ٹیوشن لینے والے بچوں کو فوقیت دی۔ یہ دیکھ کر اُتّم تاندلے کی آنکھوں میں آنسو آگئے۔ جب ٹیچر نے انھیں روتا ہوا دیکھا تو ترس کھا کر ایک فارم انھیں بھی دے دیا۔ اگلے دن مقابلہ تھا اور ان کے پاس رنگ نہیں تھا۔ ان کی والدہ نے پڑوس کی ایک عورت سے دس روپے اُدھار لیے اور رنگوں کا ایک باکس انھیں خرید کر دیا۔ دوسرے دن مقابلے میں اُتّم تاندلے نے سب کو پیچھے چھوڑ دیا اور بازی مارلی۔ آج بھی وہ اُدھار کے اُس دس روپے کا بڑا احسان مانتے ہیں۔ اُس دس روپے نے ان کی زندگی تبدیل کر دی۔ بڑی بات تو یہ تھی کہ پڑوسی نے ادھار کے دس روپے واپس لینے سے انکار کر دیا تھا۔ دسویں تک زیور تعلیم سے آراستہ ہونے کے بعد اُتّم تاندلے نے گھر گھر دودھ پہنچا کر، سبزی فروخت کر کے، وڑا پاؤ بیچ کے اور تہوار کے دنوں میں راکھی اور پٹاخوں کی دکان لگا کر اپنا اور اپنے گھر والوں کا پیٹ پالا۔ زندگی کی کڑوی کسیلی سچائیوں سے نبرد آزما ہوتے ہوئے انھوں نے ایک ڈراما گروپ میں شمولیت اختیار کی۔ اُتّم تاندلے کے پڑوس میں ایک کمرشیل آرٹسٹ تھا۔ کچھ پوچھنے پر وہ منہ پھیر لیتا۔ اس کے اسی رویے نے اُتّم تاندلے کے اندر خاموش بیٹھے فنکار کو چیلنج دیا اور انھوں نے ماٹونگا کے انسٹی ٹیوٹ آف اپلائیڈ آرٹ میں داخلہ لیا۔ وہاں پرنسپل رمیش پاٹھک نے اس فنکار کو پہچانا اور ہر موڑ پر اسے اپنے خصوصی تعاون سے نوازا۔ پرنسپل رمیش پاٹھک کی حوصلہ افزائی سے اُتّم تاندلے نے پوسٹر مقابلے میں شرکت کی اور

شہر میں اول پوزیشن حاصل کی۔ان کا یہ انعامی پوسٹر مرین ڈرائیو کی سڑک کے پُل پر لگایا گیا۔اس میں پیغام تھا،'' دیو کی نہ بن سکیں تو یشودھا بنیے۔'' اتّم تاندلے کی پہلی نمائش میں ایک فیملی نے خوش ہوکر انھیں سو روپے بطور انعام دیے تھے جو آج بھی ان کے پاس محفوظ ہیں۔غریبی کے بالکل نزدیک سے اپنی دوڑ کا آغاز کرنے والے اُتّم تاندلے کے پاس آج ذاتی دفتر، آرٹ روم اور گیلری ہے۔کئی فلموں اور ٹیلی ویژن سیریلوں میں اپنے آرٹ کا مظاہرہ کرکے انھوں نے عزت، دولت اور شہرت کمائی ہے۔انھوں نے فلم 'پریم گرنتھ' میں اپنی آرٹ ڈائریکشن سے بھی سب کا دل موہ لیا ہے۔ اُتّم تاندلے کو آج بھی اپنا بچپن اور غریب ماں کی ممتا اور ان کا گھر گھر جاکے برتن مانجھنا یاد ہے۔

۱۵ر جون ۱۹۹۹ء

عورت ایک، روپ انیک

اسنیہا تُلی کی شخصیت آپ کے لیے اجنبی ہے۔موصوفہ پیشے سے ڈاکٹر ہیں۔شاعری اور مصوری ان کا مشغلہ ہے۔کبھی اخبار نویسی سے بھی رشتہ تھا۔انھوں نے کلکتہ سے ہومیوپیتھی کی سند حاصل کی۔آج وہ ہومیوپیتھی کے علاوہ بائیوکیمیکل، پانی اور مقناطیس سے بھی مریضوں کا علاج کررہی ہیں۔وہ ہماچل پردیش میں واقع ایک الیکٹرانک کمپنی کی ڈائریکٹر ہیں۔اب انھوں نے اپنی کمپنی میں بائیوکیمیکل و دیگر دوائیں بنانی شروع کردی ہیں۔گذشتہ برس انھیں سابق وزیر اعظم اندر کمار گجرال کی بیوی شریمتی شیلا گجرال کے ہاتھوں خاتون صنعت کار کے لیے 'شرومنی پرسکار' سے نوازا گیا۔بحیثیت شاعرہ اسنیہا تُلی نے اب تک دو سو سے زائد گیت اور نظمیں لکھی ہیں۔شعر گوئی کا آغاز انھوں نے انگریزی میں کیا تھا مگر آج کل ہندی میں لکھ رہی ہیں۔بھکتی گیتوں کے علاوہ انھوں نے وشنو دیوی کے لیے بھجن تحریر کیے ہیں۔انوپ جلوٹا نے ان کی تحریروں کو سراہا ہے۔اسنیہا تُلی جن دنوں کٹک میں زیورِ تعلیم سے آراستہ ہورہی تھیں تب مصوری میں انھوں نے طبع آزمائی کی تھی۔آج شہر میں انھیں ایک عمدہ مصور کے روپ میں پہچانا جاتا ہے۔موصوفہ کی زیادہ تر تصویروں میں پیڑوں کے پیچھے ایک سنسان راستہ نظر آتا ہے جو نہ جانے کہاں جاکر تھمتا ہے؟ شاید یہی راستہ اسنیہا تلی کی منزل ہے۔جس کے آخری چھور پر وہ پہنچنا چاہتی ہیں۔قطاروں میں کھڑے پیڑوں کے تنے پر چھائیاں بن کر کبھی مندر کے دوار

تو کبھی دیوی یا دیوتا کے چرنوں میں ماتھا ٹیکتے ہیں۔اسنیہا تُلی اپنے آرٹ کو اپنی مرحومہ والدہ کے نام منسوب کرتی ہیں۔بھکتی گیت اور ہندی کویتا لکھنے کی شروعات انھوں نے اپنی والدہ کی موت کے بعد کی۔آج خاتون مصوروں میں اسنیہا تلی کا ایک مقام بن چکا ہے۔حالانکہ اسنیہا تلی کی مصوری ملک کے سبھی نجی آرٹ گیلریوں کی زینت بن چکی ہیں مگر اس کے باوجود وہ اس نیت سے رنگوں کو نہیں چھوتی ہیں کہ انھیں روپے کمانے ہیں۔دولت مند تو وہ شروع سے ہیں۔ایک فنکارہ کی حیثیت سے اپنی شناخت اور اندرونی اطمینان کی خاطر اسنیہا تلی برش اور قلم اٹھاتی ہیں۔

۱۹رجون ۱۹۹۹ء

واہ چھوٹے استاد!

تاک دھن دھن کی طبلے پر پڑتی تھاپ، جب بھی کانوں میں گونجتی ہے تب دو ہی نام ذہن میں ابھرتے ہیں۔ یا تو اللہ رکھا خاں صاحب یا پھر ذاکر حسین۔لیکن اب ایک اور نام ان نامی گرامی طبلہ نوازوں کی فہرست میں شامل ہو چکا ہے۔وہ نام ہے فضل قریشی کا۔فضل قریشی استاد ذاکر حسین کے چھوٹے بھائی اور استاد اللہ رکھا خاں صاحب کے صاحبزادے ہیں۔استاد ذاکر حسین نے طبلہ نوازی میں جو مقام حاصل کیا ہے اسی راہ پر آج کل فضل قریشی بھی چل رہے ہیں۔فضل قریشی کو موسیقی سے بچپن ہی سے لگاؤ تھا لیکن بجائے طبلہ نوازی کے وہ اسکول سے واپسی کے بعد دھینگا مشتی میں اپنا وقت بتاتے تھے۔آج بھی انھیں ماہم کی گلیاں بخوبی یاد ہیں جہاں وہ بچپن میں رہتے تھے۔فضل قریشی کی والدہ انھیں ڈاکٹر یا انجینئر بنانا چاہتی تھیں۔یہ وہ دور تھا جب ساری دنیا میں استاد اللہ رکھا خاں صاحب کا طوطی بولتا تھا۔۱۹۷۰ء میں ہندوستانی سرکار استاد اللہ رکھا خاں صاحب پر ایک ڈاکومینٹری فلم بنانا چاہتی تھی۔ رہائش گاہ میں شوٹنگ جاری تھی اور فضل قریشی اپنے چھوٹے بھائی توفیق قریشی کے ساتھ مستی میں مشغول تھے۔اتنے میں ہدایت کار نے استاد اللہ رکھا خاں صاحب سے فرمائش کی کہ میں آپ کے بچوں کو بھی طبلہ بجاتے دکھانا چاہتا ہوں۔ ہدایت کار کی فرمائش کے مطابق استاد اللہ رکھا خاں صاحب نے فضل قریشی اور توفیق قریشی کو طبلہ سونپ کر بٹھا دیا اور کہا کہ بجاؤ۔بس پھر کیا تھا۔ننھے فضل قریشی اور توفیق قریشی نے جو طبلے پر تھاپ دینی شروع کی تو خود استاد اللہ رکھا خاں صاحب بھی حیرت زدہ رہ

گئے ۔ دونوں نے طبلہ نوازی کب سیکھی وہ یہ سوچ رہے تھے ۔ ذاکر حسین ان دنوں ٹور پر گئے ہوئے تھے ۔ ہدایت کار نے دوران شوٹنگ سوال پوچھا کہ بڑے ہو کر کیا کرو گے؟ تب جھٹ سے فضل قریشی نے جواب دیا کہ طبلہ بجاؤں گا۔ اس کے بعد استاد اللہ رکھا خاں صاحب نے فضل قریشی کو اپنا شاگرد بنالیا۔ آج فضل قریشی جو کچھ ہیں اس میں ان کے والد اور بھائی کے ساتھ ان کی اپنی محنت کا بڑا عمل دخل ہے ۔ انھوں نے چودہ سال کی عمر میں باقاعدگی سے طبلہ نوازی کی ابتدا کی ۔ آج وہ اپنی ایک شناخت رکھتے ہیں ۔ ذاکر حسین کی طرح ان کا اپنا ایک الگ گروپ ہے ۔ ان کا گروپ سوئیڈن کا ہے جس میں وہ واحد بھارتی ہیں ۔ ''مِنٹا گروپ' دنیا بھر میں پروگرام پیش کرتا ہے ۔ ذاکر حسین آج زیادہ تر غیر مما لک میں رہتے ہیں جب کہ فضل قریشی ہندوستان میں رہ کر فعال بنے رہنا چاہتے ہیں ۔ فضل قریشی کی بیوی بروا ایک رقاصہ ہیں ۔ آج بروا مرنالنی سارا بھائی کے گروپ 'درپن' میں شامل ہیں ۔ فضل قریشی نے پہلی بار اسٹیج پر جب ذاکر حسین کے ساتھ جگل بندی کی تھی تب استاد اللہ رکھا خاں صاحب نے بے ساختہ واہ کہا تھا۔ آج فضل قریشی کہیں بھی اپنے فن کا مظاہرہ کرتے ہیں تب سینکڑوں تماش بین بیک وقت پکار اٹھتے ہیں ۔ واہ!

۲۱/ جون، ۱۹۹۹ء

کچھ اور: فضل قریشی ۱۳/ فروری ۱۹۶۱ء کو پیدا ہوئے۔ وہ ملک کے ایک نامور طبلہ نواز ہیں۔ انہیں ہندستانی کلاسیکل میوزک ، ویسٹرن کلاسیکل میوزک اور Jazz Fusion پر مہارت حاصل ہے۔ وہ گذشتہ سولہ برسوں سے سویڈن کے Mynta World Music Band سے منسلک ہیں۔ وہ شیواجی پارک دادر میں واقع استاد اللہ رکھا انسٹی ٹیوٹ آف میوزک سے وابستہ ہیں اور بچوں کو طبلہ کی تعلیم دیتے ہیں۔

لوکل اور چالاک مسافر

شہر ممبئی کو ہندوستان کی دھڑکن کہا جاتا ہے اور ٹھیک اسی طرح یہاں کی ریلوے پٹریوں پر رات دن دوڑنے والی لوکل کو ممبئی کی دھڑکن یا لائف لائن کہا جاتا ہے ۔ دلچسپ بات یہ ہے کہ ان ٹرینوں میں

روزانہ سینکڑوں مسافر بنا ٹکٹ سفر کرتے ہیں ۔کچھ مسافر ایسے بھی ہوتے ہیں جو جرمانے کی رقم جیب میں رکھ کر لوکل میں سوار ہوتے ہیں ۔لوکل میں یا ریلوے اسٹیشن پر جب ٹکٹ چیکر انھیں روکتا ہے تو وہ سیدھے جیب سے جرمانے کی رقم نکال کر رسید حاصل کر لیتے ہیں ۔ارشد جمال ممبرا میں رہتا ہے ۔وہ پچھلے تین برسوں سے ٹکٹ لیے بغیر ممبرا سے سینڈ ہرسٹ روڈ کے درمیان سفر کر رہا ہے ۔ان تین برسوں میں اسے صرف ایک بار ٹکٹ چیکر نے روکا تھا ۔ارشد جمال ٹرین کے سفر کو فائدے مند بتاتا ہے ۔خبر دار! ارشد جمال کی خوش قسمتی اور طریقۂ کار سے متاثر ہو کر آپ کبھی بغیر ٹکٹ سفر کرنے کی جرأت نہ کریں ۔اگر آپ ایسا کرتے یا کرتی ہیں تو کبھی بھی ٹکٹ چیکر آپ کو پکڑ سکتے ہیں ۔ویسٹرن ریلوے کے مطابق روزانہ تین سو مرد اور ایک سو پچاس کے آس پاس خواتین کو ٹکٹ کے بغیر سفر کرتے ہوئے پکڑا جاتا ہے ۔ویسٹرن ریلوے کے چیف ٹکٹ چیکر ترِیسما میتھیوز کے بقول ''بنا ٹکٹ سفر کرنے والوں میں کالج کی اسٹوڈینٹ، ملازمت پیشہ خواتین اور گھریلو عورتیں شامل ہوتی ہیں ۔ایسی عورتیں بھی اکثر پکڑی جاتی ہیں جو سنیچر اور اتوار کی تعطیل کے سبب اپنا پرس تبدیل کر دیتی ہیں اور ریلوے پاس پرانے پرس میں رہ جاتا ہے ۔پکڑے جانے پر انھیں یاد آتا ہے کہ انھوں نے غلطی کی ہے ۔'' لیڈیز ٹکٹ چیکر لورین ڈیسوزا اور شانتی بال سبرامنیم کے بموجب ''پکڑے جانے پر زیادہ تر خواتین یا تو سر چکرانے کا ڈھونگ کرتی ہیں یا پھر رونے لگتی ہیں ۔کچھ ایسی ہوتی ہیں جو پرس کھول کر جرمانہ ادا کرتی ہیں اور بے خوف ہو کے ٹکٹ چیکر کو یہ بتاتی ہیں کہ وہ کتنے مہینوں بعد پکڑے گئی ہیں ۔'' ایسی خواتین بھی پکڑ میں آتی ہیں جو اپنے بچوں کا سیکنڈ کلاس کا ٹکٹ لے کر فرسٹ کلاس میں سوار ہوتی ہیں ۔کبھی کبھار وہ بچ نکلتی ہیں اور کبھی کبھار پھنس جاتی ہیں ۔کچھ یہی صورتِ حال سنٹرل ریلوے کی بھی ہے ۔بہر حال روزانہ سینکڑوں مرد اور عورتیں دھڑلے سے لوکل گاڑیوں میں بغیر ٹکٹ سفر کرتی ہیں ۔اگر نصیب زوردار رہا تو ٹھیک ہے ورنہ پکڑے جانے کی صورت میں نہ صرف انھیں جرمانہ ادا کرنا پڑتا ہے بلکہ بے عزتی بھی برداشت کرنی پڑتی ہے ۔

۲۳ر جون ۱۹۹۹ء

ملیے شانتی لال سے

تان سین کے متعلق مشہور ہے کہ وہ جب برکھارانی کو اپنے راگ کے توسط سے دعوت دیتے تھے تب برکھارانی دوڑ کر چلی آتی تھی۔اسی طرح جب وہ دیپک راگ چھیڑتے تھے تو دیے جل اٹھتے تھے۔سنگیت کے بارے میں بیجو باورا کے قصے مشہور ہیں۔عروس البلاد میں ایک شخص ایسا بھی ہے جس نے موسیقی کے ذریعے ایک نیا ریکارڈ قائم کیا ہے۔شانتی لال ٹی شاہ کو اس کارنامے کے لیے راجستھان سرکار نے ''بھاماشاہ سمان'' سے نوازا ہے۔راجستھان کے وزیر اعلیٰ نے انھیں ۱۹۹۶ء میں مذکورہ ایوارڈ دیا تھا۔کون ہیں یہ شانتی لال ٹی شاہ اور انھوں نے سنگیت کے ذریعے ایسا کون سا کارنامہ انجام دیا ہے جس کے عوض انھیں راجستھانی سرکار نے ایوارڈ سے نوازا؟ آئیے ملتے ہیں شانتی لال ٹی شاہ سے۔شانتی لال ٹی شاہ کے پاس پرانے گیتوں کے نایاب ریکارڈس موجود ہیں جو آج ان کمپنیوں کے پاس بھی محفوظ نہیں ہیں جنھوں نے انھیں ریلیز کیا تھا۔لگ بھگ ۹ ہزار ریکارڈس ان کے میوزک گیلری میں سجے ہیں۔شانتی لال ٹی شاہ ملنڈ میں کپڑوں کا دھندہ کرتے ہیں۔۱۹۴۷ء میں ان کا جنم راجستھان کے ضلع پالی کے سیواڑی گاؤں میں ہوا۔موصوف بچپن میں ریڈیو سیلون سے محظوظ ہوتے تھے۔محمد رفیع کی فلم 'پلیٹ فارم' کا گیت 'بستی بستی پربت پربت گاتا جائے بنجارہ' اور لتا منگیشکر کی فلم 'اڑن کھٹولہ' کا گیت ''ستاروں کی محفل سجی تم نہ آئے'' ان کا اس وقت کا پسندیدہ گیت تھا۔یہیں سے انھوں نے پسندیدہ گیتوں کے ریکارڈس خریدنے کا آغاز کیا جو آج تلک جاری ہے۔چونکہ ۱۹۷۱ء کے بعد از اں ریکارڈس نکلنے کا سلسلہ بند ہوگیا لہٰذا وہ کیسٹ اور اب سی ڈیز خریدنے لگے ہیں۔بہرحال جب ریکارڈ بننا بند ہوگیا تو انھوں نے شہر کے بازاروں کا چکر لگانا شروع کر دیا۔وہ گھوم گھوم کر پرانے ریکارڈس جمع کرتے۔انھوں نے پاکستان، انگلینڈ اور ویسٹ انڈیز تک سے ریکارڈ منگوائے۔آج جو بھی شانتی لال ٹی شاہ کا میوزک خزانہ دیکھتا ہے دنگ رہ جاتا ہے۔پچھلے پندرہ برسوں سے انھوں نے ریڈیو سیلون سننا بند کر دیا ہے کیونکہ ریڈیو سیلون سے بجنے والے تمام گیت ان کے پاس موجود ہیں۔جب دل چاہتا ہے وہ اپنی میوزک گیلری سے من چاہا ریکارڈ نکال کر سننے بیٹھ جاتے ہیں۔دلچسپ بات یہ ہے کہ ریڈیو سیلون کے ہندی ڈپارٹمنٹ کو پرانی فلم انوراگ، رشتہ اور سنگیت کے ریکارڈس کی

ضرورت تھی جو شانتی لال ٹی شاہ کے پاس موجود تھے۔ مشہور گلوکار طلعت محمود ان کی رہائش گاہ پر جا چکے ہیں۔ طلعت محمود شانتی لال ٹی شاہ کے گھر کیوں گئے یہ بھی ایک دلچسپ واقعہ ہے۔ دراصل طلعت محمود کے گیتوں کی امریکا میں زبردست مانگ ہے۔ طلعت محمود نے ایچ ایم وی کمپنی کو مشورہ دیا کہ وہ ان کے گیتوں کو امریکا میں کیسٹ کے روپ میں ریلیز کریں۔ جواب میں ایچ ایم وی کمپنی نے انھیں بتایا کہ ان کے بعض گیت خود ان کے پاس بھی محفوظ نہیں ہیں۔ طلعت محمود نے تب خود اپنے پرانے گیتوں کی کھوج شروع کی۔ اسی دوران ان کی ملاقات شانتی لال ٹی شاہ سے ہوئی۔ شانتی لال ٹی شاہ کے پاس پرانی فلموں مجبور جواری، پیار کی پیاس، وہ دن یاد کرو، سنت گیانیشور اور کہیں دن کہیں رات وغیرہ کے ریکارڈس موجود ہیں جو آج شاید کسی کے پاس نہیں ہوں گے۔ انھوں نے فلم 'گناہ' میں طلعت محمود کے گیت ''میرے خیالوں میں آ کر گلے لگا جا مجھے'' کے ریکارڈ کو مخمل میں سنبھال کر رکھا ہے۔ شانتی لال ٹی شاہ نے اپنے وطن میں بھی ایک میوزک گیلری بنائی ہے جہاں ڈھیروں ریکارڈس موجود ہیں۔ شانتی لال ٹی شاہ میوزک ریکارڈس کے علاوہ کراکری، اینٹکس، پینٹنگ، ماربل کے مجسمے اور خوبصورت پین بھی جمع کرنے کے شوقین ہیں۔

۲۴ر جون ۱۹۹۹ء

شراب اور ممبئی

ممبئی کبھی شہروں کی دلہن کے روپ میں مشہور تھی مگر اب اس شہر کو شرابیوں کی نگری کی حیثیت سے بھی مقبولیت حاصل ہو رہی ہے۔ آپ کو یہ جان کر تعجب ہوگا کہ آج پورے ملک میں سب سے زیادہ شراب کی کھپت ممبئی میں ہے۔ ایک سروے کے مطابق فی الحال ممبئی میں ۲۶۶۵۰ر افراد کے پاس باقاعدہ شراب نوشی کا سرکاری لائسنس موجود ہے جب کہ مضافاتی ممبئی میں ۲۸۹۵۰ر افراد شراب نوشی کا لائسنس رکھتے ہیں۔ موبائل فون کی طرح اب بیئر بار بھی صاحب حیثیت لوگوں کی شناخت بن چکے ہے۔ ساؤتھ ممبئی کی ایک سڑک کا نام مہاتما گاندھی مارگ ہے مگر شرابیوں کے حلقے میں اس روڈ کو ''بیئر بار روڈ'' کے نام سے جانا جاتا ہے۔ ممبئی میں اس وقت ۲۲۵ لائسنس یافتہ بیئر بار اور ۱۴۰۰ پرمٹ روم

ہیں۔اس کے علاوہ شراب کی ۶۰۰ لائسنس یافتہ دکانیں ہیں۔تقریباً ۱۲۰۰ غیر قانونی بیئر بار اور ڈھیروں شراب کی دکانیں بھی یہاں موجود ہیں۔ممبئی میں روزانہ لگ بھگ ۴۰۰۰۰ لیٹر دیسی دارو بکتی ہے۔ اب آپ ہی سوچیے کہ جو شہر اتنی تیزی سے خود میں برائیاں اور عیاشیاں سمیٹ رہا ہے اس کا آنے والا کل کیسا ہوگا؟

۲۸/اگست ۱۹۹۹ء

ٹرینوں کے جب سینگ ہوتے تھے

انڈین ریلوے کے شروعاتی انجنوں کے سینگ ہوتے تھے اور وہ ایندھن کے بجائے چارہ کھاتے تھے۔ یہ کوئی چنڈو کھانے کی گپ نہیں بلکہ سولہ آنے سچ ہے۔کیونکہ تب یہ انجن ہوتے تھے بھینسے۔ کھاتے ڈکارتے پٹریوں پر چلتے تھے اور ان کے ساتھ ساتھ مسافر۔یہ ۱۸۶۳ء کی بات ہے۔ممبئی میں ٹرینوں کی شروعات ہوئے کوئی دس سال ہو چکے تھے۔آج جب ریلوے نے تمام شہر کو اپنی بانہوں میں سمیٹ لیا ہے ایسی جانکاری حیرت زدہ کر دیتی ہے۔ویسٹرن ریلوے نے چرچ گیٹ پر ایک نمائش کا اہتمام کیا تھا جس میں سجائی جانے والی تصاویر میں کئی دلچسپ معلومات موجود تھیں۔آج چرچ گیٹ سے ویرار تک جو تیز لوکل دوڑتی ہے اس کی رفتار قابل دید ہوتی ہے مگر تب لوکل کی رفتار اتنی دھیمی ہوتی تھی کہ مسافر چلتی گاڑی میں آسانی سے چڑھ اتر سکتے تھے۔ پوری رفتار سے دوڑتی لوکل میں سوار مسافر پٹریوں کے آس پاس چلنے والے راہگیروں سے بتیاتے تھے اور چراگاہوں میں گھاس چرتے جانور بھی موڈ آنے پر ٹرینوں میں سوار ہو کر سیر کا لطف اٹھایا کرتے تھے۔یہ اور ایسی ڈھیروں دلچسپ معلومات ریلوے کی سو سالہ کتاب کے مطالعے پر علم میں آئی ہیں۔ایسے کچھ واقعات گجانن آپٹے کی تصنیف ''آپلی ریلوے'' میں بھی رقم ہیں۔اس وقت ریلوے اسٹیشن بھی بس گنتی بھر تھے۔آتا جاتا کوئی بھی مسافر ہاتھ دکھاتا اور ڈرائیور لوکل روک دیتا جس طرح آج بھی اتر پردیش کی سڑکوں پر دوڑنے والی بسوں کو اتر بھارتی ہاتھ دکھا کر روکتے ہیں۔ٹکٹ اس وقت بھی ہوتے تھے مگر ان پر ریلوے اسٹیشنوں کا ذکر تک نہیں ہوتا تھا۔حتیٰ کہ ریلوے ملازمین کا ڈیوٹی ٹائم بھی طے نہیں تھا۔انھیں ضرورت

پڑنے پر گھر سے بلایا جاتا تھا۔ البتہ ملازمین کو غلطیوں پر سزا ضرور دی جاتی تھی اور وہ سزا ہوتی تھی زور دار لاتیں۔ مزے دار پہلو یہ ہے کہ انھیں سزا کا معاوضہ دیا جاتا تھا اور وہ معاوضہ ہوتا تھا فی لات دس سے پچیس پیسے۔ باری لائٹ ریلوے ۱۸۹۳ء میں شروع ہوئی تھی۔ ۱۹۲۵ء میں وہ سنٹرل ریلوے میں ضم ہوگئی۔ اب وہ تاریخ کا ایک حصہ بن چکی ہے۔ ان دنوں ریلوے کا ریکارڈ مقامی ایجنٹ کو لندن میں براجمان 'بگ باس' کو بھیجنا پڑتا تھا۔ ۱۶/اپریل ۱۸۵۳ء کو دن کے ۳ بج کر ۳۵ منٹ پر تھانہ اور وکٹوریہ ٹرمنس کے مابین ہندوستان کی پہلی ریل گاڑی کا آغاز ہوا تھا۔ اس وقت تک ہندوستانیوں کو یہ معلوم نہیں تھا کہ دنیا میں ریلوے بھی موجود ہے۔ ہندوستانیوں نے اس وقت لوکل کو انگریزی ذہنیت کا فتور مانا تھا مگر آج یہ انگریزی دولت میں شمار ہوتی ہے۔ لوگوں کا عقیدہ تھا کہ ٹرینوں کے سبب گائے بھینس دودھ دینا بند کر دیں گے۔ بازار جل کے راکھ ہو جائیں گے اور روزگار کے ذرائع ختم ہو جائیں گے وغیرہ وغیرہ۔ ان دقیانوسی خیالات کی وجہ سے انگریزوں کو ہندوستانیوں کو منانا پڑتا تھا کہ وہ ٹرین میں سفر اختیار کریں مگر لوگ پیدل چلنا برداشت کر لیتے تھے لیکن لوکل دیکھ کر انھیں ڈر محسوس ہوتا تھا۔ ممبئی کی ترقی میں اسی ریلوے نظام نے سب سے اہم رول نبھایا ہے۔ آج ممبئی کے لیے لوکل کی حیثیت ریڑھ کی ہڈی جیسی ہے۔

۲۸/اگست ۱۹۹۹ء

ٹیلی فون کا استعمال یوں بھی

ٹیلی فون کے سبب آج ساری دنیا پڑوسی بن گئی ہے۔ ہزاروں کلو میٹر کی دوری پر مقیم شخص بھی اپنے دوست واحباب اور عزیز واقارب سے بآسانی گفتگو کر سکتا ہے۔ صرف یہی نہیں بلکہ ٹیلی فون کی ایجاد سے سب سے زیادہ فائدہ عاشقوں کا ہوا ہے کیونکہ اب انھیں پیغام رسانی کے لیے کبوتر کی ضرورت نہیں پڑتی۔ چھٹ بھیا نیتاؤں کو بھی ٹیلی فون سے بڑا فائدہ ہے۔ ایک دن شہر کے ایک شاندار آفس میں ایک چھٹ بھیا لیڈر ٹیلی فون پر کسی کو ڈانٹ رہا تھا، ''میں تمھاری وردی اتروا دوں گا یا تمھیں ایسی جگہ بھجوا دوں گا کہ تم بہت پچھتاؤ گے۔ تم نے مجھے کیا سمجھ رکھا ہے؟ میں تمھارے باپ

داداؤں کو بھی جانتا ہوں۔'' دریافت کرنے پر پتا چلا کہ وہ صاحب کسی پولیس افسر کو پھٹکار رہے تھے جس نے کسی کو گرفتار کرلیا تھا۔ نیتاجی کے سامنے والی کرسی پر گرفتار شدہ شخص کا کوئی رشتہ دار بیٹھا تھا۔ ٹیلی فون پر بات کرنے کے بعد لیڈر نے اس سے کہا،''دیکھیے! آپ کا کام ہوگیا ہے مگر جب تک مول چند (روپیہ) نہیں نکالے گا تب تک کپور چند (ملزم) نہیں آئے گا۔'' سامنے بیٹھے شخص نے جھٹ سے مول چند نکال کر لیڈر کے حوالے کردیا اور اس کا شکریہ ادا کرکے چلا گیا۔''کیوں بھیا! آپ کی اتنی اوقات کب سے ہوگئی کہ آپ پولیس آفیسر کی وردی اُتروا دیں گے یا اس کا تبادلہ کروا دیں گے؟'' برابر میں براجمان نیتاجی کے نزدیکی دوست نے پوچھا۔ جواب میں نیتاجی نے بتایا کہ بل نہیں بھرنے کی وجہ سے اس کا ٹیلی فون کٹا ہوا ہے لہٰذا اب وہ اس کے مول چند سے اپنے ٹیلی فون کا بل ادا کریں گے اور اس کے بعد پولیس اسٹیشن جا کر پولیس آفیسر سے سیٹنگ کریں گے تاکہ لاک اَپ میں بند ملزم کی رہائی ممکن ہوسکے۔ اس دن نیتاجی کی اس حرکت سے معلوم ہوا کہ ٹیلی فون کا ایک فائدہ یہ بھی ہے۔

۳۱/اگست ۱۹۹۹ء

مداری کا بندر اور بندریا

بوریولی میں اتوار کو ایک مداری اپنے بندر اور بندریا کو نچا رہا تھا۔ کافی بھیڑ جمع تھی۔ یوں بھی عام طور پر جب مداری بندروں کو نچاتے ہیں تب تماش بینوں کی بھیڑ اکٹھا ہو جاتی ہے لیکن مداری کے اس بندر اور بندریا میں ایک خاص بات تھی۔ وہ یہ کہ مداری نے بندر اور بندریا کو کپڑے پہنائے تھے۔ بندر نے کوٹ پتلون اور بندریا نے ساڑی پہن رکھی تھی۔ ایک تماش بین نے مداری سے پوچھا، ''تمھیں بندر اور بندریا کو کپڑے پہنانے کا خیال کیوں آیا؟'' مداری نے جواب دیا،''دیکھیے صاحب! انھیں بھی شرم آتی ہے اور پھر انھیں ننگا رکھنا اچھی بات نہیں۔ مجھے یہ دو وقت کی روٹی دلاتے ہیں۔ مجھے یہ کپڑے پہناتے ہیں۔'' مداری نے مزید کہا،''میرے بندروں کے پاس ہر موسم کے لباس موجود ہیں۔ بندر ٹی شرٹ، جینس اور نائٹ سوٹ پہنتا ہے جب کہ بندریا سوئمنگ کاسٹیوم، چولی

لہنگا اور نائٹ گاؤن زیب تن کرتی ہے۔'' مداری کی باتیں سن کر سبھی نے تالیاں بجائیں اور تالیوں کا شور سن کر بندر اور بندریا نے ہاتھ جوڑ کے سب کا شکریہ ادا کیا۔

۳۱/اگست ۱۹۹۹ء

پولس، پوسٹ کارڈ اور مجرمین

آپ اپنے گلی محلّے کے کسی غنڈے یا پٹواری سے پریشان ہیں۔ وہ غنڈہ آپ سے ہفتہ وصولی کرتا ہے یا آپ کو خطرناک نتائج کی دھمکیاں دیتا ہے تو آپ گھبرائیے مت کیونکہ اب آپ کے لیے اسے جیل کی سلاخوں کے پیچھے بھیجنا نہایت آسان ہوگیا ہے۔ آپ ایک سادے پوسٹ کارڈ پر اس غنڈے کی تفصیل روانہ کرکے اسے گرفتار کرواسکتے ہیں۔ شمال مشرق پولس نے ایک مہم شروع کی ہے جس کے ذریعے کوئی بھی شہری ایک پوسٹ کارڈ پر اپنے علاقے کے بدمعاش کی خبر گیری کرسکتا ہے اور پولس اس کی اطلاع پر فوراً حرکت میں آئے گی۔ شمال مشرق پولس کے فاضل پولس کمشنر ڈاکٹر ستیہ پال سنگھ نے اس خصوصی مہم کے لیے ایک 'پوسٹ بکس نمبر۷' اور 'سماج متر' نامی ایک یوجنا شروع کی ہے۔ ناگپور میں ڈیوٹی انجام دینے کے بعد اب ڈاکٹر ستیہ پال سنگھ فی الحال ممبئی میں چارج سنبھالے ہوئے ہیں۔ دلچسپ بات یہ ہے کہ ڈاکٹر ستیہ پال سنگھ نے یہ پوسٹ کارڈ یوجنا ناگپور میں بھی شروع کی تھی جس کا خاطر خواہ نتیجہ برآمد ہوا تھا۔ ڈاکٹر ستیہ پال سنگھ کے علاقے میں سترہ پولیس اسٹیشن آتے ہیں۔ اس پوسٹ کارڈ یوجنا کی شرط بس یہ ہے کہ شکایت کنندہ کو چاہیے کہ وہ اپنی شکایت تحریری طور پر دیں، یعنی پوسٹ کارڈ پر ٹائپ کی ہوئی شکایت نہ ہو۔ ڈاکٹر ستیہ پال سنگھ نے عوام سے وعدہ کیا ہے کہ وہ شکایت موصول ہوتے ہی خود بھی کارروائی کا آغاز کریں گے اور ان کے ماتحت ڈپٹی کمشنرس آف پولیس کو بھی ایکشن لینے کی ہدایت دیں گے۔ اس پوسٹ باکس کا نمبر ۷ ' ہے۔ آپ اپنے علاقے کے بدمعاش یا غیر قانونی دھندے میں ملوث یا سماج دشمن عناصر کی شکایت لکھ کر پوسٹ کارڈ 'پوسٹ باکس نمبر ۷ چمبور' پتے پر پوسٹ کردیں۔ ڈاکٹر ستیہ پال سنگھ نے عوام کو یقین دلایا ہے کہ پولیس اطلاع دینے والوں کے نام صیغہ راز میں رکھے گی۔ دلچسپ بات یہ ہے کہ پوسٹ باکس کا نمبر ۷ رکھنے کے پیچھے پولیس کی یہ سوچ کارفرما ہے کہ سبھی مذاہب میں ۷ کا عدد مبارک مانا گیا ہے۔ اس یوجنا کے ساتھ

ساتھ ڈاکٹر ستیہ پال سنگھ نے شہریوں کو پیغام دیا ہے،''جاگتے رہو دوستو! کیونکہ مرنے کے بعد تو سونا ہی ہے۔'' ڈاکٹر ستیہ پال سنگھ نے عوام کو جانکاری دینے کے لیے گھاٹ کوپر، سائن، چونا بھٹی اور شہر کے کئی دیگر علاقوں میں عوامی میٹنگوں کا انعقاد کیا تھا۔ممبئی پولیس کا کہنا ہے کہ شہری پولیس کے لیے آنکھ اور کان کا کام انجام دیں تو پولیس اپنی ڈیوٹی بہتر طریقے سے انجام دے سکتی ہے۔اب دیکھنا یہ ہے کہ پولیس کی پوسٹ کارڈ مہم کتنی کامیاب ثابت ہوتی ہے اور شہری کس حد تک پولیس کی آنکھ اور کان بننے کی ذمہ داری ادا کرتے ہیں۔

۲ر ستمبر ۱۹۹۹ء

اور اب: پولس کمشنر ڈاکٹر ستیہ پال سنگھ کی یہ خصوصی مہم اب جاری نہیں ھے۔

کچرے والی ٹیچر

عروس البلاد اور شہریوں کے مقابل آج سب سے بڑا اور اہم ترین مسئلہ کوڑا کرکٹ کا ہے۔ممبئی مہانگر پالیکا ممبئی کو 'سندر ممبئی گرین ممبئی' بنانے میں پوری طرح ناکام ثابت ہو چکی ہے۔لیکن دوسری طرف شہر میں اپرنا انعامدار نامی ایک ایسی خاتون موجود ہیں جن کے پاس اس مسئلے کا ممکنہ حل موجود ہے۔ہے نا تعجب کی بات۔اپرنا انعامدار ورمی کلچر تکنیک سے بخوبی واقف ہیں۔ورمی کلچر تکنیک میں کینچوے کا استعمال کیا جاتا ہے۔اپرنا انعامدار اپنی تکنیک کو بہتر ڈھنگ سے بازار میں پیش کرنے سے قاصر ہیں مگر اتنا ضرور ہے کہ وہ ہر فرد کو اس کے متعلق جانکاری فراہم کر سکتی ہیں۔وہ سب کو یہ سکھانا چاہتی ہیں کہ محلے اور عمارت کو صاف ستھرا کیسے رکھا جا سکتا ہے۔اپرنا انعامدار کو جو جانتا پہچانتا ہے وہ اسے 'کچرے والی ٹیچر' بھی کہتا ہے۔مشہور کارٹونسٹ ارون انعامدار موصوفہ کے شوہر ہیں۔وہ بتاتی ہیں، ''لوگ کچرے سے اُٹھنے والی بدبو، مکھیوں اور جھینگروں سے خوف زدہ رہتے ہیں مگر جو اس تکنیک کو استعمال کرے گا وہ بالکل محفوظ رہے گا۔'' شہر میں کچرے کا مسئلہ کافی سنجیدگی اختیار کر چکا ہے اور ہر گلی محلے میں جا بجا کوڑے کرکٹ کا ڈھیر لگا رہتا ہے۔اپرنا انعامدار نے 'جیوسینس کمپنی' کی بنیاد رکھی ہے جو

شہریوں کو انکے گھروں، برآمدوں اور چھتوں پر اس تکنیک کو استعمال کرنے کی صلاح دیتا ہے جس میں صرف ۱۰۰ ارروپے خرچ ہوتے ہیں۔ پورے شہر کو صاف ستھرا بنانے کا خواب آنکھوں میں سجانے والی اپرنا انعامدار کا ٹیلی فون نمبر 5787662 ہے۔ کاش ممبئی میونسپل کارپوریشن اپرنا انعامدار کی تکنیک سے فائدہ اٹھا کر پورے شہر کو ''سُندر ممبئی گرین ممبئی'' میں تبدیل کر دیتی۔ لیکن یہ ممکن نہیں کیونکہ وہ اپنے فرائض سے غافل جو ٹھہری۔

۷ رستمبر ۱۹۹۹ء

یہ ہیں الیک پدمسی

الیک پدمسی انگریزی رنگ منچ کی ایک مشہور شخصیت ہیں۔ جب شہر کے انگریزی رنگ منچ کو سنجیدگی سے نہیں لیا جا رہا تھا اور پڑھا لکھا طبقہ انگریزی رنگ منچ کے بجائے اردو، ہندی، مراٹھی اور گجراتی رنگ منچ کو فوقیت دے رہا تھا تب ۱۹۶۴ء میں الیک پدمسی نے ''ہیملیٹ'' نامی پلے کیا تھا۔ الیک پدمسی نے ہمیشہ شیکسپیئر، ارتھر ملر، ہیرولڈ پنٹر اور ٹینیسی ولیمس جیسے مصنفین کے تحریر کردہ ڈراموں کو ترجیح دی اور گھسے پٹے ڈراموں سے خود کو الگ تھلگ ہی رکھا۔ وہ اب تک ہیملیٹ، آڈ کپل، تغلق، جیسس کرائسٹ سوپر اسٹار، اے اسٹریٹ کار نیمڈ ڈیزائر، ڈیتھ آف اے سیلس مین، کیبرے، بیگم سمرو، مین آف لا منچ اور پاگل خانہ جیسے مشہور ناٹک کر چکے ہیں۔ الیک پدمسی نے اپنے پورے کیریئر میں راجا بندیلا کو لے کر پاگل خانہ نامی واحد ہندی ڈراما کیا۔ الیک پدمسی نے اپنے ڈراموں میں چھوٹے فنکاران کو لینے کے بجائے بڑے اور مشہور اداکاران کو شامل کرنے پر زور دیا۔ ان کے ساتھ جول ویلانے، کبیر بیدی، دیویکا بھوجوانی، صابرہ مرچنٹ، دلیپ تاہل، وجیا کرشنا، ڈالی ٹھاکرے، شیرون پربھاکر، شائمیک ڈاور، گرسن ڈی کہنا اور تارادیشپانڈے کام کر چکی ہیں۔ ڈالی ٹھاکرے نے جو کسی وقت ان کی شریک حیات تھیں انھیں بہت زیادہ تعاون دیا۔ الیک پدمسی ایک اشتہاری ایجنسی سے منسلک ہیں۔ الیک پدمسی نے پھوہڑ ڈراموں کے بجائے ایسے ڈرامے پیش کیے جس میں کوئی پیغام ہوتا تھا۔ الیک پدمسی گذشتہ پچاس سالوں سے رنگ منچ سے جڑے ہوئے ہیں۔ ایک دور وہ تھا جب وہ انگریزی رنگ منچ کے واحد بادشاہ تھے۔ آج تو خیر نئی نسل کے ڈھیروں نوجوان انگریزی رنگ

منچ میں دلچسپی لے رہے ہیں۔ ایلیک پدمسی کی انگریزی ڈراموں کی ایک کتاب 'اے ڈبل لائف' منظرِ عام پر آچکی ہے۔

۷ر ستمبر ۱۹۹۹ء

کچھ اور: ایلیک پدمسی (Alyque Padamsee) ہندوستانی تھیٹر کی مشہور شخصیت اور اشتہاری فلموں کے میکر ہیں۔ انھوں نے انگریزی فلم 'گاندھی' میں محمد علی جناح کا کردار نبھایا تھا۔ عالمی شہرت یافتہ ایڈورٹائزنگ کمپنی 'لنٹاس' کے وہ اعلیٰ سربراہ ہیں۔ ان کی پیدائش کچھ (گجرات) کے ایک روایت پسند خوجہ خاندان میں ہوئی تھی۔ ان کے والد کا نام جعفر سیٹھ پدمسی تھا۔ ان کے دادا ڈسٹرکٹ بھاؤنگر کے واگھ نگر نامی گاؤں کے سرپنچ تھے۔ ان کے Tuglaq، Evita اور Broken Images ڈرامے کافی مقبول ہوئے تھے۔ انھیں متعدد ایوارڈ سے نوازا جاچکا ہے۔ ایلیک پدمسی ۱۷/نومبر ۲۰۱۸ء کو اس دارِ فانی سے کوچ کر گئے۔

ہم کدھر رہے گا؟

کرلا اور سائن کے درمیان بی ای ایس ٹی کے ایک اسٹاپ پر رات کے گیارہ بجے ایک بوڑھا میلی کچیلی گٹھری لیے بیٹھا تھا۔ دیر تک انتظار کرنے کے بعد اس نے گٹھری کھولی اور پھٹے پرانے کپڑوں کو تہہ کر کے وہ اسٹاپ پر بچھانے لگا۔ اس وقت ایک مسافر نے اسے ڈانٹتے ہوئے کہا، ''اے! ادھر کدھر بچھاتا ہے۔ یہ بس اسٹاپ ہے سونے کی جگہ نہیں ہے۔'' بستر بچھاتے بچھاتے ہاتھ روک کر اس بوڑھے نے جواب دیا، ''ادھر میں نہیں سوئے گا تو کیا تو سوئے گا؟ تیرا بس آئے گا تو تو چلا جائے گا۔ کیا اپنے ساتھ یہ بس اسٹاپ بھی لے کر جائے گا؟'' اس درمیان چند اور مسافر وہاں آگئے تھے۔ انھوں نے بوڑھے کا جواب سنا تو ان کی ہنسی چھوٹ گئی۔ بوڑھا بڑبڑا رہا تھا، ''پہلے ریلوے اسٹیشن پر سوتا تھا مگر اب پولیس والا بھگاتا ہے۔ ریلوے اسٹیشن پر سونے کے لیے پولیس کو ہفتہ دینا پڑتا

ہے۔اب اِدھر آیا تو ادھر بھی چکھ چکھ۔ سالا! سونے کے ٹیم پر بھی اپنے کو سب ٹینشن دیتا ہے۔ آخر ہم کدھر رہے گا؟ جانے کدھر کدھر سے یہ لوگ آکر بھنکس کر کے اپن کا مگج خراب کرتا ہے۔'' اتنے میں بس آگئی اور سب بس کی طرف دوڑ پڑے۔ مسافروں کو بھاگتے ہوئے دیکھ کر بوڑھے نے مسکرا کر کہا، ''سالا! جیادہ سیانا بنتا تھا۔ آیا تھا اپن کو بھگانے اور خود بھاگ گیا۔''

۱۴؍ستمبر ۱۹۹۹ء

ملیے دیپک سے

عام طور پر شہر کے چوراہوں اور سگنلوں پر بھیک مانگتے ہوئے ایسے افراد دکھائی دیتے ہیں جو یا تو اپاہج ہوتے ہیں یا پھر بالکل تندرست۔ ہمارے ملک میں اور خاص طور سے بہاری اور بنگالی مسلمانوں میں بھیک مانگنا ایک کاروبار کی شکل اختیار کر گیا ہے۔ بہت کم لوگ ایسے ہوتے ہیں جو اپاہج ہونے کے باوجود محنت اور مشقت سے روزی حاصل کرتے ہیں۔ ولے پارلے جوہو اسکیم کے پاس چائے کا ایک اسٹال ہوا کرتا تھا۔ یوں تو وہ اسٹال اب بھی وہاں موجود ہے مگر اب وہ بالکل عام سا ہے۔ عام سا اس لیے کہ کچھ عرصے پہلے تک اسے ایک اپاہج نوجوان چلایا کرتا تھا جس کے دونوں ہاتھ کٹ چکے تھے۔ آج وہ نوجوان شہر کے مختلف سگنلوں پر کھڑی کاروں کے شیشے صاف کر کے اپنا گزارا کر رہا ہے۔ اس نوجوان کا نام دیپک نیوریکر ہے۔ کرناٹک کا رہنے والا دیپک اپنے گھر والوں کے ساتھ بچپن سے ہی ممبئی آگیا تھا۔ دیپک نے پنویل میں واقع ڈومبالا کالج سے گیارہویں تک تعلیم حاصل کی۔ وہ اپنے کالج کا ایک بہترین کھلاڑی تھا لیکن تیرہ سال قبل گھر میں صفائی کرتے وقت اسے بجلی کا کرنٹ لگ گیا جس کی وجہ سے اس کے دونوں ہاتھ مفلوج ہو گئے۔ پریل میں واقع کے ای ایم اسپتال میں دیپک کا کئی دنوں تک علاج جاری رہا لیکن اسے کوئی فائدہ نہیں ہوا۔ بالآخر ڈاکٹروں نے اس کے دونوں ہاتھوں کو کاٹنے کا فیصلہ کیا تاکہ اس کے بدن کے دوسرے اعضا متاثر نہ ہوسکیں۔ دیپک کے اپاہج ہوتے ہی اس کے ماں باپ اور رشتے داروں نے اس سے ناطہ توڑ دیا۔ دو سال پہلے اس نے ایک چھوٹا سا اسٹال لگا کر چائے کا دھندہ شروع کیا۔ اس کی ملنساری،

ذائقہ دار چائے اور واجبی قیمت کی وجہ سے اس کے اسٹال پر گاہکوں کا ہجوم رہنے لگا۔ ایک دن ممبئی مہانگر پالیکا کے توڑ و دستے نے دیپک کے اسٹال کو تہس نہس کر کے اسے بے روزگار بنا دیا۔ تب سے دیپک روزانہ صبح اٹھ کر مختلف سگنلوں پر سبز بتّی کے انتظار میں کھڑی کاروں کو صاف کر کے ڈرائیوروں سے مدد مانگتا ہے۔ ضروری نہیں کہ ڈرائیور اس کی محنت کا معاوضہ اُسے ادا کریں۔ کچھ لوگ ترس کھا کر اُسے روپیہ دو روپیہ دے دیتے ہیں اور کچھ سرخ بتّی کے آنکھ مارتے ہی اپنی گاڑی لے کر چل دیتے ہیں۔ دیپک کہتا ہے، ''میں بھکاری نہیں ہوں۔ مجھے بھیک مانگنا اچھا نہیں لگتا۔ میں محنت کرنا چاہتا ہوں۔ مجھے یقین ہے کہ ایک نہ ایک دن میں ضرور کچھ بنوں گا۔'' دیپک نیوریکر کے حوصلے اور لگن سے ان صحت مند بھکاریوں کو درس لینا چاہیے جو رات دیر تک شہر کے سگنلوں اور سڑکوں پر ہاتھ پھیلا کر بھیک مانگتے ہوئے نظر آتے ہیں۔

۲۰ر ستمبر ۱۹۹۹ء

یہ ہیں چارو بھاگوت

چارو بھاگوت انتہائی سلیقہ اور سادگی سے آپ کے سامنے ملائم، ریشمی اور سنہری دھاگوں سے بنائی گئی ساڑیوں کو یوں پیش کریں گی کہ آپ دم بخود رہ جائیں گے۔ چارو بھاگوت کے پاس جو ساڑیاں موجود ہیں وہ خصوصی طور پر تیار کی جاتی ہیں جو آپ کو کسی دکان یا شوروم میں کہیں نہیں ملیں گی۔ موصوفہ کے پاس یہ ساڑیاں مدھیہ پردیش کی ریوا سوسائٹی کی طرف سے آتی ہیں جنھیں مہیشوری یا ریوا ساڑیاں کہا جاتا ہے۔ شہر میں یہ ساڑیاں صرف تین لوگوں کے پاس دستیاب ہیں جن میں چارو بھاگوت بھی شامل ہیں۔ مدھیہ پردیش یا مہیشور کی ریوا سوسائٹی اپنے خاص بنکروں کو آرڈر دے کر ساڑیاں بناتی ہیں۔ شالنی ہولکر اس سوسائٹی کی روح رواں ہیں۔ مرحومہ آہلیا بائی ہولکر جی نے ان بنکروں کی کافی حوصلہ افزائی اور رہنمائی کی اور انھیں وہاں لے جا کر بسایا۔ اپنے بچوں کی تعلیم کے لیے جب شالنی ہولکر ہندستان میں قیام پذیر ہوئیں تو یہاں کے غریبوں اور ان کی خواتین کی حالت دیکھ کر ان کا دل پسیج گیا۔ انھوں نے تب خستہ حال بنکروں کے لیے ''ریوا سوسائٹی'' کا قیام کیا۔ شالنی ہولکر بنکر خواتین کو سلائی کا مکمل سامان فراہم کرتی ہیں اور وہ خواتین ساڑیاں، شلوار کرتا اور دوپٹہ تیار کرتی ہیں جنھیں بغیر

نفع نقصان کے روپ میں فروخت کیا جاتا ہے اور میٹر کے حساب سے بنکروں کو تنخواہ دی جاتی ہے۔ آج بنکروں کی زندگی میں ایک نئی روشنی اور ایک نئی امید پیدا ہو چکی ہے۔ چارو بھاگوت کی کہانی دلچسپ ہے۔ چارو کی ساس مراٹھی کی مشہور مصنفہ درگا بھاگوت ہیں۔ درگا بھاگوت کے ناناجی ہولکر راج گھرانے کے دیوان رہ چکے ہیں۔ جب شالنی ہولکر نے یہ کاروبار شروع کیا تب چارو بھاگوت کا ارادہ کچھ اور تھا لیکن بعد ازاں ۱۹۹۲ء میں انھوں نے شالنی ہولکر سے ملاقات کی اور اس دھندے میں قدم رکھا۔ آج چارو بھاگوت کا اس شہر میں خود کا مارکیٹ موجود ہے۔ چارو بھاگوت کے والد نیو انڈیا انشورنس کمپنی میں ملازم ہیں جب کہ ماں خاتون خانہ ہیں۔ چارو بھاگوت کا ایک چھوٹا بھائی بھی ہے۔ ان کے والدین زیادہ پڑھے لکھے نہیں ہیں مگر ان کی خواہش تھی کہ ان کی اولادیں اعلیٰ تعلیم حاصل کر کے اپنا اور ان کا نام روشن کریں۔ چارو بھاگوت نے کامرس میں بی کام اور ان کے چھوٹے بھائی نے پالی مرس میں پی ایچ ڈی کی ہے۔ بی کام کرنے کے بعد چارو بھاگوت نے نیو انڈیا ایشورنس کمپنی میں نوکری جوائن کر لی اور ۱۹۷۸ء میں موہن جی سے بیاہ رچالیا۔ شادی کے بعد چارو نے اپنے شوہر موہن جی کے کاروبار میں دلچسپی لی۔ آج چارو بھاگوت کا بڑا بیٹا پرشانت پونا میں ڈاکٹریٹ کر رہا ہے اور چھوٹا بیٹا وکرانت بھی ڈاکٹر بننا چاہتا ہے۔ ۱۹۹۲ء میں چارو بھاگوت نے ساڑیوں کے کاروبار کا آغاز کیا جو آج کافی ترقی کر چکا ہے۔ ہر سال چارو بھاگوت ماہ اگست میں ان ساڑیوں کا سیل اپنے ہی گھر کے ہال میں لگاتی ہیں۔ اس کاروبار نے انھیں نہ صرف پہچان دی ہے بلکہ آج ڈھیر ساری ان کی سہیلیاں بھی ہیں۔ چارو بھاگوت کا رویہ، طور طریقہ اور مزاج مہشوری یا ریوا ساڑیوں کی طرح نرم، ریشمی، ملائم اور سلک جیسا ہے۔ اپنی الگ ڈیزائن، ایک خصوصیت اور انفرادیت کے ساتھ مہیشوری اور ریوا ساڑیاں چارو بھاگوت کے ذریعے ہمارے پاس پہنچ سکتی ہیں بشرطیکہ ہمارے نظریے اور دل چارو بھاگوت کی طرح بنکروں کے چولہے میں آگ جلائے رکھنے کے لیے بے چین ہوں۔

۲۵ر ستمبر ۱۹۹۹ء

وپن جین اور پُرانی ممبئی

موجودہ ممبئی کے بارے میں اگر یہ کہا جائے کہ یہ مطلب پرستوں کا شہر ہے تو غلط نہیں ہوگا۔لیکن پُرانا ممبئی اس کے بالکل برعکس تھا۔اس وقت ملاڈ میں صرف تین ٹیلی فون تھے اور کوئی بھی اسے مفت استعمال کرسکتا تھا۔ملاڈ کے ساکن وپن ایم جین کی رہائش گاہ کے باہرایک پرائیویٹ ٹیلی فون رکھارہتا تھا جس سے کوئی کہیں بھی مفت میں بات چیت کر کے آگے بڑھ جاتا تھا۔ملاڈ کی آبادی اس وقت لگ بھاگ ۱۵۰۰۰ تھی۔مشرقی ملاڈ میں شانتارام تالاب کے برابر سے جنگل کا راستہ تھا۔یہاں کی سڑکیں تب بالکل سنسان رہتی تھیں۔اِکاّدُ کاٹرک گزرتے تھے۔یہ ۱۹۷۵ء کی بات ہے۔وپن ایم جین کے بقول،''۱۹۶۵ء کی ہند پاک جنگ کے دوران سبھی کو یہ خدشہ لاحق تھا کہ کہیں پاکستانی بموں سے ممبئی تباہ و برباد نہ ہوجائے۔کیونکہ کراچی سے ممبئی کافی نزدیک ہے۔''اس دن بوریولی لوکل میں وپن ایم جین سے دوبارہ ملاقات ہوگئی۔وہ چوتھی سیٹ پر سکڑ کر بیٹھے تھے۔دیکھتے ہی کہا،''آج یہ حالت ہے۔ممبئی میں لوگ رہتے نہیں ہیں بلکہ اپنی زندگی ڈھوتے ہیں۔اگر یہاں سے سوکلومیٹر دور نکل جائیں تو عمر میں اضافہ ہوجائے گا۔''لیکن اس شہر کو چھوڑے کون؟ سب کچھ تو یہیں ملا ہے۔یہ سچ ہے کہ جو یہاں آتا ہے وہ یہیں کا ہو کر رہ جاتا ہے۔یا تو لوگ بڑھاپے میں اپنے آبائی وطن جاتے ہیں یا پھر رحلت کے بعد ان کی خبر یا لاش ان کے آبائی وطن جاتی ہے۔

۱۶/اکتوبر ۱۹۹۹ء

موبائل والا بھکاری

سانتا کروز ایئر پورٹ کے پاس ایک بھکاری ان دنوں راہگیروں کی توجہ کا مرکز بنا ہوا ہے۔پھٹے پرانے کپڑوں میں ملبوس اس بھکاری کے ہاتھ میں ایک موبائل فون ہے جس پر وہ بھیک مانگنے کے دوران گفتگو کرتا ہے۔دریافت کرنے پر اس بھکاری کا جواب ہوتا ہے کہ وہ کوئی چھٹ بھیّا بھکاری نہیں ہے بلکہ اے گریڈ کا بھکاری ہے۔اس کا کہنا ہے کہ وہ چلتے پھرتے دھندہ کرنا پسند کرتا

ہے۔اس دن سانتا کروز ائیر پورٹ پر اس کے اطراف اچھی خاصی بھیڑ جمع تھی۔لوگ اسے بھیک دینے سے زیادہ دیکھنے میں دلچسپی لے رہے تھے۔بھیڑ میں موجود کئی لوگوں نے بھکاری کو دیکھ کر اپنے موبائل جیب میں رکھ لیے۔دلچسپ بات یہ ہے کہ یہ بھکاری پانچ روپے سے کم بھیک نہیں لیتا ہے۔جب بھیڑ زیادہ ہو جاتی ہے تو اپنے پھٹے کوٹ کی جیب سے ریڈ اینڈ وہائٹ کا پیکٹ نکال کر سگریٹ سلگاتا ہے اور شان سے کش لیتے ہوئے لوگوں کو دھتکارتا ہے کہ وہ بھیک دینے کے بجائے چپ چاپ کیوں کھڑے ہیں۔گاہک زیادہ آتے ہیں اور دھندہ خوب چلتا ہے تو وہ اپنی بیوی کو موبائل فون کے ذریعے رات کو گھر دیر سے آنے کی اطلاع بھی دیتا ہے۔اس دن آزمانے کی غرض سے ایک شخص نے اسے پچاس روپے کا نوٹ دیتے ہوئے پانچ روپے لینے کی ہدایت کی۔پچاس کا نوٹ تھامتے ہوئے بھکاری نے غور سے اس دیا وان کو دیکھا اور کوٹ کی جیب سے نوٹوں کا بنڈل نکال کر اسے پینتالیس روپے واپس کر دیے۔اتنے میں وہاں ایک پولیس کانسٹبل آ گیا۔اس نے بھیڑ کو ڈنڈا دکھاتے ہوئے منتشر کر دیا اور بھکاری کو وہاں سے جانے کا حکم دیا۔لیکن بھکاری نے نہایت اطمینان سے سگریٹ سلگاتے ہوئے اس کانسٹبل سے کہا کہ زیادہ بولو گے تو تمھارے صاحب کو ابھی فون کرتا ہوں۔بھکاری کی بات سُن کر پولیس کانسٹبل نے وہاں سے کھسکنے میں ہی اپنی عافیت سمجھی۔بعد میں پتہ چلا کہ بھکاری کا موبائل اُس دن خراب تھا۔

۱۸ر نومبر ۱۹۹۹ء

نئی ٹوپی اور پولیس

کسی زمانے میں شہری پولیس کے لیے ہاف پینٹ مخصوص تھی۔ چاہے وہ سٹی پولیس کے حوالدار، کانسٹبل یا سپاہی ہوں یا پھر ٹریفک پولیس کے جوان۔ پولیس کے اعلیٰ افسران اور انسپکٹر کو پتلون پہننے کی اجازت تھی۔کانگریس کے وزیر اعلیٰ عبدالرحمان انتولے کے دورِ حکومت میں پولیس والوں کو ہاف پینٹ کی بجائے فل پینٹ زیب تن کرنے کی سہولت دی گئی۔اسی طرح شیو شاہی دورِ اقتدار میں ممبئی پولیس کی کیپ یا ٹوپی میں تبدیلی رونما ہوئی۔نئی کیپ یا ٹوپی سے سٹی پولیس اور ٹریفک پولیس کتنی خوش ہے یہ جاننے کے لیے جب پولیس والوں سے رابطہ کیا گیا تو زیادہ تر پولیس والوں نے

ناراضگی کا اظہار کیا۔ دلچسپ بات یہ ہے کہ اس نئی ٹوپی کے سبب پولیس والوں میں گنجے پن کا مرض پھیل رہا ہے۔ اس کے علاوہ انھیں بالوں میں کھجلی کی شکایت بھی ہے۔ چند پولیس کانسٹبلوں کا کہنا ہے کہ مستقل ٹوپی استعمال کرنے سے ان کے سر میں پسینہ رہتا ہے جس کی وجہ سے انھیں سر درد شروع ہوگیا ہے۔ ایک ٹریفک پولیس نے تنک مزاجی سے کہا کہ اس ٹوپی کو پہننے کے بعد اسے محسوس ہوتا ہے کہ جیسے اس نے سر میں کوئی پٹی باندھ رکھی ہے۔ کچھ پولیس والے ٹوپی کی سلائی کی وجہ سے پریشان ہیں۔ بعض کو یہ ٹوپی ڈھیلی محسوس ہوتی ہے تو کسی کو چست۔ سٹی پولیس کے ایک کانسٹبل نے کہا کہ پرانی ٹوپی کو آسانی سے دھویا جاسکتا تھا جب کہ نئی ٹوپی کی دھلائی مشکل ہے۔ اس واسطے انھیں ہر چار پانچ ماہ میں نئی کیپ خریدنی ہوگی۔ نئی ٹوپی کی قیمت دوسو پچاس روپے ہے۔ ایک پولیس آفیسر نے چڑھ کر جواب دیا کہ ہماری ٹوپی اور ڈونگری میں واقع بیئر بار کے دربانوں کی ٹوپی میں صرف اتنا فرق ہے کہ ہماری ٹوپی میں جالی ہے اور ان کی ٹوپی سادہ ہے۔ ممبئی سینٹرل میں ڈیوٹی کے دوران ایک ٹریفک پولیس نے مسکراتے ہوئے کہا، ''پرانی ٹوپی کو فولڈ کر کے ہم جیب میں ٹھونس لیتے تھے جب کہ اس ٹوپی کو جیب میں نہیں رکھا جاسکتا۔''

۲۰ر نومبر ۱۹۹۹ء

گانا سننے کا بھی کرایہ

گذشتہ دنوں ایک صاحب نے بذریعہ آٹو رکشا سہار ایئر پورٹ سے ودیا ویہار تک کا سفر کیا۔ ودیا ویہار پہنچنے کے بعد آٹو رکشا کے ڈرائیور نے جب ساٹھ روپیہ کرایہ طلب کیا تو ان کی حیرانگی کا کوئی ٹھکانہ نہیں رہا۔ سہار ایئر پورٹ سے ودیا ویہار کا کرایہ بمشکل پینتالیس روپے ہوتا ہے۔ ''سہار ایئر پورٹ سے ودیا ویہار کا کرایہ تو چالیس پینتالیس روپے ہوتا ہے اور تم اتنا زیادہ کرایہ مانگ رہے ہو؟'' رکشا ڈرائیور نے اوپر سے نیچے تک صاحب کو دیکھتے ہوئے جواب دیا، ''ہاں! پینتالیس روپے کرایہ ہوتا ہے لیکن آج اتوار ہے۔ اتوار کو کرایہ بڑھ جاتا ہے۔'' صاحب نے رکشا ڈرائیور سے کرایہ کی فہرست طلب کی جس میں اتوار کو کرایے میں اضافے کا کہیں تذکرہ نہیں تھا۔ ''اس میں تو کہیں نہیں لکھا ہے کہ

اتوار کو زیادہ کرایہ ادا کرنا ہوگا۔" صاحب نے کہا۔ رکشا ڈرائیور نے جواب دیا،" ہاں! نہیں لکھا ہے۔ آپ کو میں نے سہار ائیر پورٹ سے یہاں تک ایک سے ایک گانے سنائے۔ اسکا چارج کون دے گا؟ پینتالیس روپے کرایہ اور باقی کے پندرہ روپے گانے سننے کی فیس۔" صاحب نے اب چپ چاپ ساٹھ روپے نکالے اور رکشا ڈرائیور کو ادا کر دیے۔

یکم دسمبر ۱۹۹۹ء

سنگاپور نہیں جھینگاپور

لوکل گاڑیوں میں روزانہ کسی نہ کسی موضوع پر بحث چھڑتی ہے۔ وقت چاہے جو بھی ہو۔ اگر آپ صبح چھ بج کر دس منٹ پر ویرار سے چرچ گیٹ کی طرف جانے والی لوکل میں سوار ہیں تب بھی آپ سیاست، فلم اور اسپورٹس پر تازہ ترین تبصروں سے لطف اندوز ہو سکتے ہیں۔ لوکل میں آسٹریلیا میں کھیلنے والی قومی کرکٹ ٹیم کی کمزور بلے بازی پر بھی گفتگو ہوتی ہے اور مادھوری ڈکشت کی شادی خانہ آبادی پر بھی۔ اٹل بہاری واجپائی کی کویتاؤں پر کوئی اظہار خیال کرتا ہے تو کوئی نواز شریف اور پاکستان کی سیاسی صورتِ حال پر۔ اس دن بھی ویرار لوکل میں اڑان پلوں کی بہتات اور اس سلسلے میں ہونے والے بے جا اخراجات پر چند مسافروں میں گفت وشنید جاری تھی۔ "عوام کی گاڑھی کمائی سے ٹیکس وصول کر کے کچھ خاص لوگوں کے لیے اُڑان پُلوں کو بنایا جا رہا ہے۔" دور سے ایک آواز آئی، "ممبئی کو سنگاپور بنانے کا خواب صاحب اور ان کے بندوں نے دیکھا ہے۔" ایک نے تنک کر کہا،" صاحب کی سرکار نے تو کاروبار کی حالت اس قدر خراب کر دی ہے کہ میں آج اپنی کار اندھیری اسٹیشن کے باہر پارک کر کے لوکل میں چرچ گیٹ جانے کو ترجیح دے رہا ہوں۔ ایسے میں سنگاپور کیا خاک بنے گا؟" ایک درمیان میں بول اٹھا،" اگر ایسی صورتِ حال رہی تو ایک دن ایسا آئے گا جب شہر کے تمام کاروبار بند ہو جائیں گے اور یہاں کے سمندری ساحلوں پر پہلے کی طرح صرف مچھلیاں سکھائی جائیں گی اور وہ بھی صرف جھینگا۔" پاس بیٹھے ایک دوسرے مسافر نے کہا،" سچ کہا تم نے۔ ممبئی سنگاپور بننے سے تو رہا۔ البتہ اسے سیاست داں جھینگاپور ضرور بنائیں گے۔"

۴؍ دسمبر ۱۹۹۹ء

۲۶ سالہ پرانا ٹکٹ اور دہلی کا سفر

ریلوے سے سفر کرنے والے مسافروں کو آج یہ سہولت دستیاب ہے کہ وہ سفر کی مقررہ تاریخ سے دو ماہ قبل اپنے ٹکٹ ریزرویشن کرواسکتے ہیں لیکن اس شہر میں ایک شخص ایسا ہے جو آج سے ۲۶ سال قبل ریزرو کیے گئے ٹکٹ پر ۱۹ر جنوری ۲۰۰۰ء کو سفر کرے گا۔اس خوش نصیب مسافر کا نام ہے فخر الدین ٹاکولا ۔موصوف نے آج سے ۲۶ برس پہلے ۱۵ر جولائی ۱۹۷۳ء کو راجدھانی ایکسپریس سے ۱۶ر جولائی ۲۰۰۰ء کا دہلی جانے کا ٹکٹ نکالا تھا۔ریلوے نے انھیں یہ ٹکٹ غلطی سے فراہم نہیں کیا تھا بلکہ ان دنوں ریلوے کے جانب سے شہر کے اخباروں میں ایک اشتہار شائع ہوا تھا جس کے مطابق ۲۶ جنوری ۲۰۰۰ء کو دہلی میں منعقدہ یوم جمہوریہ کی تقریب میں شرکت کرنے والے اشخاص کو یہ خصوصی سہولت دی گئی تھی کہ وہ راجدھانی ایکسپریس سے اپنے ٹکٹ بک کرواسکتے ہیں۔فخر الدین ٹاکولا کی نگاہوں سے جب یہ اشتہار گزرا تو انھوں نے فوراً راجدھانی ایکسپریس سے اپنا ٹکٹ ریزرو کروالیا جس کا نمبر ۳۵۵۸۲ ہے۔دلچسپ بات یہ ہے کہ اس وقت راجدھانی ایکسپریس سے دہلی تک کا کرایہ صرف ۱۲۰ روپے تھا۔آج لوگ اکیسویں صدی کا تذکرہ چھیڑے ہوئے ہیں۔لیکن ویسٹرن ریلوے نے آج سے ۲۶ سال قبل اکیسویں صدی میں جانے کا خواب دیکھا تھا جسے فخر الدین ٹاکولا نے شرمندۂ تعبیر کیا تھا۔فخر الدین ٹاکولا نے اس وقت ویسٹرن ریلوے پر اعتبار کیا جس کے عوض وہ اکیسویں صدی میں صرف ۱۲۰ روپے میں راجدھانی ایکسپریس سے دہلی تک کا سفر بحسن و خوبی انجام دیں گے۔فخر الدین ٹاکولا کے پاس جو ٹکٹ موجود ہے اس پر پی این آر نمبر ندارد ہے۔ پانچ پنوں کا یہ ٹکٹ ایئر ٹکٹ کی طرح ہے جو کہ اے سی چیئر کار کا ہے۔اب راجدھانی ایکسپریس میں اے سی چیئر کار نہیں ہے۔ویسٹرن ریلوے کے سینئر منیجر راجن وسوانی نے فخر الدین ٹاکولا کے ٹکٹ کو درست قرار دیتے ہوئے انھیں ۱۹ر جنوری ۲۰۰۰ء کا راجدھانی ایکسپریس کا تھری ٹائیر اے سی سلیپر کا ریزرویشن فراہم کیا ہے۔ اب یہ دیکھنا ہے کہ فخر الدین ٹاکولا کو گنیز بک آف ورلڈ ریکارڈ میں مقام ملتا ہے کہ نہیں کیونکہ ویسٹرن ریلوے کے مطابق وہ واحد ایسے مسافر ہیں جنھوں نے اس وقت ویسٹرن ریلوے پر بھروسہ کیا تھا۔

۲۲ر دسمبر ۱۹۹۹ء

پھر بھی اکڑ نہیں گئی

گذشتہ دنوں ملاڈ اسٹیشن پر ایک راہگیر کو لوٹنے والے دو بدمعاشوں کو مسافروں نے پکڑ لیا۔ ملاڈ اسٹیشن کے پلیٹ فارم نمبر ایک کے پچھلے کنارے پر رونما ہونے والا یہ واقعہ لگ بھگ تیس منٹ تک جاری رہا۔ دونوں بدمعاش اندھیرے کا فائدہ اٹھا کر مسافر کو لوٹ رہے تھے لیکن مسافر کے شور مچانے کے سبب لوگوں نے دونوں بدمعاشوں کو نہ صرف دبوچ لیا بلکہ خوب جم کر ان کی دھلائی بھی کی۔ بھیڑ میں سے ایک آواز آئی، ''اب بس کرو پولیس کو بلا کر انھیں پولیس کے حوالے کرو۔'' کسی نے جواب دیا، ''پولیس کیا کرے گی؟'' یہ بات ہاتھا پائی میں مصروف مسافروں کو پسند آگئی۔ کسی نے پتلون اور کسی نے شرٹ اتارنے پر زور دیا۔ مسافروں نے دونوں لٹیروں کو تقریباً ننگا کر دیا۔ اب تماش بینوں میں چہ میگوئیاں شروع ہو گئیں، ''کیا دونوں مر گئے؟''

''نہیں صرف ایکٹنگ کر رہے ہیں۔''

''اس طرح پیٹنا اچھا نہیں۔''

''پولیس کے حوالے کر دیا ہوتا۔''

تقریباً پندرہ منٹ بعد وہاں ریلوے پولیس کے چند جوان دکھائی دیے۔ انھوں نے لاٹھی گھما کر بھیڑ کو منتشر کیا اور اسی لاٹھی سے اشارہ کر کے انھیں اٹھنے کا حکم دیا۔ اٹھنے کے بعد دونوں لٹیروں نے اپنے اپنے کپڑے تلاش کیے اور پھٹے ہوئے کپڑے پہن کر خاموش کھڑے ہو گئے۔ پولیس کے جوانوں نے انھیں وہاں سے جانے کے لیے کہا اور دونوں ایک دوسرے کے کاندھے پر ہاتھ رکھ کر کھسک گئے۔ اس میں سے ایک نے دوسرے کو لوکل میں چلنے کے لیے کہا لیکن دوسرے نے جواب دیا، ''پولیس نے چھوڑ دیا تو پھر ڈر کاہے کا۔ اب اپن وہائٹ ہو گیا ہے۔ تو کیوں ڈرتا ہے؟'' یہ سن کر پلیٹ فارم پر کھڑے لوگوں کی ہنسی چھوٹ گئی۔

۲۲ر دسمبر ۱۹۹۹ء

یہ ہیں آنند جی

آزادی سے قبل ممبئی آنے والے کرشن لال گیان چند آنند نے شہر ممبئی کو بالکل نزدیک سے دیکھا ہے۔موصوف کے مطابق شہر میں پگڑی سسٹم کے تحت فلیٹ خریدنے کا سلسلہ تقسیم وطن کے بعد شروع ہوا۔سائن کولی واڑہ اور چمبور میں واقع فوج کے بیرکوں میں ایک بڑی تعداد میں سندھیوں اور پنجابیوں نے پناہ لی تھی۔اس وقت چال مالکان اور فلیٹ اونرس کو یہ اندازہ ہوا کہ وہ بھاری منافع کما سکتے ہیں۔لہٰذا انھوں نے پگڑی سسٹم پر اپنے مکان دینے کی شروعات کی۔آزادی سے قبل شہر میں مکانات خالی پڑے رہتے تھے۔دروازوں پر'مکان خالی ہے' کا بورڈ آویزاں رہتا تھا۔کرشن لال گیان چند آنند کے مطابق ''شہر کی آبادی کے ساتھ ساتھ مختلف امراض میں اضافہ ہوتا چلا گیا ورنہ بھیڑ بھاڑ سے خالی یہ شہر بیماریوں سے پاک تھا۔''ان کا کہنا ہے،''جب وہ شہر میں آئے تھے تب گھوڑا گاڑی کا زمانہ تھا۔راستوں کو شب میں پانی سے دھویا جاتا تھا۔کرشن لال گیان چند آنند نے ٹرام کنڈیکٹر کی حیثیت سے ملازمت کا آغاز کیا۔اس وقت کرایہ ایک آنہ اور دو آنہ مخصوص تھا۔مجگاؤں اور دادر سے جے جے اسپتال کے لیے ایک آنہ ٹکٹ تھا۔کراسنگ پر ایک ٹرام سے اتر کر دوسرے ٹرام میں سوار ہونا پڑتا تھا لیکن پورے سفر کا کرایہ ایک ہی ہوتا تھا۔ٹرام میں مسافر پیچھے کے دروازے سے سوار ہوتے تھے اور اترنے کی خاطر اگلے دروازے کا استعمال ہوتا تھا۔دلچسپ بات یہ ہے کہ ٹرام میں بائیں جانب کی چھ نشستیں خواتین کے لیے ریزرو رہتی تھیں جب کہ آج خواتین کی ریزرو سیٹوں پر مرد بڑی شان سے بیٹھتے ہیں اور خواتین بھیڑ میں کھڑی دھکا برداشت کرتی ہیں۔انھوں نے ۳۱ برسوں تک یہ ملازمت کی۔آج ان کا بڑا بیٹا دنیش آنند ایسل ورلڈ میں سینئر اکاؤنٹنٹ اور چھوٹا بیٹا راجیش آنند بی ای ایس ٹی میں ملازم ہے۔شہر میں جرائم کے واقعات میں تیزی سے ہو رہے اضافے کو لے کر کرشن لال آنند دل برداشتہ ہیں۔ان کا کہنا ہے''پرانے زمانے میں رات کو گھر کے تمام افراد آپس میں مل بیٹھتے تھے لیکن آج ٹیلی ویژن نے ایک ساتھ رہنے کے باوجود اہلِ خانہ کو ایک دوسرے سے اجنبی بنا دیا ہے۔''

کرشن لال گیان چند آنند ۱۹۲۹ء میں یہاں آئے تھے۔اس وقت وہ صرف پندرہ سال کے

تھے۔تقسیم وطن کے سبب ان کا وطن گجرات (ضلع گجرانوالا پنجاب) پاکستان میں چھوٹ گیا اور وہ اپنی تین منزلہ عمارت اور کھیتی باڑی چھوڑ کر ہندوستان چلے آئے۔ پندرہ سال کی عمر میں کرشن لال گیان چند آنند وزیر آباد سے ٹرین میں سوار ہو کر سیدھے وکٹوریہ ٹرمنس (بامبے) پر اترے تھے۔ وہ ممبئی میں ان کا پہلا دن تھا۔ بھوئیواڑہ پولیس اسٹیشن میں ان کے سب سے بڑے بھائی منوہر لال آنند سینئر پولیس انسپکٹر تھے۔ بارہ روپے ماہوار پر انھوں نے ٹرام کنڈ یکٹر کی حیثیت سے اپنی ملازمت کا آغاز کیا تھا۔ کرشن لال گیان چند آنند آج جب قدیم ممبئی کو یاد کرتے ہیں تو ان کی آنکھیں بھیگ جاتی ہیں۔ انھیں اس نئی ممبئی سے ڈھیروں شکایتیں ہیں۔ لیکن شہر کی اس بھاگتی دوڑتی زندگی میں ان کی شکایتیں سننے کا وقت کس کے پاس ہے؟

۲۵؍دسمبر ۱۹۹۹ء

ملیے سروشٹھی ٹھکر سے

دس سالہ سروشٹھی ٹھکر کو پہلی بار دیکھتے وقت یقین نہیں آتا کہ وہ ہارمونیم بجانا جانتی ہے۔ ایک مشہور کہاوت ہے کہ 'پوت کے پاؤں پالنے میں نظر آتے ہیں'۔ سروشٹھی ٹھکر کو ہارمونیم بجاتے ہوئے جس کسی نے دیکھا ہے اس کا یہی کہنا ہے کہ ایک دن اس بچی کا نام عالمی سطح پر گونجے گا۔ پانچویں جماعت میں زیر تعلیم سروشٹھی ٹھکر کے پریوار کا کوئی بھی شخص موسیقی کی الف بے تک سے واقف نہیں ہے۔ موصوفہ کی والدہ ونیتا ٹھکر اور والد ہرشد ٹھکر کے مطابق "سروشٹھی نے صرف چھ سال کی عمر سے ہارمونیم بجانا شروع کردیا تھا۔" سروشٹھی ٹھکر نے مئی ۱۹۹۸ء کو دس گھنٹے اور جون ۱۹۹۸ء میں مسلسل تیرہ گھنٹے ہارمونیم بجا کر حاضرین کو دم بخود کردیا تھا۔ ہارمونیم کے تئیں سروشٹھی ٹھکر کی دلچسپی اور ریاض کو دیکھ کر وزیر اعظم اٹل بہاری واجپائی اور سونیا گاندھی سے لے کر سنیل گاؤسکر اور کئی دیگر مشہور شخصیتوں نے اسے مبارکبادی کے خطوط لکھے ہیں۔ جنھیں اس بچی نے ایوارڈ کی طرح سنبھال کر رکھا ہے۔ ۱۱؍اکتوبر ۱۹۸۹ء کو پیدا ہونے والی سروشٹھی ٹھکر گلوکارہ انورادھا پوڈوال کی مداح ہے۔ سروشٹھی ٹھکر ان معنوں میں خوش نصیب ہے کہ جب شہرت یافتہ فنکاران نئی صدی میں کسی ایوارڈ کے ساتھ قدم رکھنے سے محروم

رہ گئے وہ ایک ورلڈ ریکارڈ بنا کر اکیسویں صدی میں داخل ہوئی ہے۔واقعی وہ ۲۱ویں صدی کی فنکارہ ہے۔اس نے ۳۰/دسمبر کو جوہو ممبئی کے اسکان آڈیٹوریم میں مسلسل چودہ گھنٹے ہارمونیم بجا کر حاضرین سے بے پناہ شاباشی حاصل کی۔ہندی فلموں کے سوپر اسٹار امیتابھ بچن سروشٹھی ٹھکر کے فین ہیں۔ہر سال ۱۱/اکتوبر کو سوپر اسٹار اس بچی کو جنم دن کی نیک خواہشات ضرور پیش کرتے ہیں کیونکہ امیتابھ بچن کی سالگرہ کا دن ۱۱/اکتوبر ہی ہے۔

یکم جنوری ۲۰۰۰ء

لیڈیز کمپارٹمنٹ اور وہ عورت

اس دن ویسٹرن ریلوے کے سفر کے دوران ایک ایسا تجربہ ہوا جس نے یہ ثابت کر دیا کہ عورت بے حد طاقتور ہوتی ہے اور وہ چاہے تو کچھ بھی کر سکتی ہے۔ویرار جانے والی بارہ ڈبوں کی رات ۱۰بج کر ۳۲ منٹ کی لوکل ہمیشہ کی طرح اسٹیشن سے روانہ ہوئی۔کمپارٹمنٹ میں بیٹھے مسافر اپنے حساب سے وقت بتا رہے تھے۔چرنی روڈ اسٹیشن پر ایک خاتون سوار ہوئی۔اس نے اندر آتے ہی چلانا شروع کر دیا،''چلو ڈبہ خالی کرو،یہ لیڈیز کمپارٹمنٹ ہے۔''لوگ اس کے تیور دیکھ کر گھبرا گئے۔اس نے پھر کہا، ''سمجھ میں نہیں آتا کیا تم لوگوں کو؟ میں بولتی ہوں یہ لیڈیز ڈبہ ہے۔پاگل ہو کیا تم لوگ؟ دکھتا نہیں ہے کیا تم لوگ کو؟ چلو اترو تم سبھی۔ابھی کا ابھی اترو۔''کچھ لوگوں نے ہمت جٹائی اور اس کی مخالفت کی تو اس کا اصل روپ سامنے آگیا۔جب تک گرانٹ روڈ آگیا تھا۔کچھ مسافر ڈر کر وہاں اتر گئے اور تین نوجوان جا کر دروازے پر کھڑے ہو گئے۔کمپارٹمنٹ میں کہیں بھی 'لیڈیز کمپارٹمنٹ' تحریر نہیں تھا۔وہ عورت یہ ماننے کے لیے تیار نہیں تھی۔آخر میں چند لوگوں نے اسے مشورہ دیا کہ وہ بامبے سینٹرل پر ریلوے پولیس کو بلائے اور پولیس کہے گی تو وہ اتر جائیں گے ورنہ نہیں۔بعد از پتہ چلا کہ واقعی وہ بارہ ڈبوں والی لوکل کا درمیان والا لیڈیز کمپارٹمنٹ تھا جس پر یہ تحریر نہیں تھا۔جب تک لوگوں کو یہ بات سمجھ میں آتی لوکل اندھیری پہنچ چکی تھی۔

یکم جنوری ۲۰۰۰ء

تبّتی عوام کا ہمدرد ایک ہندوستانی

اس دن آزاد میدان میں سینکڑوں تبّتی اپنے ہاتھوں میں موم بتیاں تھامے پرارتھنا کر رہے تھے۔ ''کسی انسان کا اتنی دقتوں سے سامنا نہیں ہوجتنا ہمیں کرنا پڑ رہا ہے۔'' یہ وہ دن تھا جب دس سال قبل تبتیوں کے دھرم گرو دلائی لاما کو امن کا نوبل پرائز ملا تھا۔ تبت کے باشندے تب سے ہر سال اس دن دعائیہ محفل کا انعقاد کرتے ہیں اور پورے عالم کی سلامتی کے لیے دعائیں کرتے ہیں۔ ایک اندازے کے مطابق ممبئی میں پانچ سو تبتی آباد ہیں جن کے قائد تاشی اور کیلشنگ ہیں۔ دھرم گرو دلائی لاما کے ایک بڑے فوٹو کے مقابل پرارتھنا کرنے والوں میں تاشی بھی شامل تھا۔ لگ بھگ دس سال پہلے ہندی کے مشہور کوی اور کتھا کار ادئے پرکاش نے 'تبت' نامی کویتا لکھی تھی جو بے حد مقبول ہوئی تھی۔ اس وقت ادے پرکاش کو 'بھارت بھوشن اگروال ایوارڈ' سے نوازا گیا تھا۔ دلچسپ بات یہ ہے کہ ان دنوں تبت کی آزادی پر بھوپال کے ڈاکٹر مہیش یادو اپنے خون سے ایک کتاب لکھنے میں مصروف ہیں۔ ڈاکٹر مہیش یادو کو ان کے دوستوں نے 'امن گاندھی' کا خطاب دیا ہے۔ ویسے فی الحال ڈاکٹر مہیش یادو تبتیوں کے مطالبات کو لے کر ملک گیر دورہ کر رہے ہیں۔ اس دن آزاد میدان میں ڈاکٹر مہیش یادو موجود تھے۔ دعا کے اختتام ہوتے ہی ڈاکٹر مہیش یادو اپنی جگہ پر جا کر براجمان ہو گئے جہاں انکے خون سے بنائی گئی تیس چالیس تصویریں فٹ پتھ پر نہایت قرینے سے سجی ہوئی تھیں۔ ان تصاویر کے درمیان امریکا، روس، چین اور دیگر طاقتور مما لک کے نام خون سے تحریر کردہ ایک اپیل بھی تھی جس میں تبتی عوام کی حمایت کی گئی تھی۔ درمیان میں مہاتما گاندھی، ابراہیم لنکن اور دھرم گرو دلائی لاما کے تصاویر موجود تھیں۔ گذشتہ روز ڈاکٹر مہیش یادو ممبئی سے جنوبی ہند کی جانب روانہ ہوئے۔ کنیا کماری سے وہ دہلی کے راج گھاٹ جائیں گے جہاں ان کا یہ دورہ ختم ہوگا۔ ملحوظ رہے کہ ۱۹۴۹ء سے چین تبت پر قابض ہے ورنہ قبل از اں دو ہزار برسوں سے تبتی عوام آزاد فضا میں سانس لے رہے تھے۔ تبت میں چینیوں کے آنے کے بعد از 'بھارت تبت بارڈر' آج 'بھارت چین بارڈر' کہلاتا ہے۔ بتایا جاتا ہے کہ جب تبت آزاد تھا تب ہند تبت بارڈر پر صرف پندرہ سو ہندوستانی فوجی تعینات تھے جب

کہ آج روزانہ پچیس کروڑ روپے ہماری حکومت کو خرچ کرنا پڑ رہا ہے۔آج تبت میں ساٹھ لاکھ تبتی اور پچھتر لاکھ چینی آباد ہیں۔ممبئی میں جو پانچ سو تبتی ہیں وہ چینیوں کے مظالم سے دل برداشتہ ہوکر یہاں آکر بسے ہیں۔تبت کو چین سے آزاد کرانے کی کوشش میں برسوں سے دلائی لاما کوشاں ہیں اور ان کا ساتھ ڈاکٹر مہیش یادو جیسے ڈھیروں ہندوستانی دے رہے ہیں۔

۵رجنوری ۲۰۰۰ء

پان والے چورسیا

صدیوں سے پان کھانے کا رواج ہے۔لوگ شوق کی خاطر بھی پان چباتے ہیں اور عادتاً بھی۔ اب تو شادی بیاہ کی محفلوں میں پان کا فیشن سا چل پڑا ہے۔ویسے دور قدیم میں راجا مہاراجاؤں کی محفلوں میں پان کا چلن عام تھا۔آج ممبئی میں لگ بھگ ۲۰ فی صد اشخاص اس کاروبار سے جڑے ہیں۔ممبئی کے گلی محلوں اور چوراہوں پر آپ کو جا بجا پان کا ٹھیلہ دکھائی دے گا۔اس پان کے کاروبار میں آج صرف چورسیا ہی نہیں بلکہ سبھی طبقے کے افراد مشغول ہیں۔پان کا دھندہ کرنے والے بیوپاری روزانہ ۱۰۰ سے لے کر ہزار روپے تک منافع بآسانی کما لیتے ہیں۔کبھی پان ۳ روپیہ سیکڑہ دستیاب تھا مگر آج ۳۰ روپے سیکڑہ ملتا ہے۔پان والوں کے مطابق جہاں پان پانچ پیسے میں دو ملتے تھے اب دو روپے میں ایک ملتا ہے۔آج نہ صرف پان میں استعمال ہونے والی اشیا کے دام میں اضافہ ہوا ہے بلکہ پان کا کاروبار بھی تیزی سے پھیل رہا ہے۔آج شہر میں جتنا منافع اس کاروبار میں ہے اتنا دوسرے کسی کاروبار میں نہیں۔لیکن آج چورسیا گٹکے کی مقبولیت سے پریشان ہیں۔کلکتہ، بنارس، پونا، مکھنی، چورواڑ، جلیشور، بھولیشور اور کیورہ وغیرہ پان کے چند مشہور نام یا قسمیں ہیں۔یوں پان کی ۲۵ سے زائد اقسام بازار میں دستیاب ہیں۔شہر میں پان کے کاروبار میں زیادہ تر ساؤتھ انڈین اور اتر بھارتیوں کا ریلا ہے۔

۱۲رجنوری ۲۰۰۰ء

وہ موت کے درمیان جیتے ہیں

جب سے شہر میں آئی ایس آئی کی خفیہ سرگرمیوں میں اضافہ ہوا ہے تب سے شہری پولیس کا بم اسکواڈ انتہائی چاک و چوبند ہو چکا ہے۔ مذکورہ دستے میں شامل پولیس ملازمین کی ذمہ داریاں جتنی خطرناک ہیں اتنی شاید ہی ممبئی پولیس کے کسی دیگر دستے کی ہوں گی، اس کے باوجود بموں کے درمیان رہنے والے اس دستے کے ملازمین موت سے کوئی خطرہ محسوس نہیں کرتے۔ شہر میں بم اسکواڈ کی اہمیت پچھلے دو مہینوں سے کچھ زیادہ ہی محسوس کی گئی۔ بم اسکواڈ نے واکولہ اور اندھیری میں دو بموں کو بڑی مہارت سے ضائع کر کے بڑے پیمانے پر ہونے والے جانی و مالی نقصان سے شہر کو بچایا تھا۔ شہر میں اس خصوصی بم اسکواڈ کی بنیاد ۱۹۹۳ء میں ہونے والے سلسلہ وار بم دھماکوں کے بعد رکھی گئی تھی۔ قبل ازاں شہر میں کوئی خصوصی بم اسکواڈ موجود نہیں تھا اور جو تھا وہ ریاستی خفیہ ایجنسی کے ماتحت تھا۔ ممبئی پولیس کے بم اسکواڈ میں لگ بھگ ۷۰ پولیس ملازمین شامل ہیں جن میں حوالدار اور سپاہیوں کی تعداد ۵۰ کے آس پاس ہے جب کہ ان کے علاوہ دو سینئر پولیس انسپکٹر، چار پولیس انسپکٹر اور پندرہ اسٹنٹ پولیس انسپکٹر ہیں۔ آٹھ کھوجی کتے ان سب کے ساتھی ہیں جن کے نام زنجیر، سنی، راکی، ڈان، لائیکا، لیا، سونی اور رحنا ہیں۔ ان آٹھ کھوجی کتوں کو پولیس فورس سے اس دستے میں شامل کرنے کے بعد ازمزید اڑتالیس دنوں تک پونا میں تربیت دی گئی ہے۔ بم اسکواڈ کے ساتھ روزانہ یہ تمام کتے پریکٹس کرتے ہیں۔ بم اسکواڈ میں ہر کھوجی کتے کو بارہ سال کے لیے رکھا جاتا ہے۔ ممبئی پولیس کے بم اسکواڈ کے تمام ملازمین نے پونہ، مسوری اور ہریانہ کے منی سرنامی مقام پر اپنی تربیت مکمل کی ہے۔ بم اسکواڈ کا صدر دفتر ایل ٹی مارگ پر واقع ہے اور اس کے علاوہ اس دستے کی دو گاڑیاں ہر وقت واکولہ پولیس اسٹیشن اور پولیس ہیڈ کوارٹر کے پاس تعینات رہتی ہیں۔ چوبیس گھنٹے ان گاڑیوں میں ایک کھوجی کتا، پانچ سپاہی اور ایک پولیس آفیسر موجود رہتا ہے۔

۷ رفروری ۲۰۰۰ء

خاموش ہوگئی طبلے کی تھاپ

استاد اللہ رکھا خاں کا تعلق پنجابی خانوادے سے تھا۔ ۲۹/اپریل ۱۹۱۹ء کو لاہور سے ۸۰ کلومیٹر دور جموں کے گھگوال نامی گاؤں میں ان کا جنم ہوا۔ استاد اللہ رکھا خان کے خاندان میں یا تو فوجی جوان موجود تھے یا دوسرے مرد کھیتی باڑی سے منسلک تھے۔ آپ سات بھائیوں میں سب سے بڑے تھے۔ گرو داس پور میں اپنے چاچا کے یہاں بود و باش اختیار کرنے کے دوران استاد اللہ رکھا خان نے پہلی بار طبلے پر تھاپ دی تھی۔ بعد میں یہاں سے بھاگ کر انھوں نے پنجابی گھرانے کے میاں قادر بخش کا شاگرد بننا پسند کیا تھا۔ پٹیالہ گھرانے کے استاد عاشق علی خان نے انھیں 'راگ وِگھا' سکھایا تھا۔ استاد اللہ رکھا خان نے اپنے کیریئر کا آغاز ۱۹۴۰ء میں ممبئی ریڈیو سے کیا تھا۔ ان دنوں پنڈت جسراج، بھیم سین جوشی، روی شنکر اور استاد بسم اللہ خان کے ساتھ ان کی جگل بندیاں بڑی مشہور ہوئی تھیں۔ ۱۹۵۸ء میں جاپان میں استاد اللہ رکھا خان نے بین الاقوامی سطح پر پنڈت روی شنکر کے ساتھ اولین مرتبہ جگل بندی کی تھی۔ اس جگل بندی کے بعد ہی استاد اللہ رکھا خان کے ہمراہ ہندوستانی موسیقی کے بھی غیر ملکی دلدادہ ہوئے۔ استاد اللہ رکھا خان کے شاگردوں میں ان کے تینوں صاحبزادوں استاد ذاکر حسین، فضل قریشی اور توفیق قریشی کے علاوہ امریکی ڈرم نواز مِک ہارٹ آج عالمی شہرت کے حامل ہیں۔ استاد اللہ رکھا خان نے سبق، خاندان، ماں باپ، مداری اور بے وفا جیسی فلموں میں موسیقی دی تھی۔ حکومت ہند نے استاد اللہ رکھا خان کی خدمات کے پیش نظر انھیں 'پدم شری ایوارڈ' سے نوازا تھا۔ شیواجی پارک ممبئی میں 'استاد اللہ رکھا خان انسٹی ٹیوٹ آف میوزک' میں وہ بلاناغہ اپنے شاگردوں کو طبلے کی خوبیاں بتاتے تھے۔ استاد اللہ رکھا خان بس ایک ہی زبان جانتے تھے، طبلے کی زبان، جس سے انھیں بارہ برس کی عمر میں پیار ہوگیا تھا۔ ان کے طبلے کی تھاپ ۳ فروری ۲۰۰۰ء کو ممبئی میں ہمیشہ کے لیے خاموش ہوگئی۔

۷/فروری ۲۰۰۰ء

اسپیڈ پوسٹ

اسپیڈ پوسٹ شوبھاڈے کی نئی تصنیف ہے۔ سرسری مطالعہ کرنے پر معلوم ہوتا ہے کہ اس کتاب میں شوبھاڈے اپنے بچوں سے مخاطب ہیں لیکن غور سے پڑھیں تو اس میں غلط فہمیاں، یادیں اور پیار بھی جھلکتا ہے۔ شوبھاڈے کے بقول، ''آج کمپیوٹر کے زمانے میں جہاں ای میل اور ٹیلی فون یا پھر صرف بات چیت کے ذریعے ہی کام چل جاتا ہے خطوط کا درجہ بالکل الگ ہے۔'' شوبھاڈے نے 'اسپیڈ پوسٹ' میں اپنے بچوں کے نام تحریر کردہ خطوط شامل کیے ہیں جو پڑھنے کے قابل ہیں۔ موصوفہ کا کہنا ہے کہ انھیں جذبات کو لفظوں کی شکل میں پیش کرنے کا فن نہیں آتا ہے اس واسطے شروع سے ہی وہ اپنے بچوں کو بذریعہ خطوط نصیحتیں اور مشورے دیا کرتی تھیں۔ شوبھاڈے نے دس سال کی عمر سے ان خطوط کو محفوظ رکھا ہے جو ان کے والدین اور رشتہ دار، ان کے نام ارسال کرتے تھے۔ شوبھاڈے آج بھی فرصت کے لمحات میں ان خطوط میں جھانک کر ماضی کی جھلک دیکھتی ہیں۔ 'اسپیڈ پوسٹ' میں شوبھاڈے نے اپنے بچوں کے نام تحریر کردہ خطوط کو شامل کیا تھا لیکن پبلشر نے بطور فرمائش تمام بچوں کے لیے بھی ان سے خطوط لکھوائے جو اس کتاب کا ایک حصہ ہیں۔ موصوفہ کے مطابق، ''پلک جھپکتے ہی بچے بڑے ہو جاتے ہیں۔ اتنا وقت والدین کو آج کہاں نصیب ہوتا ہے کہ وہ اپنے بچوں کو تمام باتیں کہہ سکیں۔ میں بچوں سے اپنے دل کی بات کہے بغیر مرنا نہیں چاہتی تھی۔ اس کا یہ مطلب بھی نہیں ہے کہ میں نے اپنے من کی تمام باتیں رقم کردی ہیں۔'' وہ آگے بتاتی ہیں، ''آج کا زمانہ کتنا تبدیل ہو چکا ہے۔ ہماری پرورش اور ہمارے بچوں کی پرورش میں فرق ہے۔ ایک وہ زمانہ تھا جب ماں صرف بچوں کی دیکھ بھال کرتی تھی اور باپ روپے کمانے جاتا تھا لیکن اب سب کچھ بدل چکا ہے۔'' 'اسپیڈ پوسٹ' کے ادھر اُدھر کے چند جملے ملاحظہ کریں:

- مختلف اوقات میں آنے والے غصے، تناؤ اور بغاوت کے خیالات کا ہم ماؤوں کو کیسے سامنا کرنا چاہیے؟
- دھیان آیا... کئی برسوں سے میں دل کھول کر روئی بھی نہیں ہوں... ایسا کیوں ہوا... آنسوؤں کو نہیں بہنے دینا کہیں فطری تو نہیں ہے؟ کیا میں کبھی سچ اور بہتری کے لیے آنسوؤں کی بوند

پڑھا سکوں گی...؟

● میری غلطیاں... تمھارے اشاروں کو میں نہیں سمجھ سکی۔ تمھارا اچھا اور پرسکون رہنا دیکھ کر مجھے لگا کہ تمھیں... کوئی تکلیف نہیں ہو رہی ہے۔ شاید ایسا کرنا میرے لیے آسان تھا۔

● ایک دن تم میرے سامنے کھڑے تھے۔ ایک مرد، کالے گھنے بالوں نے تمھارے پیروں کو ڈھک رکھا تھا۔ ہلکی پر گھنی داڑھی، آواز میں گہرا پن۔ ہے رام تم اتنے جلدی بڑے ہو گئے تھے۔ بچپن سے جوانی کے درمیان کا وقت کب اور کیسے گزر گیا معلوم نہیں چلا...!

۱۲رفروری ۲۰۰۰ء

اضافہ: Shobhaa Rajadhyaksha ۷/ جنوری ۱۹۴۸ء کو گرگاؤں ممبئی کے ایک سرسوت برہمن خاندان میں پیدا ہوئیں۔ ستارا ان کی جائے پیدائش ہے۔ ان کا قلمی نام شوبھاڈے (Shobhaa De) ہے۔ ان کے شوہر کا نام دلیپ ڈے ہے۔ وہ مقبول عام ناول اور کالم نویس ہیں۔ انھوں نے کوئین میری اسکول اور سینٹ زوئیرس کالج سے گریجویشن کیا ہے۔ شوبھا ڈے فلم اداکارہ زینت امان کے ساتھ ماڈلنگ کرچکی ہیں۔ ۱۹۷۰ء میں انھوں نے صحافت میں قدم رکھا اور اسٹارڈسٹ، سوسائٹی اور سیلیبریٹی نامی انگریزی کے مقبول رسالوں کے ادارتی فرائض ادا کیے۔ فی الحال ٹائمس آف انڈیا کے سنڈے میگزین اور ایشین ایج میں ان کے ہر ہفتے کالم شائع ہوتے ہیں۔ انھوں نے ٹیلی ویژن کے لیے کئی ڈیلی سوپ لکھے ہیں جن میں 'سوابھیمان' کافی اہم ہے۔ ان کی اب تک تقریباً ۱۹ تصانیف شائع ہو چکی ہیں۔

خطوط نگاری ہرداوالا کا مشغلہ ہے

سترہ سالہ عبدالقدیر ہرداوالا اپنے اندر زندگی کے افق پر آفتاب بن کر چمکنے کی بھرپور صلاحیت اور جذبہ رکھتا ہے۔ آج ہماری قوم کے بیشتر طلبا کالجوں میں زیور تعلیم سے آراستہ ہونے کے بجائے

آوارہ گردی یا پھر دل پھینکنے میں مشغول رہتے ہیں لیکن اس نوجوان کو ان سب سے پرے کچھ اور ہی شوق ہے۔عبدالقدیر ہرداوالا کا مشغلہ مشہور شخصیات کو خطوط لکھنا ہے۔اس نے اب تک کے آر نارائنن (صدر جمہوریہ)، وزیر اعظم اٹل بہاری واجپائی، لٹل ماسٹر سنیل گاوسکر، راج ٹھاکرے، بال ٹھاکرے، ونود کامبلی، سچن تینڈولکر، سرڈان بریڈمین اور متعدد نامی گرامی ہستیوں سے بذریعہ خطوط رابطہ کیا۔جن میں سے کئی خطوط کے جواب اسے موصول ہو چکے ہیں۔صدر جمہوریہ ہند کے آر نارائنن نے اپنے دفتر کا چارج سنبھالتے ہی دستیاب ہونے والا عبدالقدیر ہرداوالا کے مکتوب کا جواب کچھ اس طرح دیا۔'میرے چارج سنبھالنے پر آپ نے جن تاثرات کا اظہار کیا ہے میں اس کے لیے شکر گزار ہوں'۔عبدالقدیر ہرداوالا کا تعلق ایک غریب خانوادہ سے ہے۔اس کے والد شبیر حسین ہرداوالا ٹھنڈی سڑک مدن پورہ میں واقع نیشنل کلر کمپنی میں ملازم ہیں جب کہ والدہ کنیزہ ہرداوالا ایک خاتون خانہ ہیں۔عبدالقدیر ہرداوالا چرچ گیٹ میں واقع جے ہند کالج میں سائنس کے اسٹوڈنٹ ہیں۔کراٹے کی مشہور صنف تائی کونڈو کے مقابلوں میں دو بار گولڈ میڈل جیتنے کا اعزاز اسے حاصل ہے۔علاوہ ازاں اسے اسکیٹنگ کا شوق ہے۔وہ ٹائپنگ اور شارٹ ہینڈ سے بخوبی واقف ہے۔عبدالقدیر ہرداوالا کو جن دو خطوط کے جوابات موصول نہیں ہونے کا افسوس ہے ان میں سے ایک شخص سرڈان بریڈمین اور دوسرے وی آئی پی شیوسینا چیف بال ٹھاکرے ہیں۔اس نے محض سات برس کی عمر میں سب سے پہلا خط اس وقت کی میئر نرملا ساونت کو تحریر کیا تھا جس میں اس نے اپنے اسکول اور اس میں ہونے والی سرگرمیوں کی تفصیل سے آگاہ کیا تھا۔عبدالقدیر ہرداوالا کو سب سے زیادہ خوشی لٹل ماسٹر سنیل گاوسکر سے ملاقات پر حاصل ہوئی۔گاوسکر نے شریف آف بامبے بننے کے بعد اپنی سارو جنک ہولی میں اسے مدعو کیا تھا جس میں اس کو سچن تینڈولکر اور ونود کامبلی سے ملنے کا موقع ملا۔عبدالقدیر ہرداوالا نے ڈونیس انسٹی ٹیوٹ قلابہ سے ایس ایس سی (اس میں اکاؤنٹس اور اکنامکس بطور مضامین شامل ہوتے ہیں) ۸۵ فی صد سے پاس کیا ہے۔اس کے علاوہ اس نے ٹیلی ویژن سیریل 'جلدی جلدی' میں اداکاری کی ہے۔عبدالقدیر ہرداوالا چمنا بوچر اسٹریٹ ممبئی-۳ میں رہتا ہے۔اس ہونہار نوجوان کا سب سے بڑا اور اہم کارنامہ یہ ہے کہ جب تعلیم یافتہ اشخاص طاعون کے خوف سے ٹیٹرا سائکلین کا انجکشن لے رہے تھے تب چھٹی جماعت کا یہ طالب علم شہر کے راستوں پر

اسکیٹنگ کرتے ہوئے شہریوں سے اپیل کر رہا تھا، ''آدمی آدمی کا دشمن نہیں ہے۔ روگ اور بیماری سب سے بڑی دشمن ہے۔ اس نازک وقت پر ہمیں ایک دوسرے کی مدد کرنی چاہیے۔''

۲۱ر فروری ۲۰۰۰ء

بگ ونڈرس

بچوں کی اپنی ایک الگ دنیا ہوتی ہے۔ مگر جو بچے بہرے، گونگے یا اپاہج ہوتے ہیں وہ کیا کریں؟ انھیں کون جینے کے طور طریقے سکھائے گا؟ ملاڈ میں واقع 'ڈوگرا' نے اس ذمہ داری کو سویکار کیا ہے۔ ڈوگرا (انڈین سوسائٹی فار مینٹلی ریٹائرڈ) کی بنیاد ۱۹۷۳ء میں ڈاکٹر اے وی مہتا نے کل تین گونگے بچوں کو گود لے کر رکھی تھی۔ آج اس ادارے میں لگ بھگ ۸۰۰ گونگے بچوں کو نہ صرف زیور تعلیم سے آراستہ کیا جا رہا ہے بلکہ انھیں جینے کے ڈھنگ بھی سکھائے جا رہے ہیں۔ ۱۹۹۶ء میں کلیان جی کے 'لٹل ونڈرس' کا ایک خصوصی شو ان بچوں کے لیے رکھا گیا۔ بعد ازاں 'ڈوگرا' کے روح رواں ڈاکٹر اے وی مہتا کو خیال آیا کہ کیوں نا 'ڈوگرا' کے بچوں میں سنگیت کا شوق پیدا کیا جائے۔ آج اس ادارے میں گلوکاری کی تعلیم سندیش ہیرے اور رقص کی تربیت سنیتا بھٹاچاریہ، منیشا کیلکر اور نیتی مشرا دے رہی ہیں۔ گذشتہ سال نوراتری کے موقع پر 'ڈوگرا' کے ۴۰ بچوں نے 'بگ ونڈرس' کے توسط سے گلوکاری، رقص اور اداکاری کا وہ مظاہرہ کیا کہ حاضرین ششدر رہ گئے۔ جن بچوں کا بولنا دوبھر تھا انھوں نے نہ صرف شاستریہ سنگیت کے راگوں میں بندھے مشکل ترین گیت سیکھے بلکہ انھیں کامیابی کے ساتھ پیش بھی کیا۔ نیہا گندریا کی عمر ۱۶ سال ہے۔ لتا منگیشکر اور آشا بھوسلے کے گیت وہ سر تال کے ساتھ سناتی ہے۔ 'کلوز اَپ انتاکشری' میں جیتنے والے تشار سنگھ فن قوالی میں کمال رکھتے ہیں۔ نیلیش میں یہ خوبی ہے کہ وہ کوئی بھی گیت ایک بار سن کر ازبر کر لیتا ہے۔ آج 'بگ ونڈرس' بھی 'لٹل ونڈرس' کی طرح تیزی سے مقبول ہو رہا ہے۔

۲۵ر فروری ۲۰۰۰ء

سرکاری اسپتال کا ایک منظر

''لاکھوں کا نہیں کروڑوں کا اسپتال ہے یہ۔لیکن اس سے ہم کو کیا مطلب؟ ہم اپنی ڈیوٹی ٹیم سے کرے گا۔ٹیم سے آئے گا اور ٹیم سے جائے گا۔ چائے کوئی کچھ بھی بولے۔'' سرکاری اسپتال کا ملازم بڑبڑا رہا تھا۔جب اس سے پوچھا گیا کہ آخر ماجرا کیا ہے؟ اس نے تپاک سے جواب دیا،''یہ آدمی کو دیکھ،کب سے مغز کھا رہا ہے۔بیماری کو ہم کیا کرے گا۔ڈاکٹر آئے گا تو وہ دیکھے گا۔خالی پیلی بوم مارتا ہے۔اپن تھوڑی ڈاکٹر ہے۔کیا ہم نے بولا تھا آج بیمار ہونے کو؟'' سرکاری اسپتال کے نچلی سطح کا یہ ملازم بے حد غصے میں تھا۔'' آج جب اسپتال کا او پی ڈی بند ہے تو کھلاس۔ بار بار کائی کو تنگ کرتا ہے۔کتنا بارش ہو رہا ہے۔ڈاکٹر کو آرام کا موقع کہاں ملتا ہے؟'' مریض کے رشتے داروں میں ایک کا پارہ چڑھ گیا۔اس نے ملازم کا کالر پکڑ لیا۔''جب تیرا باپ اس طرح بیمار ہوگا تو معلوم پڑے گا۔'' ملازم پر سکتہ طاری ہوگیا۔اس نے نرم ہوتے ہوئے کہا،''ارے میرے کو مارنا ہے تو مارلو مگر جب ڈاکٹر نہیں ہے تو کیا میں دوا دے گا۔میرے باپ کو تم نے بیچ میں لایا۔ٹھیک ہے کل سے میں بھی تین دن کا لیو مارتا ہے۔''

۲۵رفروری ۲۰۰۰ء

لوکل گاڑیاں اور ہیجڑے

لوکل گاڑیوں میں خاتون مسافروں کو ہیجڑوں کی شرما دینے والی حرکتوں کا لگ بھگ روز ہی سامنا کرنا پڑتا ہے۔اس روز روز کی جھنجٹ سے تنگ آ کر ایک دن ریتا پانڈیا نامی خاتون نے باندرہ ریلوے پولیس اسٹیشن کے اعلیٰ پولیس آفیسر سے ملاقات کی۔ پولیس آفیسر نے ریتا پانڈیا کی شکایت بغور سنی اور انھیں معذرت ظاہر کرتے ہوئے بتایا کہ پولیس محکمہ اس برادری کے خلاف کوئی کارروائی نہیں کرسکتا کیوں کہ انھیں بنیادی حقوق حاصل ہیں۔ یہاں پر یہ سوال پیدا ہوتا ہے کہ ہیجڑوں کو کس کمپارٹمنٹ میں سفر اختیار کرنا چاہیے کیونکہ موصوفہ نے اپنی شکایت میں مطالبہ کیا تھا کہ ہیجڑوں کو لیڈس

کمپارٹمنٹ میں سوار ہونے سے روکا جائے۔ ویسے مرد مسافروں کا کہنا ہے کہ ہیجڑے ساڑیاں پہنتے ہیں شرٹ پینٹ نہیں لہٰذا انھیں خواتین کے ڈبوں میں سفر کرنے کا پورا حق ہے۔ مگر قانونی اعتبار سے انھیں کس ڈبے میں سفر اختیار کرنا چاہیے؟ تعجب خیز بات یہ ہے کہ ریلوے قانون میں اس طرح کا کوئی ریمارکس یا شرط موجود نہیں جو یہ واضح کرے کہ ہیجڑوں کو فلاں کمپارٹمنٹ میں سفر کرنا چاہیے اور فلاں میں نہیں۔ اسی واسطے ریلوے پولیس ہیجڑوں کو لیڈیز یا جینٹس کمپارٹمنٹ میں چڑھنے سے روکنے کی سعی ہرگز نہیں کرتی۔ ریلوے پولیس کو یہ معلوم نہیں کہ اگر لوکل گاڑیوں میں ہیجڑے کوئی جرم کرتے ہیں تو انھیں کس لاک اَپ میں مقید رکھا جائے۔ جینٹس لاک اَپ یا لیڈیز لاک اَپ میں؟ بہرحال ریلوے پولیس نے اب ہیجڑوں کے خلاف معاملات درج کرنے کا آغاز کر دیا ہے لیکن ایک سوال اپنی جگہ بدستور قائم ہے کہ اگر کوئی ہیجڑہ سنگین جرم کا مرتکب قرار دیا جاتا ہے تو اسے کس لاک اَپ میں رکھا جائے؟ اگر تین لاک اَپ ہیں تو ہیجڑوں کو تیسرے لاک اَپ میں مقید کیا جاتا ہے ورنہ بہ صورت دیگر انھیں پولیس آفیسر کو اپنی ضمانت پر مردوں کے لاک اَپ میں بند کرنا پڑتا ہے۔

۲۸؍فروری ۲۰۰۰ء

بیس روپے

ممبئی کے راستوں پر بھلے ہی چوبیس گھنٹے ٹریفک کانسٹیبل تعینات رہیں، ٹیکسی اور آٹو رکشا ڈرائیورس سگنل کی پابندی کا لحاظ نہیں رکھتے ہیں۔ کبھی کبھار تو یہ دیکھا گیا ہے کہ بعض ڈرائیورس سگنل توڑنے کا تجربہ بھی کرتے ہیں۔ گذشتہ روز دادر میں لال بتی کے باوجود ایک ٹیکسی ڈرائیور نے اپنی ٹیکسی روکی نہیں اور اسے ٹریفک پولیس نے پکڑ لیا۔ ٹریفک کانسٹبل نے ڈرائیور سے لائسنس دکھانے کی فرمائش کی اور ٹیکسی ڈرائیور نے مسکراتے ہوئے اپنی جیب میں ہاتھ ڈالا اور مٹھی بند کر کے حوالدار کو کچھ تھما دیا۔ ٹریفک پولیس نے اپنی جیب میں کچھ رکھتے ہوئے کہا آج چھوڑ دیتا ہوں آئندہ چالان کروں گا۔ ڈرائیور نے دوبارہ ٹیکسی آن کی اور نکل گیا۔ ٹیکسی میں براجمان مسافر نے ڈرائیور سے دریافت کیا، ''کیوں بھائی کتنے روپے دیے؟'' ڈرائیور نے جواب دیا، ''صاحب! ٹریفک پولیس کی

اوقات صرف بیس روپے کی ہوتی ہے۔"

۴/مارچ ۲۰۰۰ء

ایک دن کا منظر

ایک مداری کے بندر نے کرلا کے سفید پل کے پاس ہڑ بونگ مچادی۔ چشم دید گواہوں کا کہنا ہے کہ ایک مداری دو تین بندروں کو ساتھ لیے وہاں سے گزر رہا تھا۔ اچانک ان بندروں میں سے ایک بندر رسی سے آزاد ہوگیا۔ بس پھر کیا تھا۔ مداری پیچھے پیچھے اور بندر آگے آگے۔ بندر کی اس اچھل کود کے سبب ٹریفک جام ہوگیا۔ موٹر گاڑیاں تھم گئیں۔ بندر بڑا چالاک تھا۔ بی ای ایس ٹی کی ایک بس میں جا گھسا۔ مسافروں نے خوب شور مچایا۔ کبھی بندر اس کونے میں اور کبھی اس کونے میں۔ اتنے میں مداری دوڑتا ہوا بس میں داخل ہوا اور بندر کی جانب ایک کیلا اچھال دیا۔ "لے بھائی کھالے اپنا کیلا۔" بندر نے لپک کر کیلے کو کیچ کرلیا اور اسے کھانے لگا۔ اب بندر چپ چاپ بس سے نیچے اتر گیا۔ خواتین نے راحت کی سانس لی۔ ایک بچی نے اپنی ماں سے پوچھا، "ممی ممی کیا منکی بھی اسکول جاتا ہوگا؟"

۴/مارچ ۲۰۰۰ء

کچھ ممبئی کے بارے میں

ممبئی ایئرپورٹ پر اترنے کے بعد شہر میں داخل ہونے والوں کی نگاہیں سب سے پہلے گھاٹ کوپر اور کرلا کی پہاڑیوں اور میٹھی ندی کو گھیرتی جھونپڑ پٹی پر مرکوز ہو جاتی ہیں۔ اگر کوئی بذریعہ ریل عروس البلاد میں تشریف لائے گا تو اس کا سواگت جھگی جھونپڑیاں ہی کریں گی۔ کیونکہ شہر کی آدھی سے زیادہ آبادی جھونپڑ پٹیوں میں رہتی ہے۔ ۱۹۶۰ء میں جھگی جھونپڑیاں ماہم اور سائن تک ہی محدود تھیں مگر آج یہ پورے شہر کو اپنی بانہوں میں سمیٹے ہوئے ہیں۔ ایک اندازے کے مطابق آج ممبئی کی

آبادی ڈیڑھ کروڑ ہے۔ آزادی کے بعد سے شہر میں بھیڑ بکریوں کی طرح لوگوں کی آمد ہوئی ہے۔ ۱۹ویں صدی کے اوائل میں پریل برٹش فورٹ شہر کا ایک اہم ترین پورٹ تھا۔ بعد ازاں ملوں کے قیام نے پریل کو شہر کا ایک اہم حصہ بنا دیا۔ اس صدی کی تیسری دہائی میں دادر، ماہم اور ماٹونگا نے کافی تیزی سے ترقی کی۔ اس وقت باندرہ، کرلا اور ٹرامبے دودھ اور سبزیاں فراہم کرنے والے گاؤں تھے۔ شہر میں بندرگاہیں کھلنے کے بعد کئی اہم تبدیلیاں رونما ہوئیں۔ تقسیم وطن کے بعد سائن کولی واڑہ، چیمبور، باندرہ اور الہاس نگر میں ایک بڑی تعداد میں شرنارتھیوں نے پناہ لی۔ کھار کو ایک خوبصورت مضافاتی علاقہ کے روپ میں بسانے کی یوجنا تھی مگر یہ ممکن نہ ہو سکا۔ ممبئی کی بھیڑ میں کمی کرنے کے لیے تھانہ، واشی اور بیلاپور کو سمیٹ لیا گیا۔ پرانی ممبئی میں شہری اپنے مخصوص علاقوں میں رہتے تھے مگر بعد میں یہ چلن برقرار نہ رہ سکا۔ ممبئی کی آبادی میں جس تیزی سے اضافہ ہو رہا ہے اسے دیکھتے ہوئے یوں محسوس ہوتا ہے کہ شاید آنے والے برسوں میں یہ دیگر نزدیکی علاقوں کو اپنے میں ضم کر لے گی۔ انگریزوں کا بامبے، شہریوں کا ممبئی اب شیوشاہی راج میں ممبئی بن گیا ہے۔

۲۱/مارچ ۲۰۰۰ء

کہو نا پیار ہے

راکیش روشن کی فلم 'کہو نا پیار ہے' ان دنوں سنیما گھروں میں بے پناہ رش لے رہی ہے۔ اس فلم کا ٹائٹل گیت نوجوان لڑکے لڑکیاں نہ صرف گنگناتے ہوئے نظر آرہے ہیں بلکہ بعض کالجوں میں یہ گیت خطوط میں تحریر کیے جا رہے ہیں۔ دادر میں یہ فلم پلازہ سنیما گھر میں دکھائی جا رہی ہے۔ یہاں روزانہ تینوں شو ہاؤس فل ہو جاتے ہیں۔ گذشتہ روز دوپہر تین بجے کے شو کے لیے لڑکیوں کی ایک ٹولی وہاں موجود تھی۔ تھوڑے فاصلے پر کچھ شرارتی نوجوان ''کہو نا پیار ہے'' دیکھنے کے بجائے سننے کے لیے بے قرار تھے۔ ہر کوئی ایک دوسرے کی طرف ایسی نگاہوں سے دیکھ رہا تھا جیسے اس کے پاس ایک ٹکٹ فاضل موجود ہے۔ شو ہاؤس فل تھا۔ لڑکیوں کی اس ٹولی کو ٹکٹ نہیں مل سکا لہٰذا وہ واپسی کے لیے چل پڑیں۔ واپس جاتی لڑکیوں کو دیکھ کر لڑکوں کے گروپ میں سے ایک منچلا زور سے

''کہونا پیار ہے'' گانے لگا۔لڑکیوں کی ٹولی میں سے ایک شرارتی لڑکی نے اس گیت کے جواب میں کہا، ''کہو نا پیار ہے... تو بھیّا ہمارہے''بس پھر کیا تھا۔تمام لڑکیوں نے زوردار قہقہہ لگایا۔لڑکے بھی کہاں چپ رہنے والے تھے۔انھوں نے فوراً اپنے منچلے دوست کو مخاطب کیا۔''بھیّا مورے راکھی کی لاج تم نبھانا'' بے چارہ دل پھینک نوجوان شرم سے پانی پانی ہوگیا۔

۲۲رمارچ ۲۰۰۰ء

یہ کلنٹنوا کون ہے؟

دنیا کے سب سے طاقتور ملک امریکا کے صدر ہونے کے سبب بل کلنٹن آج کل لوکل گاڑیوں سے لے کر رسوئی گھر تک میں موضوع بحث ہیں۔ان دنوں پورے شہر میں جس شخص کا سب سے زیادہ تذکرہ ہو رہا ہے وہ ہیں بل کلنٹن۔یہ بل کلنٹن کون ہیں؟اگر کوئی یہ دریافت کرے تو آپ اس شخص کو کیا کہیں گے؟ دلچسپ بات یہ ہے کہ آج بھی ایسے اشخاص موجود ہیں جنھیں یہ معلوم نہیں کہ بل کلنٹن امریکا کے صدر ہیں۔جوگیشوری میں کچھ نوجوان امریکی صدر بل کلنٹن کے متعلق چرچا کر رہے تھے۔جس ہوٹل میں یہ گفتگو جاری تھی اس کا مالک اتر پردیش سے تعلق رکھتا ہے۔جب یہ بات چیت اپنی انتہا پر پہنچی تب اس ہوٹل مالک سے نہیں رہا گیا اور اس نے اپنے بیٹے کو آواز دیتے ہوئے پوچھا''ارے چھینو!ای کلنٹنوا کون ہے؟''چھینو نے پلٹ کر اپنے والد کی طرف دیکھا اور چپ چاپ اپنے دوستوں کو لے کر وہاں سے چل دیا۔وہ اپنے والد کو کس طرح سمجھاتا کہ یہ کلنٹنوا کون ہے؟

۲۳رمارچ ۲۰۰۰ء

کاش!کلنٹن ہرسال یہاں کا دورہ کریں

آج پورے شہر میں سب کی زبان پر امریکی صدر بل کلنٹن کا ہی نام ہے۔بل کلنٹن فائیو اسٹار ہوٹل اوبیرائے میں قیام کریں گے۔دلچسپ بات یہ ہے کہ بل کلنٹن جب ہوٹل میں داخل ہوں گے تب ان کا استقبال پچھلے سال کی ہٹ فلم''ہم دل چکے صنم'' کے گیت''ڈھول باجے ڈھول باجے رے'' سے کیا

جائے گا۔بل کلنٹن ہوٹل اوبیرائے میں ڈانڈیا سے لطف اندوز ہوں گے۔ایک خبر کے مطابق چرچ گیٹ،فورٹ اور مرین لائنس کے بیشتر دفاتر میں جمعہ کو دوپہر بعد ملازمین کو چھٹی دی گئی تاکہ بل کلنٹن کی سیکوریٹی میں کسی قسم کی رکاوٹ حائل نہ ہوسکے۔ہوٹل اوبیرائے میں اس طرح کا انتظام کیا گیا ہے کہ امریکی صدر کے لیے وہائٹ ہاؤس میں آنے والے ٹیلی فون کی گھنٹی کوہ نورسوٹ میں بھی بج سکے۔ وہائٹ ہاؤس میں امریکی صدر کے لیے جو'امپا بیکس' نصب ہے وہ بل کلنٹن کے ساتھ ہندوستان آیا ہے جس کا وزن ۲۵ کلوگرام کے آس پاس ہے۔اس کا مطلب یہ ہے کہ واشنگٹن میں واقع وہائٹ ہاؤس میں ٹیلی فون نمبر 1414-456-202-601 پر بل کلنٹن سے بات کرنے والوں کو مایوسی کا سامنا نہیں کرنا پڑے گااور وہ صدر امریکا سے اسی وقت کچھ توقف کے بعد گفتگو کرنے میں کامیاب ہوں گے۔اس ٹیلی فون سسٹم کی دیکھ ریکھ'وہائٹ ہاؤس کمیونیکیشن ایجنسی' کے ذمہ ہے۔ہوٹل اوبیرائے میں بل کلنٹن کے لیے مخصوص آٹھ سوٹ کو ۲۰۰ خصوصی لائنوں سے جوڑا گیا ہے۔ویسے بل کلنٹن کا ممبئی دورہ پولیس ملازمین کے لیے تکلیف دہ ثابت ہورہا ہے وہیں دوسری طرف ڈرائیورس ان کے آنے سے بے حد خوش ہیں۔شہر ممبئی کے راستوں کا رونا ہر وہ شہری روتا ہے جس کے پاس موٹرسائیکل،ٹیکسی یا پھر پرائیویٹ گاڑیاں ہیں۔ چاہے موسم باراں ہو یا کوئی اور موسم،شہر کے راستوں پر چیچک کے دھبوں کی طرح جابجا گڑھے دکھائی دیتے ہیں۔گذشتہ دنوں ممبئی شہر کے چند خراب راستوں کا کام بڑے پیمانے پر جاری تھا جسے دیکھ کر ان راستوں سے گزرنے والے شہری حیرت زدہ تھے۔ دراصل ان راستوں کو اس واسطے بنایا جارہا تھا کہ یہاں سے امریکی صدر بل کلنٹن کا قافلہ جانے والا تھا۔سہار ائیرپورٹ کے نزدیک واقع اندھیری روڈ پچھلے کئی برسوں سے ناقص تھا لیکن اب اس راستے کی نہ صرف مرمت کی گئی بلکہ اسے صاف بھی کیا گیا۔بھلا ہو بل کلنٹن کا جن کی آمد نے شہر کے راستوں کی شکل تبدیل کردی،ورنہ معلوم نہیں کب تک شہریوں کو ان راستوں سے سفر کرتے وقت پریشانیوں کا سامنا کرنا پڑتا؟ایک ٹیکسی ڈرائیور نے سہار اندھیری روڈ سے گزرتے وقت بل کلنٹن کا شکریہ ادا کرتے ہوئے کہا،''کاش بل کلنٹن ہر سال ہندستان کا دورہ کریں تاکہ کم ازکم شہر کے راستے تو درست رہیں۔''

۲۳/مارچ ۲۰۰۰ء

نوجوان جوڑے اور پل

آج کل نوجوان جوڑوں نے چونچ لڑانے کی نئی پناہ گاہ ڈھونڈ نکالی ہے۔ کیا آپ اس نئے ٹھکانے کے بارے میں واقفیت رکھتے ہیں؟ نوجوان جوڑوں کی یہ نئی پناہ گاہ شہر کے فلائی اوور برج اور ریلوے پل ہیں۔ نوجوان جوڑے فلائی اوور برج اور ریلوے پلوں کو سب سے محفوظ مقام مانتے ہیں۔ شہر میں جابجا پھیلے ہوئے فلائی اوور برج سے کوئی راہگیر گزرتا نہیں ہے اور جو موٹر گاڑیاں دوڑتی ہیں ان میں براجمان لوگوں کی انھیں کوئی فکر نہیں ہوتی۔ رہا سوال ریلوے پلوں کا تو آج کل بھائندر، میرا روڈ، گوریگاؤں، اندھیری، مرین لائنس اور دیگر ریلوے اسٹیشنوں کے پلوں پر نوجوان جوڑے دنیاومافیہا سے بے خبر پیار کے سمندر میں ڈوبے رہتے ہیں۔ شہر کے وہ مقام جہاں کبھی جوڑے جایا کرتے تھے وہاں ان دنوں کافی رش رہتا ہے۔ باندرہ بینڈ اسٹینڈ، بوریولی، نیشنل پارک، والکیشور گارڈن، چوپاٹی، رانی باغ اور نریمن پوائنٹ جیسی جگہوں پر اب ہر وقت بھیڑ رہتی ہے۔ گذشتہ سرکار نے بھلے ہی کوئی کارنامہ انجام نہیں دیا لیکن انھوں نے پیار کرنے والوں کے لیے پل بنانے کا ایک اچھا سلسلہ شروع کیا جس سے نوجوان جوڑے بہت زیادہ خوش ہیں۔

۲۷ رمارچ ۲۰۰۰ء

لوکل کا ایک منظر

کمپارٹمنٹ میں وہ بڑی خوبصورتی سے مکالمہ بولتا ہوا اگربتی بیچ رہا تھا۔ اگربتی جلائے بغیر اتنی مہک رہی ہے تو جب اسے سلگایا جائے گا تو وہ کتنی مہکے گی؟ یہ سوچ کر مسافر اگربتی خریدنے لگے۔ اس کی اگربتی کی خوشبو کا راز کسی کو معلوم نہیں تھا۔ ایک مسافر نے اس سے پوچھا، ”کہاں کی اگربتیاں ہیں؟“ اس نے سیدھا سا جواب دیا، ”بابو جی ہمیں کیا معلوم؟ ایک دکان سے لاتے ہیں اور فروخت کرتے ہیں۔“ ایک دوسرے شخص نے کچھ دیر بعد اس کے ہاتھ سے ایک بنڈل لینے کی کوشش کی تو اس نے دینے سے منع کر دیا، ”سب مت لیجیے، دوسرے لوگ بھی چاہ رہے ہیں کل لے کر آؤں گا۔“ وہ

مسافر اڑ گیا اور بڑی بحث کے بعد اس نے وہ بنڈل لے لیا تب اس نے محسوس کیا کہ خوشبو اگربتی سے نہیں آرہی ہے۔ سارا معاملہ وہ سمجھ گیا۔ اس نے سیٹ چھوڑتے ہوئے اگربتی بیچنے والے لڑکے کا ہاتھ سونگھا تو اسے پتہ چلا کہ وہ مہک اس کے ہاتھوں میں لگے عطر کی تھی۔ اگربتی بیچنے والا لڑکا یہ راز افشا ہونے پر اگربتی کا بنڈل لیے بغیر لوکل سے اتر گیا۔

۲۷/مارچ ۲۰۰۰ء

کلنٹن اور ۲۰ کتے

بل کلنٹن کا ہندوستانی دورہ ختم ہو چکا ہے۔ اب صرف یادیں رہ گئی ہیں۔ شہر کی پولیس فورس کے ساتھ ساتھ وہ ۲۰ کتے بھی اطمینان کا اظہار کر رہے ہیں جنھیں صدر امریکا کے سیکوریٹی کی ذمہ داری سونپی گئی تھی۔ پورے شہر میں گشت میں مصروف ان ۲۰ کتوں میں آٹھ کتے ممبئی پولیس کے تھے، جنھیں بم اسکواڈ کا ایک اہم حصہ تسلیم کیا جاتا ہے۔ جب کہ دیگر ۱۲ کتے سی آئی ڈی اور سی بی آئی کی ٹیکنیکی برانچ سے تعلق رکھتے ہیں۔ امریکی صدر بل کلنٹن کی سیکوریٹی کے لیے ایک خصوصی ٹیم امریکا سے ان کے ہمراہ آئی تھی جن کے پاس سیکوریٹی ڈاگس موجود تھے لیکن ان کتوں کو بھی ممبئی کے ان ۲۰ کتوں کا تعاون حاصل کرنا پڑا۔ ملحوظ رہے کہ شہر ممبئی میں وی وی آئی پی سیکوریٹی کا انتظام بم اسکواڈ کے ذمے ہوتا ہے اور یہ آٹھوں کتے ڈان، سونی، راکی، لیا، لائیکا، حنا، زنجیر اور سنی اپنی ذمہ داری بخوبی ادا کرتے ہیں۔ بم اسکواڈ کے ان آٹھ کتوں میں زنجیر اور سنی ایک دہائی پرانے ہیں جب کہ دیگر کتوں میں ڈان، سونی اور راکی کو فروری ۹۶ سے جولائی ۹۶ کے درمیان اسکواڈ میں شامل کیا گیا ہے۔ اسی طرح لیا، حنا اور لائیکا کو ۱۴/جولائی ۹۸ء سے ۱۵/جنوری ۹۹ء کے درمیان بھرتی کیا گیا تب ان کی عمر صرف دو ماہ تھی۔ بم اسکواڈ ذرائع کے مطابق ان کتوں نے ۴۸ ہفتے تک پونا میں باقاعدہ تربیت لی ہے۔ ان کتوں کو دن میں دو بار گوشت اور ابلے چاول کھلائے جاتے ہیں اور اس کے علاوہ کئی لیٹر دودھ بھی دیا جاتا ہے۔ روزانہ ایک کتے پر ۱۲۵/روپے خرچ ہوتے ہیں۔ ان کتوں کو کیسے یہ پتہ چلتا ہے کہ آر ڈی ایکس یا دیگر دھماکہ خیز مادہ کہاں چھپا ہے؟ بم اسکواڈ ذرائع کا کہنا ہے کہ جب کسی مقام پر دھماکہ خیز مادہ کی

موجودگی کا انھیں شک ہوتا ہے تو زنجیر، سنی، ڈان، سونی اور راکی بھونکنے لگتے ہیں جب کہ لیا، لائیکا اور رحنا مشکوک مقام پر جا کر بیٹھ جاتے ہیں۔ شہر کی پوری پولیس فورس کے ساتھ ساتھ یہ ۲۰ کتے بھی سخت سیکورٹی سے راحت پا چکے ہیں۔ بل کلنٹن کے ہندوستانی دورے کی اب صرف یادیں رہ گئی ہیں۔

۲۷/مارچ ۲۰۰۰ء

کلنٹن، ہٹلر سے زیادہ نقصان دہ

بل کلنٹن کی ممبئی آمد سے کسی کو کوئی فائدہ پہنچا یا نہیں اس کی کوئی جانکاری ابھی تک منظرِ عام پر نہیں آئی ہے لیکن ہاں ان کے ممبئی دورے سے فٹ پاتھ پر پھیری کرنے والے سینکڑوں افراد ضرور بے روزگار ہوئے ہیں۔ بل کلنٹن کے حفاظتی بندوبست کی آڑ میں شہری پولیس اور میونسپل عملے نے سانتا کروز سے قلابہ تک سینکڑوں ہاکروں کو روزی روٹی سے محروم کر دیا ہے۔ بامبے اسٹاک ایکس چینج کے مقابل برسوں سے دھندہ کرنے والے رام دلارے کا کہنا ہے، ''بل کلنٹن، ہٹلر سے زیادہ نقصان دہ ہیں اور انھوں نے ہمیشہ کمزوروں پر دھونس جمایا ہے۔ ہم لوگوں نے ان کا کیا بگاڑا تھا جو ان کے آنے پر ہماری روزی روٹی چھین لی گئی۔'' یہ کہانی صرف رام دلارے کی نہیں ہے بلکہ دیگر پھیری والے بھی آج بل کلنٹن کو کوس رہے ہیں۔ پولیس ذرائع کے مطابق بامبے اسٹاک ایکس چینج کے مقابل پھیری والوں کو عارضی طور پر ہٹایا گیا تھا لیکن وہاں کے تاجروں نے موقع کا فائدہ اٹھاتے ہوئے عدالت میں ایک رٹ پٹیشن داخل کر دی جس کے سبب عدالت نے ہٹائے گئے ہاکروں کو اب دوبارہ وہاں اسٹال لگانے سے منع کر دیا ہے۔

۳۱/مارچ ۲۰۰۰ء

سندیپ اور اس کا مینا سماج

آج ہمارا سماج ایک سے ایک انوکھی رسم و رواج کا عادی ہو چکا ہے۔ افسوسناک بات یہ ہے کہ اس سے جڑے اشخاص ان رواجوں کو اچھی طرح نبھاتے ہیں۔ گذشتہ روز راجستھان کے 'مینا سماج' کے ایک نوجوان سے ویرار لوکل میں ملاقات ہوئی۔ سندیپ بھیلواڑہ ضلع (راجستھان) کا رہنے والا ہے۔ موصوف کے بقول، ''ہمارے یہاں اگر کوئی کسی عورت کو بھگاتا ہے تو وہ قطعی گھبراتا نہیں ہے۔ جب اس عورت کے سسرال والے اس کے پاس آتے ہیں تو وہ انھیں طے شدہ ہرجانہ چکا کر بھگائی ہوئی عورت کو نہایت ٹھاٹھ سے اپنے پاس رکھ لیتا ہے۔'' گفتگو کے دوران سندیپ نے ایک اور مزیدار بات بتائی، ''صبح کسی گھر کے دروازے پر کنڈی لگی ہو اور اس گھر کے باہر کچھ لٹھ باز براجمان ہوں تو اس کا مطلب یہ ہوتا ہے کہ اس گھر کا مرد کسی دوسرے کی بیوی کو بھگا کر لے آیا ہے اور اس عورت کے گھر والے ہرجانہ وصول کرنے کی خاطر وہاں ڈٹے ہیں۔'' عورت کو کسی کے گھر سے بھگا کر اپنے گھر لے جانے کو وہاں 'ناتا لانا' اور عورت کے بدلے طے کی گئی رقم لینے کو 'چکارا' کہا جاتا ہے۔ بھیلواڑہ ضلع کے ہر گاؤں میں 'مینا سماج' کی 'گوٹھ چوکیاں' قائم ہیں۔ جہاں گاؤں کے افراد تقریب یا تہوار کے موقع پر جمع ہوتے ہیں۔ وہاں کی روایت کے مطابق کنوارے لڑکے تو عورت کے ناتے لا سکتے ہیں لیکن کنواری لڑکی کوئی ناتے نہیں لا سکتی۔ ایک دوسرے قاعدے کے مطابق چھوٹے بھائی کی بیوی کو بڑا بھائی اپنے پاس ناتے کے روپ میں نہیں رکھ سکتا جب کہ چھوٹا بھائی اپنی بھابھی کو اپنے پاس ناتے کے روپ میں رکھ سکتا ہے۔

وہاں ایک رسم 'مالیس' بھی مشہور ہے۔ اس انوکھی ریت کے مطابق کسی عورت کو سسرال سے بھگا کر ناتے رکھنے میں اس کے مائکے والے ہی مدد کرتے ہیں۔ 'مالیس' رسم میں مدد کرنے والے عورت کے مائکے والوں کو 'چکارنے' کی رقم کا ۲۰ سے ۳۰ فی صد کمیشن ملتا ہے۔ اس طرح ملنے والے کمیشن کی لالچ میں مائکے والے کئی بار اپنی بیوی کو جگہ جگہ 'ناتے' کے طور پر بٹھاتے ہیں۔ 'چکارے' کے لیے صرف نقد پیسہ ہی دینا طے نہیں ہوتا بلکہ اناج یا گائے بیل بھی بطور 'چکارا' دیا جاتا ہے جسے 'بھروماتا' کہا جاتا ہے۔ یہاں پنچوں کے فیصلے کو 'کا گلی' کہتے ہیں۔

یکم/اپریل ۲۰۰۰ء

ایک 'سیکڑہ' زندگی بچانے کے نام

ہر تیسرے ماہ ان کی رگوں میں خون کا دباؤ زور مارتا ہے اور دل و دماغ میں بے چینی سی محسوس ہوتی ہے۔لاچار قدم پھر انھیں کسی اسپتال یا بلڈ ڈونیشن کیمپ کی اور کھینچ لے جاتے ہیں۔ یہ ہیں سریندر پرساد ترویدی جو ایک انوکھا ریکارڈ قائم کرنے کی دہلیز پر ہیں۔''میں ہندستان کا سب سے زیادہ خون کا عطیہ دینے والا شخص ہوں۔'' فخریہ انداز میں ترویدی جی کہتے ہیں۔ یوں تو ملک میں سریندر پرساد ترویدی سے زیادہ خون کے عطیات دینے والے موجود ہیں جن میں ایک صاحب کا تعلق شہر ممبئی سے ہے۔جنھوں نے پچھلے آٹھ سال میں ۱۱۱ / بار خون کا عطیہ دے کر اپنا نام گنیز بک آف ورلڈ ریکارڈ میں درج کروانے کا دعویٰ پیش کیا تھا لیکن وہ اس میں کامیاب ثابت نہ ہوسکے۔ اس تعلق سے پہلے سے قائم قانون کے مطابق کوئی بھی شخص آٹھ سال میں ہر تیسرے ماہ کے حساب سے کل ۳۲ مرتبہ ہی خون کا عطیہ دے سکتا ہے۔سریندر پرساد ترویدی سے گذشتہ دنوں ممبئی کے ایک بلڈ ڈونیشن کیمپ میں ملنے کا اتفاق ہوا۔موصوف کا آبائی وطن جمشید پور ہے۔انھوں نے ابتک ۱۲۵ / بار خون کا عطیہ دیا ہے۔اس وقت ان کے ساتھ ان کے ۱۲۵ رشتے داروں نے بھی خون کا عطیہ دیا۔ ہے نا یہ ایک دلچسپ ریکارڈ۔ترویدی جی نے یہ تحریک کہاں سے پائی؟ انھوں نے جواب دیا،''۱۹۳۷ء کی بات ہے۔مجھے اپنے والد کے لیے ایک بوتل خون کی ضرورت تھی۔میں اپنے جیب میں ۵۰۰ روپے لے کر ایک ڈونر تلاش کر رہا تھا جو مجھے خون کا عطیہ دے سکے۔لیکن کوششوں کے باوجود میں ایک ڈونر ڈھونڈنے میں ناکام رہا۔اسی دن میں نے تہیہ کرلیا تھا کہ میں اپنی رگوں میں دوڑنے والے خون سے دوسروں کی مدد کروں گا۔'' نیشنل ایوارڈ یافتہ سریندر پرساد ترویدی ان دنوں انڈین سوسائٹی آف بلڈ ٹرانسفیو جن کے نائب صدر ہیں۔ترویدی جی اب خون کے عطیہ کے علاوہ ایڈس کے بارے میں لوگوں کو بیدار کر رہے ہیں۔

۵/اپریل ۲۰۰۰ء

دھاراوی کا کمہارواڑہ

درجۂ حرارت میں اضافہ ہوتے ہی ٹھنڈے پانی کی مانگ بڑھ جاتی ہے۔ ویسے آج زیادہ تر گھروں میں ریفریجیٹر، دفاتر میں کولرس اور ہوٹلوں میں برف کا پانی دستیاب رہتا ہے لیکن اس کے باوجود ایسے اشخاص موجود ہیں جنھیں گھڑے یا مٹکے کا پانی پینا پسند ہے۔ وہ کون ہیں اور کہاں رہ کر مٹی کے گھڑوں کی تیاری کرتے ہیں اگر آپ کو یہ جاننا ہے تو دھاراوی کے ۹۰ فٹ روڈ پر واقع کمہارواڑہ میں چلے جائیے۔ آج سے لگ بھگ ۸۰ سال قبل گجرات کے چند کمہاروں نے اس بستی کی بنیاد رکھی تھی۔ اس وقت نارائن چوہان نامی کمہار کافی مشہور تھے۔ بعد ازاں دیکھتے ہی دیکھتے دوسو پریواروں نے یہاں بود و باش اختیار کی جنھیں مسجد بندر کے کچھی گجراتی تعاون پیش کرتے تھے۔ آج بھی یہاں گھڑے بنانے والی مٹی گجرات سے ہی آتی ہے جن سے مٹی کے برتن بنائے جاتے ہیں۔ اس کے علاوہ جس چاک پر کچی مٹی رکھ کر اسے ایک شکل دی جاتی ہے وہ کولہاپور سے آتا ہے جس کی قیمت سات ہزار روپے ہوتی ہے۔ کمہاروں کے مطابق گاؤں میں اس چاک کے لیے سرکار سبسڈی دیتی ہے لیکن شہروں میں انھیں کوئی سہولت میسر نہیں ہے۔ شہر ممبئی میں آج ایک ہزار خاندان اس کام میں متحرک ہیں لیکن انھیں کسی قسم کی مدد حاصل نہیں ہے۔ جس وقت ممبئی میں کپڑا ملیں قائم تھیں اس وقت ان ملوں سے نکلنے والی کپاس کی روئی سے کمہار اپنی بھٹی سلگاتے تھے لیکن اب ملوں کے بند ہونے کے بعد وہ اس سے محروم ہو گئے ہیں۔ کمہاروں کی نئی نسل آج اپنے آبائی پیشے سے دل برداشتہ ہو کر نئے کاموں میں دلچسپی لے رہی ہے۔ شاید اسی سبب دھاراوی کی پچاس ساٹھ دکانوں میں سے اب صرف آٹھ یا دس دکانیں ہی رہ گئی ہیں۔ ممبئی، وسئی، ویرار اور تھانہ میں بھی کمہار موجود ہیں مگر سستی اشیا دھاراوی کے کمہارواڑہ میں ملتی ہیں۔ کمہارواڑہ کے باشندوں کا کہنا ہے کہ بلڈر لابی کی نگاہوں میں یہ بستی بری طرح کھٹک رہی ہے۔ اسی واسطے ابھی تک کمہارواڑہ کی ترقی ممکن نہ ہو سکی ہے۔ کبھی یہاں ایک اسکول ہوا کرتا تھا جسے اب سرکاری دفتر بنا دیا گیا ہے۔ جو افراد شہر میں گاؤں کے متلاشی ہیں انھیں کمہارواڑہ ایک بار ضرور جانا چاہیے۔

۶/اپریل ۲۰۰۰ء

آزادی کی ایک اور لڑائی

فورٹ میں واقع گرام ادیوگ بھنڈار سے ودیش سنچار نگم لمیٹیڈ کی طرف جاتے وقت ایک چھوٹا سا رستہ ملتا ہے جس پر بائیں اور کی فٹ پاتھ پر ایک اسٹال پرانی کتابوں کی دکان کے برابر دکھائی دیتا ہے۔ یہ ''آزادی بچاؤ آندولن'' کا اسٹال ہے۔ اس اسٹال پر ''آزادی بچاؤ آندولن'' کے نیتا راجیو ڈکشت کی تقاریر کے کیسٹ ایک میوزک سسٹم کے ذریعے پورے دن بجائے جاتے ہیں۔ یہاں دو دکانیں چھوڑ کر پرانی کتابیں فروخت کرنے والا سیلوراج اپنا خاندانی دھندہ بچپن سے سنبھال رہا ہے۔ چنئی سے تعلق رکھنے والا سیلوراج ماٹونگا میں پیدا ہوا ہے۔ آج سے لگ بھگ ۵ سال قبل اس نے راجیو ڈکشت کی تقریر سنی تھی جس نے اس نوجوان کے اندر خاموش بیٹھے مجاہد آزادی کو بیدار کر دیا تھا۔ اپنی دکان کے برابر سیلوراج نے اس دن سے راجیو ڈکشت کی تقریروں والے کیسٹ کا اسٹال نصب کیا ہے۔ اس اسٹال پر غیر ملکی منرل واٹر کی مخالفت کی اپیل درج ہے۔ سی ٹی بی ٹی کے بارے میں ضروری معلومات بھی سیلوراج نے وہاں تحریر کی ہیں۔ امریکی صدر بل کلنٹن کے ہندوستانی دورے کے بارے میں بھی وہاں سلوگن درج ہیں۔ راجیو ڈکشت کی تقریروں کے سبھی کیسٹ آپ وہاں سے نہ صرف خرید سکتے ہیں بلکہ انھیں سننے کے بعد واپس بھی کر سکتے ہیں۔ دلچسپ بات یہ ہے کہ سیلوراج ''آزادی بچاؤ آندولن'' کا لیڈر یا ورکر نہیں ہے اور نہ ہی راجیو ڈکشت اسے ٹھیک سے جانتے ہیں۔ سیلوراج تمام اخراجات اپنی جیب سے برداشت کرتا ہے۔ کھادی کا کرتا پاجامہ پہننے والے سیلوراج کے اس اسٹال سے روزانہ لگ بھگ سو افراد راجیو ڈکشت کے کیسٹ خریدتے ہیں۔ ملک کے مستقبل سے پریشان سیلوراج پُر امید ہے کہ وہ دن ضرور آئے گا جب یہاں کے عوام خواب خرگوش سے بیدا ہوں گے اور تب ایک نئی آزادی کا سورج طلوع ہوگا۔

۶/اپریل ۲۰۰۰ء

ایک دن کا منظر

چرچ گیٹ کے مقابل ریڈی میڈ شرٹ کا دھندہ کرنے والے ایک بیوپاری کو وہ خاتون خوب برا

بھلا کہہ رہی تھی۔ اس خاتون نے ایک روز قبل کسی غیر ملکی کمپنی کے نام والا ایک شرٹ یہاں سے خریدا تھا۔ شرٹ لیتے وقت خاتون کو محسوس ہوا تھا کہ شرٹ اسے کم قیمت پر دستیاب ہوا ہے۔ خاتون نے یہ شرٹ ڈیڑھ سو روپے میں خریدا تھا جب کہ شوروم میں اس شرٹ کی قیمت ۴۰۰ روپے کے آس پاس ہے۔ اس دن گھر جا کر خاتون نے خوشی خوشی وہ شرٹ اپنے خاوند کو پیش کیا لیکن بجائے خوش ہونے کے خاوند نے شرٹ ہاتھ میں لیتے ہی اسے ڈانٹا۔ شوہر کے غصے سے خاتون کو اپنی غلطی کا احساس ہوا۔ وہ شرٹ کسی غیر ملکی کمپنی کا نہیں بلکہ یہیں کا تھا۔ دوسرے دن وہ عورت اسی واسطے دکاندار کو ڈانٹ رہی تھی۔ دکاندار خاتون کو سمجھا رہا تھا کہ شرٹ پر بڑے حرفوں میں ممبئی کی اس کمپنی کا نام درج ہے جو شرٹ تیار کرتی ہے لیکن خاتون تھی کہ برابر برس رہی تھی۔ آخر کار دکاندار نے خاتون سے کہا، ''آپ یہ کیوں سمجھ رہی ہیں کہ ہم نے اس غیر ملکی برانڈ کی نقل کی ہے؟ کیا ایسا نہیں ہوسکتا کہ اس غیر ملکی کمپنی نے ہمارے برانڈ اور ڈیزائن کو چرایا ہو؟'' اس بات کا خاتون پر شاید کچھ اثر ہوا۔ اچانک اس کا برسنا تھم گیا۔ کچھ دیر تک وہ سوچتی رہی اور پھر دکاندار کو سوری کہہ کر وہاں سے آگے بڑھ گئی۔

۷ راپریل ۲۰۰۰ء

شبانہ کو جاوید صاحب کی تہذیب بھاگئی

بالی ووڈ میں جاوید اختر اور شبانہ اعظمی کی جوڑی بے حد مشہور ہے۔ انھیں 'میڈ فار ایچ ادر' کہا جاتا ہے۔ گذشتہ دنوں شبانہ اعظمی نے جاوید اختر سے ابتدائی رومانس کا تذکرہ کیا۔ شبانہ اعظمی کے بقول، ''میں سلیم جاوید کی جوڑی میں جاوید کی کامیابیوں سے ذرا بھی متاثر نہیں تھی۔ ہاں؟ جاوید کو اکثر اپنے والد کے ساتھ گھر میں شاعری پر گفتگو کرتے ہوئے دیکھتی تھی۔ اس وقت ان کی امیج بالکل الگ بنتی تھی۔ میرے لیے میرے والد ایک بہت بڑی شخصیت تھے۔ جب میں نے ان کے ساتھ جاوید کو اردو شاعری پر بات چیت کرتے ہوئے دیکھا تو میں دھیرے دھیرے ان کی طرف کھنچنے لگی۔ ان کی تہذیب مجھے بھانے لگی۔ میری پرورش حیدرآبادی انداز میں ہوئی تھی جب کہ جاوید لکھنوی تہذیب کے انسان ہیں۔ ان کی انھیں خوبیوں کی وجہ سے میں ان کی طرف جھکتی چلی گئی اور مجھے پتہ ہی نہیں چلا کہ ہم

کب پیار کرنے لگے۔'' آج پوری فلم انڈسٹری میں شبانہ اعظمی کا جادو سر چڑھ کر بول رہا ہے۔ جاوید اختر آج بالی ووڈ کے سب سے کامیاب اور مہنگے گیت کار ہیں۔ شاید جاوید اختر نے شبانہ اعظمی کے لیے ہی کہا تھا۔

تم کو دیکھا تو یہ خیال آیا
زندگی دھوپ تم گھنا سایہ

۸/اپریل ۲۰۰۰ء

سالویشن آرمی

لندن کے غریبوں کی حالت زار دیکھ کر ولیم بوتھ نام کے ایک بوڑھے پادری نے ۱۸۶۰ء میں غربت کے خلاف جنگ لڑنے کے لیے ایک مذہبی جماعت قائم کی اور اٹھارہ سال کی جدوجہد کے بعد ۱۸۷۸ء تک اس جماعت کو منظم کرلیا۔ چند برسوں میں خود کو خدا کے سپاہی کہنے والے لوگ جگہ جگہ پھیل گئے اور انھوں نے عیسائیت کے نام پر غربت کے خلاف جنگ شروع کی۔ بعض جگہ ان کی بڑی زبردست مخالفت کی گئی۔ تصادم ہوئے اور ان میں سے اکثر کو جیل تک بھیجا گیا۔ ولیم بوتھ نے چونکہ اس جماعت کی بنیاد برطانوی فوج کے انداز پر رکھی تھی اس لیے اس نے اپنی اس جماعت کا نام 'سالویشن آرمی' رکھا اور کہا کہ وہ اس فوج کا جنرل ہے کیونکہ یہ خدائی فوج ہے۔ اس وقت 'سالویشن آرمی' کے سپاہی سڑکوں پر بینڈ باجہ بجا کر عوام سے روپے وصول کرتے تھے اور اس روپے کو غریبوں کے فلاحی کاموں پر خرچ کرتے تھے۔ جلد ہی ولیم بوتھ کی یہ تنظیم دنیا کے بیشتر ملکوں میں پھیل گئی۔ غیر ممالک میں انھوں نے اسپتال قائم کیے۔ آج دنیا کے ۱۰۰ سے زائد ممالک میں ان کے اسپتال قائم ہیں جہاں غریبوں کا مفت میں علاج کیا جاتا ہے۔ ان اسپتالوں پر سالویشن آرمی کا اربوں روپیہ خرچ ہوتا ہے اور یہ سارا روپیہ چندے سے حاصل ہوتا ہے۔ پہلی اور دوسری جنگ عظیم کے دوران سالویشن آرمی کے سپاہیوں نے میدان جنگ میں فوجیوں کو مفت چائے پلائی اور زخمیوں کا علاج کیا تھا۔ 'سالویشن آرمی' نے غریب بچوں پر توجہ مرکوز کی نیز لاوارث اور یتیم بچوں کے لیے گھر بنائے۔ دنیا بھر

میں لگ بھگ ۲۵ لاکھ بچے ان گھروں میں خوشی سے زندگی گزار رہے ہیں۔ آج 'سالویشن آرمی' کے کروڑوں ممبر ساری دنیا میں پھیلے ہوئے ہیں۔ یہ تنظیم دنیا کی ۱۷۵ زبانوں کے تعلیمی ادارے چلا رہی ہے۔ ممبئی میں 'سالویشن آرمی' کی ایک شاخ سانکلی اسٹریٹ، مدن پورہ میں قائم ہے۔

۸/اپریل ۲۰۰۰ء

وہ دانوں پر سجاتا ہے زندگی

اس نے اپنے مشغلے کا آغاز دال، چاول اور رائی کے دانوں پر تصویریں بنا کر کیا تھا۔ بعد ازاں اس کا یہ شوق جنون میں تبدیل ہوتا چلا گیا۔ اس نے اب تک ایک چاول پر گاندھی اور سبھاش چندر بوس کی تیس تصویریں بنائی ہیں۔ یعنی ایک دانے پر ایک۔ ۱۹۹۸ء میں اخبار بینی کے دوران ۲۵ سالہ نسیم کے ذہن میں اس فن نے جنم لیا۔ دراصل نسیم نے اخبار میں ایک خبر پڑھی تھی کہ ۵۲ فٹ طویل ایک پینٹنگ کو 'گنیز بک آف ورلڈ ریکارڈ' میں شامل کیا گیا ہے۔ اس وقت اس نے تہیہ کر لیا تھا کہ وہ چاول پر ایسی سو تصاویر بنا کر اپنا نام 'گنیز بک آف ورلڈ ریکارڈ' میں درج کروائے گا۔ چاول کے دانے پر بنایا گیا نسیم کا ایک آرٹ قابل دید ہے۔ مذکورہ پینٹنگ میں اس نے غریب کی کٹیا میں لگی آگ کی منظر کشی کی ہے۔ پاس ہی ایک کنواں بھی ہے جس میں بالٹی اور رسی موجود ہے۔ لیکن وہ دونوں ہاتھوں سے معذور ہونے کے سبب اپنے گھر کو حسرت بھری نگاہوں سے جلتا ہوا دیکھ رہی ہے۔ دال پر اردو میں تحریر 'وندے ماترم' اور ''انڈیا از گریٹ'' کو نسیم اپنی بہترین پینٹنگ میں شمار کرتا ہے۔ نسیم اب بلیڈ کی دھار اور سوئی کی نوک پر آرٹ تخلیق کر کے ایک انوکھا ریکارڈ قائم کرنے کا متمنی ہے۔ علی گڑھ مسلم یونی ورسٹی سے اردو میں بی اے پاس کرنے کے بعد پیٹ بھرنے کے لیے وہ گھڑی ساز بن گیا۔ چونکہ والد ممبئی میں ملازم تھے اس واسطے نسیم نے اپنی ابتدائی تعلیم باندرہ کی میونسپل اردو اسکول میں حاصل کی۔ والد کے ریٹائرڈ ہونے کے بعد نسیم اپنے والدین کے ہمراہ رائے بریلی منتقل ہو گیا تھا۔ گذشتہ دنوں نسیم اپنے رشتہ داروں سے ملنے ممبئی آیا تھا۔ ایک ملاقات کے دوران اس نے بتایا، ''اگر مائیکرو اسکوپ ہوتا تو میرا کام اور بھی آسان ہو جاتا مگر گھریلو ذمہ داری

اٹھاتے ہوئے اتنے روپے جمع کرنا آسان نہیں ہے۔"

۸/اپریل ۲۰۰۰ء

وہ لوکل میں کرتا ہے یوگا

بوریولی سے بھائندر کی اور دوڑنے والی لوکل میں اس شخص کو مورتی کی طرح کھڑا دیکھ کر سب کو حیرت ہوئی۔ لوکل گاڑی تیزی سے دوڑے جارہی تھی اور وہ شخص بالکل مورتی کی طرح ساکت کھڑا تھا۔ اس کی دونوں آنکھیں بند تھیں اور اس نے دونوں ہاتھوں کی ہتھیلیوں کو جوڑ رکھا تھا۔ اس لوکل میں روزانہ سفر کرنے والے مسافروں کے لیے یہ نئی بات نہیں تھی۔ لیکن اس دن جو پہلی بار اس لوکل میں جارہے تھے انھیں کچھ سمجھ میں نہیں آرہا تھا۔ ایک مسافر نے اپنے برابر کھڑے شخص سے پوچھا "بھائی! کیا ماجرا ہے؟" اسے جواب دیا گیا "یہ اسی طرح روزانہ یوگا کرتا ہے۔" سوال پوچھنے والا اب بھی متعجب تھا۔ جب لوکل میرا روڈ پہنچی تب یوگا میں مشغول شخص اپنی اصلی حالت میں آگیا اور سب کو دیکھ کر مسکرانے لگا۔

۱۱/اپریل ۲۰۰۰ء

گیٹ وے آف انڈیا کا ایک منظر

گیٹ وے آف انڈیا پر اس دن ایک انگریز خاتون کو چاروں اور سے لوگوں نے گھیر رکھا تھا۔ آٹو گراف دیتے ہوئے انگریز خاتون یہ سمجھنے کی کوشش کررہی تھی کہ اس سے آٹو گراف لینے کا سبب کیا ہے؟ اس کے "نو نو" کہنے کے باوجود 'آٹو گراف پلیز، آٹو گراف پلیز' کی آوازیں اٹھ رہی تھیں۔ دراصل اس روز کسی بیرون ملک کی ایک ٹیلی ویژن کیمرہ ٹیم گیٹ وے آف انڈیا پر ان سیاحوں کے انٹرویوز لے رہی تھی جو گھومنے کے لیے یہاں آئے ہوئے ہیں۔ اس ٹیم نے ہوٹل 'تاج محل' کے احاطے میں اس انگریز خاتون کو بھی انٹرویو کے لیے تیار کرلیا اور تھوڑی دیر بعد گیٹ وے آف انڈیا

کے مقابل اس انگریز خاتون سے رپورٹرس انٹرویو لینے میں مصروف ہوگئے۔ مشکل سے یہ دس منٹ کا انٹرویو تھا لیکن کسی منچلے نے وہاں یہ افواہ اڑادی کہ انگریز خاتون ہالی ووڈ کی ایک مشہور اداکارہ ہے۔ بس پھر کیا تھا۔ رپورٹرس کے فارغ ہوتے ہی لوگوں نے اسے گھیر لیا۔ آٹو گراف کا یہ سلسلہ اس وقت ختم ہوا جب انگریز خاتون نے موقع پاتے ہی دوڑ کر ہوٹل میں خود کو محفوظ کر لیا۔ غیر ملکی رپورٹرس بھی حیرت زدہ تھے کہ اس انگریز خاتون سے سب آٹو گراف کیوں لے رہے ہیں؟

۱۱/اپریل ۲۰۰۰ء

فلمی ستاروں کی سماجی خدمات

ایک وہ دور تھا جب بالی ووڈ کے ستاروں میں صرف دولت اور شہرت بٹورنے کا رجحان تھا لیکن آج صورتِ حال بالکل تبدیل ہو چکی ہے۔ آج بالی ووڈ کے ستارے عوامی خدمات کے لیے عملی طور پر متحرک ہیں اور انھیں نام کمانے کی لالچ نہیں ہے۔ زیادہ تر ستاروں نے خود کو میڈیا سے دور ہی رکھا ہے تاکہ شہرت کی روشنی میں ان کی خدمات کہیں متاثر نہ ہو جائے۔ انوپم کھیر نہایت خاموشی سے لاوارث بچوں کی مدد کر رہے ہیں۔ آشا پاریکھ سانتا کروز میں ایک اسپتال کی نگرانی کر رہی ہیں۔ روینہ ٹنڈن اس بات کو ظاہر کرنے سے کتراتی ہیں کہ انھوں نے یتیم خانے سے دو یتیم بچوں کو گود لیا ہے۔ دلیپ کمار اور سائرہ بانو چپکے سے ضرورت مندوں کی حاجتوں کو پورا کرنے میں مشغول ہیں۔ بالی ووڈ کے فلمی ستاروں کی یہ خدمات ایک ایسا کارنامہ ہے جس کے تذکروں سے فلمی رسائل خالی ہیں۔ نیپالی اداکارہ منیشا کوئرالہ نے چکلوں میں جسم فروشی پر مجبور نیپالی خواتین کو سہارا دینے کا بیڑہ اٹھایا ہے۔ کمل ہاسن اپنے طور پر سوشل ورک میں جٹے ہیں۔ شبانہ اعظمی اور جاوید اختر جھونپڑ پٹی والوں کے مسائل کو لے کر آوازیں بلند کر رہے ہیں۔ چنئی میں کمل ہاسن فینس کلب کے اراکین دن رات ایمبولینس لے کر گھومتے ہیں اور بیماروں اور حادثات کا شکار لوگوں کو اسپتال میں داخل کرواتے ہیں۔ سنیل دت کی عوامی خدمات کسی تعریف کی محتاج نہیں ہے۔ اداکارا کشمے کمار نے گذشتہ دنوں کلکتہ میں ایک چیریٹیبل فٹ بال مقابلے میں شرکت کی۔ کلکتہ کے سالٹ لیک اسٹیڈیم میں اس فٹ بال میچ کا

افتتاح متھن چکرورتی نے کیا تھا۔ اکشے کمار کے علاوہ اس میچ میں جیکی شراف اور گووندا نے حصہ لیا تھا۔ ویسے کارگل جنگ کے دوران ہندستانی جوانوں کی حوصلہ افزائی کے لیے روینہ ٹنڈن، سلمان خان، شبانہ اعظمی اور سنیل شیٹی سمیت متعدد فلم اسٹاروں کے ایک وفد نے سرحد کا دورہ کیا تھا۔ بالی ووڈ کے فلمی ستاروں میں آنے والی بیداری کی اس لہر نے امید کی ایک نئی جوت جلائی ہے۔

۱۳/۱/اپریل ۲۰۰۰ء

میں جانی لیور نہیں ہوں

بالی ووڈ کے کامیاب مزاحیہ اداکار جانی لیور نجی زندگی میں بالکل ویسے کامیڈین ہیں جیسے آپ انھیں فلم کے بڑے پردے پر دیکھتے ہیں۔ پچھلے دنوں جانی لیور بذریعہ کار پیڈر روڈ سے اپنی رہائش گاہ کی جانب لوٹ رہے تھے۔ راستے میں ان کی کار کے برابر ایک موٹر سائیکل آئی جس پر بیٹھے دو نوجوانوں نے انھیں پہچان لیا اور ”جانی بھائی جانی بھائی“ کہتے ہوئے انھیں ہاتھ دکھایا جس کے جواب میں جانی لیور نے بھی انھیں ہاتھ سے اشارہ کیا۔ بس پھر کیا تھا۔ ان دونوں نوجوانوں نے اپنی موٹر سائیکل اندھیری تک جانی لیور کی کار کے برابر رکھی اور جانی لیور کو دیکھ کر مسکراتے رہے جس کے جواب میں جانی لیور بھی مسکراہٹ بکھیرتے رہے۔ موٹر سائیکل پر براجمان ان دونوں نوجوانوں کی حرکتوں سے دیگر موٹر گاڑیوں میں بیٹھے لوگ جانی لیور کی طرف متوجہ ہوئے اور انھیں آواز دینے لگے۔ اندھیری سگنل پر کار تھمتے ہی جانی لیور باہر نکلے اور انھوں نے لوگوں سے کہا، ”آپ سب اس غریب کو کیوں ستا رہے ہیں؟ میں جانی لیور نہیں بلکہ ان کا ہمشکل ہوں۔ اتفاق سے میں بھی ممکری آرٹسٹ ہوں لیکن سب جانی لیور کو ہی مان سمان دیتے ہیں اور مجھے دھتکار دیتے ہیں۔ اب آپ بھی مجھے جانی لیور سمجھ رہے ہیں۔“ لوگوں کو جانی لیور کی ان باتوں میں سچائی نظر آئی۔ جانی لیور نے موٹر سائیکل پر سوار دونوں نوجوانوں کو پھر مسکرا کر دیکھا لیکن اس بار وہ شرمندہ ہو گئے۔ جانی لیور نے کار میں بیٹھتے وقت ان سے کہا، ”دیکھو ایسا ڈراما بھی کرنا پڑتا ہے۔“ جب تک وہ دونوں نوجوان جانی لیور کی بات کی تہہ تک پہنچتے اُن کی کار فراٹے بھرتے ہوئے دور نکل چکی تھی۔

۱۷/۱/اپریل ۲۰۰۰ء

میرا روڈ میں دلالوں کی لوٹ کھسوٹ

میرا بھائندر کے ساکنوں کو پچھلے کئی سالوں سے متعدد مسائل سے بیک وقت جوجھنا پڑ رہا ہے۔ جہاں ایک طرف میرا بھائندر کے باشندے ٹینکر لابی سے پریشان ہیں وہیں دوسری طرف دفتری اوقات میں ملازمت اور کاروبار کے لیے اپنے اپنے گھروں سے نکلنے والے مسافروں کو میرا روڈ ریلوے اسٹیشن پر ویرار اور بھائندر سے آنے والی لوکل گاڑیوں میں گھسنے کے لیے خوب پہلوانی کرنی پڑتی ہے۔ جس کی وجہ سے انھیں لوکل چھٹنے پر ریلوے اسٹیشن اور لوکل پکڑنے کے بعد لوکل کے اندر ریلوے انتظامیہ کو خوب برا بھلا کہتے ہوئے دیکھا جاسکتا ہے۔ ان دو اہم ترین مسائل کے بعد از میرا روڈ کے ساکنوں کو جس مسئلے نے پریشان کر رکھا ہے وہ مسئلہ ہے دلالوں کے ذریعے وقتاً فوقتاً مختلف شکلوں میں لوٹ کھسوٹ کا۔ نیا نگر، پوجا نگر، شانتی نگر اور شیتل نگر میں ایسے دلالوں کی بہتات ہیں جو اپنی من مانی سے وہاں عارضی طور پر رہنے والے کرایہ داروں کی جیبیں ہلکی کر رہے ہیں۔ ان میں کئی دلال ایسے ہیں جو گیارہ مہینوں کے لیے فلیٹ لینے والے گاہکوں سے الیکٹرک بل کے نام پر ہر ماہ دو سو روپے وصول کرتے ہیں۔ اکثر کرایہ داروں کو یہ شکایت کرتے ہوئے دیکھا گیا ہے کہ ان کا الیکٹرک بل سو یا ڈیڑھ سو روپے تک آتا ہے لیکن دلال حضرات ان سے ہر ماہ دو سو روپے لیتے ہیں۔ قابل ذکر بات یہ ہے کہ میرا روڈ میں جب کوئی کرایہ دار گیارہ مہینوں کے لیے ایگریمنٹ پہ کسی کا فلیٹ حاصل کرتا ہے تو اسے دو ماہ کا کرایہ دلالی کی شکل میں دلال کو ادا کرنا پڑتا ہے۔ جب کہ برسہا برس سے دلالی کا اصول یہ ہے کہ کرایہ دار سے ایک ماہ کا کرایہ بطور دلالی وصول کیا جاتا ہے۔ ہاں! البتہ کئی سودوں میں دلال حضرات ایک ماہ کا کریہ مکان مالک اور ایک ماہ کا کرایہ، کرایہ دار سے وصول کرتے ہیں۔ کیا میرا روڈ کے دلالوں کا اور بالخصوص مسلم دلالوں کا اس طرح ایک ضرورت مند کرایہ دار سے اس کی مجبوری کا فائدہ اٹھاتے ہوئے دو ماہ کا کرایہ بطور دلالی وصول کرنا درست اور شرعاً جائز ہے؟ میرا روڈ کے دلالوں کی بدمعاشی کی داستان یہیں پر ختم نہیں ہوتی بلکہ گیارہ مہینوں کے بعد ازاں جب وہ کرایہ دار گیارہ مہینے کا دوسرا ایگریمنٹ بنانے کی خواہش ظاہر کرتا ہے تو اس سے دوبارہ دو ماہ کا کرایہ دلالی کی شکل میں لیا جاتا ہے۔ کیا یہ طریقہ بھی درست ہے؟ میرا روڈ میں زیادہ تر نوکری پیشہ اور کاروباری

افراد رہائش پذیر ہیں لہٰذا وہ اس ناانصافی کو خاموشی سے برداشت کر رہے ہیں۔ ماضی میں وقتاً فوقتاً کچھ لوگوں نے اس اندھیر نگری کے خلاف آواز بلند کرنے کی جسارت دکھائی تھی جس پر آگ بگولہ ہو کر یہاں کے بارسوخ سوشل ورکروں اور سیاسی پارٹیوں سے منسلک دلالوں نے انھیں زدوکوب کروایا تھا۔ میرا روڈ کے باشندوں میں اتحاد کا فقدان ہے جس کی وجہ سے انھیں ہر محاذ پر ڈرایا دھمکایا جا رہا ہے۔ ایسی نازک صورتِ حال اور دلالوں کی من مانی سے پریشان میرا روڈ کے ہزاروں کرایہ داروں کو اگر کسی سے تعاون کی امید ہے تو وہ ہیں میرا روڈ یوتھ کانگریس کے فعال سیاست داں سید مظفر حسین۔ امید ہے کہ سید مظفر حسین اس جانب ضرور دھیان دیں گے اور دلالوں کی اس بدمعاشی سے کرایہ داروں کو نجات دلائیں گے۔

۱۹/اپریل ۲۰۰۰ء

فٹ پاتھ سے

عثمان کی خواہش واپس اپنے گھر جانے کی ہے لیکن جائے کس طرح اسے نہیں معلوم؟ پتہ تو اسے تب بھی نہیں تھا جب اس نے اپنے گھر کو خیر باد کہا تھا۔ بہار سے ممبئی تک کا سفر اس نے کسی منصوبے کے تحت پورا نہیں کیا تھا بلکہ آزادی کی لالچ نے اسے گھر سے بھاگنے کے لیے مجبور کیا تھا۔ آج اسے اس گاڑی کا نام یاد نہیں جس پر سوار ہو کر وہ یہاں آیا تھا۔ ہاں! البتہ اپنے والدین کو وہ ضرور یاد کرتا ہے جو مظفر پور میں قیام پذیر ہیں۔ وہ کہتا ہے، ”مجھے ریل میں ایک شخص نے اپنے ساتھ چلنے کی دعوت دی تھی جسے میں نے قبول کر لیا تھا۔ کچھ دنوں تک میں اس کے گھر پر رہا۔ وہ مجھے بیٹے کی طرح رکھتا تھا۔ وہاں بھی مجھے قید کا احساس ستانے لگا۔ ایک دن چپکے سے میں نے وہاں سے راہِ فرار اختیار کی۔“ یہ ۱۹۸۴ء کی بات ہے۔ ان دنوں ٹیلی ویژن پر عثمان کے والدین نے اس کی تصویر جاری کروائی جسے عثمان نے دہلی میں دیکھا۔ پھر دہلی سے وہ ممبئی بھاگ آیا۔ کلیان ریلوے اسٹیشن پر عثمان کو بنا ٹکٹ سفر کرتے ہوئے حراست میں لیا گیا اور اسے بھیونڈی کے چلڈرن ہوم میں بھیجا گیا۔ بھیونڈی کے چلڈرن ہوم سے جب اسے دوسری جگہ منتقل کیا جا رہا تھا تب موقع ملتے ہی وہ فرار ہو گیا۔

عثمان کو چلڈرن ہوم میں معلوم ہوگیا تھا کہ فٹ پاتھ کے بچے کہاں رہتے ہیں؟ کیا کھاتے ہیں؟ کہاں اور کیسے کماتے ہیں؟ وہ یہ جان گیا تھا کہ جب ڈونگری چلڈرن ہوم کی پولیس لاوارث بچوں کو گرفتار کرتی ہے تو اس سے کیسے بچا جا سکتا ہے؟ آج عثمان مرین لائنس کے فٹ پاتھ پر شب بسری کرتا ہے۔ اسے گھر کی یاد ستاتی ہے لیکن اپنا بچپن گنوا کر وہ گھر جا کر کیا کرے گا؟ یہی خیال اسے بہار جانے سے روکتا ہے۔

۲۱/اپریل ۲۰۰۰ء

کوئی نہ جانے کل کیا ہوگا؟

وقت کا پہیہ نہایت سست رفتاری سے گردش کرتا ہے لیکن یہ جاننے کے باوجود بھی کبھی دل کی خواہش ہوتی ہے کہ وہ وقت سے یہ سوال دریافت کرے کہ وہ اتنا سخت مزاج کیوں ہے؟ یہ وقت ہی تو ہے جس نے مینا بائی متھراداس بھاٹیا کو آسمان سے زمین پر لا پٹکا ہے۔ ایک وہ بھی زریں دور تھا جب مینا بائی سوان مل اور گل مہر مل کے مالکان میں سے ایک مالک متھراداس مولجی بھاٹیا کی شریکِ حیات تھیں۔ ان کا قیام کف پریڈ اور مرین ڈرائیو جیسے اونچے علاقوں کی عالیشان عمارتوں میں ہوا کرتا تھا اور ان کے لبوں کی ایک ہلکی سی جنبش پر بڑی تعداد میں ملازم آداب بجالاتے تھے۔ گذشتہ ماہ چھترپتی شیواجی ٹرمنس کے ایک کونے میں نحیف و لاغر مینا بائی پر نظر پڑی تو کلیجہ کانپ اٹھا۔ ان کے دونوں پیروں میں سوجن تھی۔ سیمنٹ کی کھردری سیٹ ان کا بستر تھا اور پرانے کپڑوں سے بھرا ایک تھیلا ان کا تکیہ۔ ان کے پاس ان کا سب سے چھوٹا ۴۹ سالہ بیٹا اشوک تھا۔ تعجب خیز بات یہ ہے کہ ان کا ۵۳ سالہ بیٹا بھرت (شیئر دلال) اور ۶۱ سالہ بیٹی ہیما کشور ماری والا (ڈائریکٹر بامبے آئل انڈسٹریز) ممبئی میں موجود ہیں لیکن یہ دونوں اپنی ماں اور بھائی سے بے پروا ہیں۔ مینا بائی سے جب کوئی ان کے ماضی کے بابت پوچھتا ہے تو بوڑھی آنکھیں بھیگ جاتی ہیں۔ سانتا کروز کے پودار اسکول سے ششم جماعت تک تعلیم حاصل کرنے کے بعد مینا بائی کا بیاہ متھراداس مولجی بھاٹیا سے رچایا گیا۔ مینا بائی کے شوہر کا تعلق اس خاندان سے تھا جن کی حصہ داری پریل کی سوان مل اور دادر کی

گل مہرمل میں تھی ۔اس وقت مینا بائی مرین ڈرائیور کی 'الصبا کورٹ' میں رہائش پذیر تھی۔ ۱۹۷۰ء میں متھراداس نے اپنے بڑے بھائی رتن سنگھ مولجی سے پارٹنرشپ علیحدہ کرلی اور کف پریڈ کی 'پام اسپرنگ' نامی عمارت میں منتقل ہو گئے ۔ پارٹنرشپ سے علیحدگی کے بعد از متھراداس کا زوال شروع ہوا اور ۱۹۸۴ء میں انھیں اپنا یہ فلیٹ فروخت کرنا پڑا۔اس کے بعد دونوں میاں بیوی ایک دھرم شالا میں رہنے لگے ۔شوہر کی موجودگی خالی جیب اور خالی پیٹ ہونے کے باوجود ایک حوصلہ دیتی ہے لیکن اس وقت جس شخص کی سب سے زیادہ مینا بائی کو ضرورت تھی وہ ۱۹۹۳ء میں داغ مفارقت دے گیا۔ مینا بائی کے لیے زندگی کٹھن تھی مگر اب دشوار ہوگئی ۔مینا بائی نے کچھ دنوں تک اپنے بیٹے اشوک کے ساتھ نالا سوپارہ میں قیام کیا۔ان کا بھتیجا دیپک انھیں دونوں وقت کا کھانا اور جیب خرچ فراہم کرتا تھا لیکن کچھ دنوں بعد دیپک نے بھی منہ موڑ لیا۔اب سر کے اوپر صرف کھلا آکاش تھا اور کانپتے پیروں کے نیچے زمین ۔ اشوک نے بڑے بھائی بھرت سے ملاقات کی کوشش کی مگر اسے عالیشان عمارت میں داخل ہونے تک کی اجازت نہیں دی گئی ۔مجبوراً مینا بائی کو چھترپتی شیواجی ٹرمنس پر پناہ لینی پڑی ۔آج بھاٹیا اسپتال میں مینا بائی کا علاج جاری ہے اور ان کے اخراجات کی پوری ذمہ داری لوہانہ مہا پریشد کمیونٹی نے اٹھا رکھی ہے ۔

۲۱/اپریل ۲۰۰۰ء

بچوں نے حل کیا مسئلہ

دہیسر کی ایک کالونی میں شام ہوتے ہیں بچوں کا شوروغل شروع ہو جاتا۔بچوں کی دھینگا مشتی سے اس کالونی کے ساکنان تنگ آچکے تھے ۔لہٰذا سب نے مل کر کالونی کے سیکریٹری سے اس بابت شکایت کی ۔ چند دنوں بعد اس کالونی میں ایک بورڈ آویزاں کر دیا گیا جس پر بچوں کے لیے کچھ شرائط درج تھیں جس میں ایک شرط یہ تھی کہ وہ شام میں چار بجے سے چھ بجے کے درمیان ہی کالونی کے گراؤنڈ میں کھیل سکتے ہیں ۔بچوں کو اس بارے میں معلوم ہوا تو انھوں نے اپنی خفیہ میٹنگ بلائی جس میں انھوں نے طے کیا کہ وہ شام میں چار بجے سے قبل اور چھ بجے کے بعد اپنے مکان کے سامنے

والی گیلری میں کھڑے ہو کر ایک دوسرے سے بات کریں گے۔اب روزانہ تمام بچے چار بجے سے چھ بجے کے درمیان کالونی کے گراؤنڈ میں شور وغل کرتے اور شام میں چھ بجے کے بعد اور چار بجے سے قبل اپنی بالکنی یا گیلری میں کھڑے رہ کر ایک دوسرے سے اونچی آواز میں گفتگو کرتے۔ کچھ دنوں تک یہ سلسلہ جاری رہا۔ بالآخر ایک دن کالونی کے تمام بزرگوں اور بڑوں نے ایک بار پھر میٹنگ منعقد کی جس میں فیصلہ کیا گیا کہ بچوں کے کھیلنے کے اوقات میں اضافہ کر دیا جائے۔اب دہیسر کی اس کالونی میں بچوں کو شام چار بجے سے رات آٹھ بجے تک کھیلنے کی چھوٹ ہے۔

۲۴/اپریل ۲۰۰۰ء

پیسے کمانے کا فن

وہ لاٹری ٹکٹ فروخت کر کے دو وقت کی روٹی کماتا ہے۔چرچ گیٹ اسٹیشن کے برابر سے جب کوئی گاڑی گزرتے ہوئے کچھ پل کے لیے رکتی ہے تو وہ دوڑ کر گاڑی کے نزدیک جاتا اور گاڑی میں بیٹھے سیٹھیوں سے لاٹری ٹکٹ خریدنے کی درخواست کرتا۔اس کے پاس زیادہ تر ایسے ٹکٹ موجود تھے جس میں دیوی دیوتاؤں کی تصویریں چھپی تھیں۔گذشتہ روز جوں ہی ایک ٹیکسی سگنل کا حکم بجالاتے ہوئے تھمی وہ دوڑ کر ٹیکسی کے پاس گیا اور ٹیکسی میں براجمان ایک شخص سے ٹکٹ خریدنے کی استدعا کی۔ مسلسل کوششوں کے باوجود جب اسے کامیابی نہیں ملی تب سے اس نے کہا،''ٹھیک ہے؟ آپ جب خریدنا نہیں چاہتے تو آپ کے ساتھ زبردستی کیوں کی جائے؟''اس درمیان اس کے ہاتھ سے ایک ٹکٹ اڑ کر ٹیکسی میں جا گرا۔اس نے ٹیکسی میں بیٹھے مسافر سے کہا،''دیکھیے صاحب! یہ ٹکٹ خود بخود اڑ کر آپ کے پاس چلا آیا ہے۔یقیناً یہ آپ کے لیے خوش قسمت ثابت ہوگا۔آپ کی تقدیر چمک اٹھے گی۔''مسافر پر اس بات کا تھوڑا اثر ہوا۔اس نے جیب میں ہاتھ ڈالا ہی تھا کہ ٹیکسی ڈرائیور نے ٹیکسی آگے بڑھاتے ہوئے کہا،''رہنے دیجیے صاحب! سگنل چالو ہو گیا ہے۔ٹرافک حوالدار ایک سو پچاس روپے کی رسید پھاڑ دے گا۔''اب ٹیکسی سگنل سے آگے نکل چکی تھی۔ٹیکسی ڈرائیور دوبارہ مخاطب ہوا ''صاحب! میں یہ منظر روز دیکھتا ہوں۔یہ نوجوان دن بھر اسی طرح کرتب دکھا کر اپنے ٹکٹ فروخت

کرتا ہے۔ وہ ٹکٹ اڑ کر آپ کے پاس نہیں آیا تھا بلکہ اس نے اپنا کرتب دکھایا تھا۔ یہ نوجوان اسی طرح چکما دے کر ۲۵ روپے کے ٹکٹ مسافروں کو تھما دیتا ہے۔''کسی نے سچ کہا ہے کہ شہر ممبئی میں پیسہ آسانی سے کمایا جا سکتا ہے بشرطیکہ کمانے کا فن آنا چاہیے۔

۵ رمئی ۲۰۰۰ء

ماہم درگاہ کے مقبول

ماہم میں واقع حضرت مخدوم علی شاہ مہائمیؒ کی درگاہ کے احاطے میں مقبول، بے حد مقبول ہیں۔ وہ پچھلے تیس برسوں سے درگاہ میں آنے والے زائرین کے جوتے چپل سنبھال رہے ہیں۔ مقبول نے اس کام کے لیے چار پانچ ملازم رکھ چھوڑے ہیں۔ مقبول اپنی آمدنی سے ماہانہ کچھ روپے درگاہ مسجد اور درگاہ ٹرسٹ کو ادا کرتے ہیں۔ مقبول کا کہنا ہے کہ وہ شروع میں صرف درگاہ ٹرسٹ کو ماہانہ کچھ رقم ادا کیا کرتے تھے مگر پچھلے کچھ سالوں سے وہ مسجد کا خیال بھی رکھ رہے ہیں۔ درگاہ پر آنے والے زائرین اپنی مرضی سے مقبول کو جوتے چپل سنبھالنے کے عوض آٹھ آنہ، روپیہ یا دو روپیہ دیتے ہیں۔ جب کسی کی چپل یا جوتا غلطی سے کسی دوسرے شخص کو دے دیا جاتا ہے تو انھیں اس کی قیمت ادا کرنی پڑتی ہے۔ حالانکہ ایسا بہت کم ہوتا ہے۔ مقبول اپنے اس چھوٹے سے کاروبار سے خوش ہیں۔ وہ مرتے دم تک مخدوم بابا کے قدموں میں رہنا چاہتے ہیں۔

۲۲ رمئی ۲۰۰۰ء

اطلاع: مقبول کی یہ دلی تمنّا پوری ہوئی اور وہ مرتے دم تک بابا کے قدموں میں ہی رہے۔

چوہے

جب کوئی خود کو بہادر ثابت کرنے کی سعی کرتا ہے تو دوسرے کو گیدڑ اور چوہا تک کہہ دیتا ہے لیکن شہر میں کسی کی کیا مجال کہ وہ چوہے کو چوہا کہہ کر اس کی توہین کرے۔ آج چوہوں سے بڑھ کر پورے شہر

میں کوئی ڈان نہیں ہے۔ ہر گلی، ہر محلے اور ہر عمارت اور اس کی ہاؤس گلیوں میں چوہوں کا راج ہے۔ ایک دن ایک صاحب مہانگر پالیکا میں چوہوں کے خلاف شکایت درج کرانے پہنچے۔ جب وہ گھر سے روانہ ہوئے تھے تب ان کے کالر کھڑے تھے مگر جب وہ مہانگر پالیکا سے باہر آئے اس وقت ان کا منہ لٹکا ہوا تھا۔ ہوا یوں کہ وہ متعلقہ شعبے کے افسر اعلیٰ کے کیبن کے باہر گھنٹوں کھڑے رہنے کے بعد اندر داخل ہوئے اور ایک شکایت نامہ افسر اعلیٰ کے سپرد کیا۔ ابھی افسر اعلیٰ شکایت پڑھ ہی رہا تھا کہ وہ صاحب بول پڑے، ''کیا کریں صاحب؟ چوہوں نے پریشان کر رکھا ہے؟ آپ کسی طرح چوہوں سے نجات دلائیں، بڑی مہربانی ہوگی۔'' شکایت نامہ سے نظریں ہٹانے کے بعد بڑی دیر تک افسر اعلیٰ نے اس شخص کو غور سے دیکھا اور جواب دیا، ''آپ اپنی شکایت لے کر مینکا گاندھی کے پاس جائیں۔ اگر میڈم اجازت دیں گی تو ہم چوہوں کے خلاف ایکشن لیں گے ورنہ مجبوری ہے۔'' اس شخص کی سمجھ میں افسر اعلیٰ کی بات نہیں آئی۔ وہ خاموش ان کی طرف دیکھتا رہا۔ افسر اعلیٰ نے دوبارہ کہا، ''ارے بھائی! کیوں کھڑے ہو؟ جلدی سے لیٹر لے کر مینکا گاندھی کے پاس جاؤ ورنہ چوہوں کے بھائی گیری بڑھ جائے گی۔'' وہ صاحب چپ چاپ منہ لٹکائے باہر نکل آئے۔

۵ / جون ۲۰۰۰ء

تھانہ چوپاٹی کا ایک منظر

ان دنوں شہر کے نوجوان جوڑوں میں تھانہ چوپاٹی کے خوب چرچے ہیں۔ تھانہ چوپاٹی نوجوان جوڑوں کے نزدیک اب گرگاؤں چوپاٹی، دادر چوپاٹی اور جوہو چوپاٹی سے زیادہ محفوظ عشق لڑانے کا مقام ہے۔ شاید اسی واسطے تھانہ چوپاٹی پر کلیان، امبرناتھ، ممبرا، گھاٹ کوپر، ملنڈ اور کرلا کے علاوہ میرا روڈ، بوریولی، اندھیری، ناگپاڑہ، مدن پورہ اور بھنڈی بازار وغیرہ جیسے علاقوں کے نوجوان جوڑے بھی دکھائی پڑتے ہیں۔ گذشتہ دنوں تھانہ چوپاٹی جسم فروش خواتین کے سبب خبروں میں تھا۔ تھانہ چوپاٹی کی ایک خاصیت یہ ہے کہ یہاں زیادہ تر جوڑے دنیا و مافیہا سے بے خبر ہو کر چونچ لڑاتے ہیں جسے دیکھنے کے لیے اطراف واکناف سے نوجوان وہاں چلے آتے ہیں۔ صرف یہ ہی نہیں

بلکہ تھانہ چوپاٹی پر تعینات پولیس کانسٹبل پہرہ داری سے زیادہ نوجوان جوڑوں کے رومانس میں دلچسپی رکھتے ہیں۔ایسا ہی ایک واقعہ پچھلے دونوں رونما ہوا جب دو پولیس کانسٹبل اپنی نشستوں سے اٹھ کر تالاب کی ریلنگ سے پیٹھ لگائے ایک نوجوان جوڑے کی پیار بھری گفتگو سے لطف اندوز ہو رہے تھے، تبھی ایک منچلے نوجوان نے انھیں دیکھ کر کہا،''اے! کیا کر رہے ہو؟'' دونوں کانسٹبل نے بجائے شرمندہ ہونے کے اس نوجوان کو ڈانٹ کر کہا،''ابے! سرکاری کام میں کیوں ٹانگ اڑاتا ہے؟'' وہ نوجوان پولیس والوں کا یہ جواب سن کر وہاں سے خاموشی کے ساتھ کھسک گیا اور پھر دوبارہ پولیس کانسٹبل 'سرکاری کام' میں مگن ہو گئے۔

۲۰ رجون ۲۰۰۰ء

جوہو کے غبارہ ٹھگ

عام طور پر ممبئی کی پولیس غیر قانونی کاموں کے باوجود ہفتہ دینے والوں کو تعاون دیتی ہے۔ پولیس کی پشت پناہی میں چلنے والا ایک ایسا ہی کاروبار جوہو کے غبارہ ٹھگوں کا ہے۔جوہو کے سمندری ساحل پر آنے والے لوگ تفریحاً غباروں پر بندوق سے نشانہ لگاتے ہیں۔اگر ان کا نشانہ درست لگا تو انھیں انعام ملتا ہے ورنہ دیگر صورت انھیں نشانہ لگانے کی فیس ادا کرنی ہوتی ہے۔لیکن جوہو چوپاٹی پر یہ شکایت عام ہے کہ اس کھیل کو چلانے والے ماہر نشانہ بازوں کو پولیس کی مدد سے لوٹتے ہیں۔مثلاً اگر نشانہ سرخ غبارے پر بول کر لگایا گیا اور صحیح نشانہ لگا تب دکاندار کہتا ہے کہ آپ کو نشانہ سبز غبارے پر لگانے کے لیے کہا تھا سرخ پر نہیں۔جھگڑا جب طول پکڑتا ہے تو یہ معاملہ نزدیکی پولیس چوکی پر جاتا ہے اور وہاں پر موجود پولیس والے دکاندار کی غلطی کے باوجود اس کی مدد کرتے ہیں۔اگر شکایت کرنے والے کی شکایت درج کی جاتی ہے تو بس خانہ پری کی طرح۔ برسوں سے یہی ہوتا آیا ہے کہ لوگ آتے ہیں، نشانہ لگاتے ہیں اور ہار کر واپس چلے جاتے ہیں۔آج تک بہت کم لوگوں نے یہ بازی جیتی ہے۔

۲۳ رجون ۲۰۰۰ء

اب چوبیس گھنٹے کا ہفتہ

بازار پیٹھ تھانہ میں ان دنوں پھیری والے پولیس اہلکاروں سے بے حد ہراساں ہیں۔ یہ پولیس اہلکار اتنی سختی برتتے ہیں کہ پھیری والوں کو وہاں سے بھاگنا پڑتا ہے اور کبھی رشوت کے نام پر وہ بڑی نرمی سے پھیری والوں کی جیب ہلکی کر دیتے ہیں۔ ایک بار چند پھیری والوں نے اس علاقے کے پولس اسٹیشن سے رابطہ کیا تو انھیں ایک سینئر پولیس انسپکٹر نے سمجھایا کہ وہ پولیس اہلکاروں سے سمجھوتہ کرلیں۔ سینئر پولیس انسپکٹر کے مشورے پر عمل کرتے ہوئے ان پھیری والوں نے پولیس اہلکاروں سے گفتگو کی اور انھیں ہفتہ دینا شروع کر دیا۔ عام طور پر پولیس ہفتے میں ایک بار ہفتہ وصول کرتی ہے مگر بازار پیٹھ کے پولیس اہلکاروں کا ہفتہ لینے کا طریقہ سب سے الگ ہے۔ تمام پولیس اہلکار ایک ایک کر کے روزانہ پھیری والوں کے پاس پہنچ جاتے اور ان سے ہفتہ طلب کرتے، روزانہ کے اس ہفتے سے تنگ آ کر تمام پھیری والے ایک بار پھر اس سینئر پولیس انسپکٹر کے پاس جا پہنچے اور ان سے پولیس اہلکاروں کی شکایت کی۔ اس بار جواب میں اس سینئر پولیس انسپکٹر نے کہا کہ سات دنوں کا ہفتہ عام شہریوں کے لیے ہوتا ہے جب کہ پولیس کا ہفتہ اب چوبیس گھنٹے کا ہونے لگا ہے۔ سینئر انسپکٹر کا یہ جواب سن کر تمام پھیری والے ایک دوسرے کا منہ تکتے ہوئے چپ چاپ وہاں سے کھسک گئے۔

۲۷/ جون ۲۰۰۰ء

موت سے جوجھتی پوئی جھیل

پوئی جھیل ایک سو دس برس کی ہو چکی ہے۔ پوئی جھیل سے متصل پتھر کی کھدائیں اور ماحولیاتی آلودگی ان دنوں موضوع بحث ہیں۔ پوئی جھیل کے باریک بینی سے معائنہ کے لیے ایک کمیٹی تشکیل دی گئی تھی جس کی قیادت باسو دیو آچاریہ کر رہے تھے۔ اس کمیٹی نے اپنی رپورٹ میں اعتراف کیا ہے کہ کئی وجوہ کے بنا پر اس جھیل کو شدید خطرہ لاحق ہے۔ رپورٹ میں بتایا گیا ہے کہ کوڑا کرکٹ، غیر قانونی

تعمیرات، زہریلی گیسوں کا اخراج اور پتھر کی کھدانوں سے آج پوئی جھیل کی زندگی خطرے میں ہے۔ کرٹ سومیا اور سردار تارا سنگھ اس جائزہ کمیٹی میں شامل تھے۔ کرٹ سومیا نے وعدہ کیا ہے کہ وہ پوئی جھیل کی حفاظت اور نگہداشت کے لیے مناسب فنڈ سے نوازیں گے۔ باسو دیو آچاریہ کا کہنا ہے کہ ان کی کمیٹی بالخصوص پتھر کی کھدانوں پر پابندی عائد کرنے کے لیے بھرپور سعی کرے گی تاکہ پوئی جھیل کو بچایا جاسکے۔ ملحوظ رہے کہ پوئی جھیل سے ملحق پتھر کی کھدانوں میں بارود کے سہارے پتھروں کو مسمار کیا جاتا ہے۔ جس کی گونج سے پوئی جھیل کانپ اٹھتی ہے۔ علاوہ ازیں اس جھیل کے اطراف و اکناف میں غیر قانونی جھونپڑوں کی تعداد میں روز بروز اضافہ ہو رہا ہے، جس کی وجہ سے اس جھیل کی خوبصورتی دم توڑ رہی ہے۔ آئی ٹی آئی اور ووکھارڈ کے علاوہ پوئی ریذیڈینٹس فارم کے راجن کھنہ نے کمیٹی کے روبرو اپنی بات رکھی۔ انھوں نے مرکزی سرکار سے مطالبہ کیا ہے کہ وہ جھیل کی سطح آب کو کیچڑ سے پاک وصاف کرنے کی جانب دھیان دے۔ ۳۹۰/ ایکڑ پر پھیلی ہوئی پوئی جھیل جو کبھی مچھلیوں سے بھری رہتی تھی لیکن آج کوڑا کرکٹ اور پتھر کھدانوں کی گونج سے نہ صرف مچھلیاں بلکہ مگرمچھ بھی اپنا شناخت کھو رہے ہیں۔ گذشتہ دنوں مچھلیوں کے ساتھ ساتھ مگرمچھوں کی ایک بڑی تعداد پوئی جھیل کے کنارے مردہ پائی گئی تھی۔

۱۷/ جولائی ۲۰۰۰ء

انگریز سڑک سے آئے تھے

پچھلے دنوں کا واقعہ ہے۔ تھانہ کے ایک اسکول کی ایک ٹیچر نے پانچویں جماعت کے بچوں کو پڑھاتے وقت ایک ایسی حیرت انگیز کہانی سنائی جسے سن کر بڑوں کو تو خیر اس بات پر ذرہ برابر بھی یقین نہیں آئے گا بلکہ خود بچوں نے بھی زوردار قہقہہ لگا کر اپنی ٹیچر کی اس کہانی کا مذاق اڑایا۔ تھانہ وسنت وِہار ہائی اسکول کی استانی نے منگل کو پانچویں جماعت کے بچوں کو 'انگریزوں کے بھارت آگمن' کے بارے میں پڑھانا شروع کیا۔ لیکچر کے دوران سمندر، پہاڑ اور میدانوں کے بابت تذکرہ

ہوا۔ ابھیشک نامی ایک طالب علم نے درمیان میں کھڑے ہوکر ٹیچر سے دریافت کیا،"میڈم، انگریز کس راستے سے بھارت آئے تھے؟" ٹیچر نے جواب دیا،"سڑک کے راستے سے۔" پانچویں جماعت کے طلبہ آج بھی اپنے والدین سے سوال کررہے ہیں کہ جب انگریز سڑک کے راستے سے بھارت آئے تھے تب کیا سمندر میں پل بنایا گیا تھا؟"

۲۴/ جولائی ۲۰۰۰ء

پڑھا ہوتا تو کروڑ پتی بنتا

امیتابھ بچن ان دنوں خوب خبروں میں ہیں۔"کون بنے گا کروڑ پتی؟" نے انھیں دولت اور شہرت دونوں بخشی ہے۔ امیتابھ بچن کی ڈوبتی ناؤ کو کنارے تک لے جانے کی کوشش کرتا یہ ٹیلی ویژن پروگرام ان لوگوں کے لیے پریشانی کا باعث بنتا جارہا ہے جو غیر تعلیم یافتہ ہیں۔ دادر کے ایک مالدار گھرانے کی ملازمہ تارابائی بلاناغہ یہ پروگرام صرف اس واسطے دیکھ رہی ہے کہ کون کتنے پیسے جیت رہا ہے۔ ایک روز جب ایک خوش نصیب نے ۲۵ لاکھ روپے جیتے تو وہ بولی،"اب میرے کو سمجھ میں آیا کہ لوگ اتنا کائی کو پڑھتا لکھتا ہے۔ پڑھ کر بھی لوگ پیسہ فوکٹ میں کما سکتا ہے۔ یہ بات میرے کو کبھی سمجھ میں آیا ہیچ نہیں تھا۔ اب میں بھی اپنا بچہ کو خوب پڑھائے گا لکھائے گا۔" میرا روڈ کے ایک ریسٹورنٹ میں کام کرنے والا ایک ویٹر اپنے ساتھی سے کہہ رہا تھا،"کروڑ پتی بننے کا یہ ایک اچھا موقع تھا۔ اگر پڑھا ہوتا تو امیتابھ بچن کے سوالوں کے جواب دے کر کروڑ پتی بن جاتا۔ پھر اپنا خود کا ایک ہوٹل کھولتا۔" اسٹار پلس پر امیتابھ بچن کا پروگرام دیکھنے والے لاکھوں کروڑوں تعلیم یافتہ اور غیر تعلیم یافتہ ناظرین کو کیا خبر کہ اس پروگرام کی اینکرینگ کرکے امیتابھ بچن نے اب تک کروڑوں روپے کما لیے ہیں۔ امتیابھ بچن کارپوریشن لمیٹیڈ کے خسارے کے بعد از اں امیتابھ بچن قرض کے بوجھ تلے دبے جارہے تھے۔ ایسے میں 'کون بنے گا کروڑ پتی؟" ان کے لیے لاٹری کا جیک پوٹ بن کر سامنے آیا اور انھیں قرض سے نجات مل گئی۔

۲۷/ جولائی ۲۰۰۰ء

چھوٹا قد بڑا دل

بھلے ہی چھوٹو دادا دنیا کے سب سے چھوٹے قد والے مرد نہیں ہیں لیکن ریکھا رانی کے ساتھ بیاہ رچانے کے بعد از یہ جوڑا دنیا کا سب سے چھوٹا فنکار جوڑا ضرور بن گیا ہے۔'لمکا بک آف ورلڈ ریکارڈ' میں اس جوڑے کا اندراج ۱۹۸۷ء میں ہو چکا تھا۔آج بالی ووڈ سے ہالی ووڈ تک اس جوڑے کو ایک شناخت حاصل ہے۔اندرودن پروہت یعنی چھوٹو دادا نے بی اے،ایل ایل بی اور ڈپلومہ ان ڈریمیٹک آرٹس کیا ہے تو ان کی شریک حیات ریکھا رانی نے بی اے کیا ہے۔چھوٹو دادا کا قد تین فٹ گیارہ انچ اور ریکھا رانی کا قد تین فٹ دس انچ ہے۔چھوٹو دادا گجرات کے ضلع بڑودہ کے گاؤں چاندوبا کے ایک بینک میں ملازم تھے۔دلچسپ بات یہ ہے کہ ان سے بڑی بینک کی لیزربک ہوا کرتی تھی لہٰذا موصوف ایک کرسی کے سہارے ٹیبل پر رکھی کرسی پر بیٹھ کر اپنی ذمہ داری نبھاتے تھے۔ایک دن چھوٹو دادا نے تنگ آ کر اس ملازمت کو خیر باد کہہ دیا اور خوابوں کے شہر ممبئی کی جانب کوچ کیا۔ بالی ووڈ نے اندرودن پروہت کو چھوٹو دادا بنا دیا لیکن پھر بھی ان کا دل مطمئن نہ ہو سکا۔ایک دن چھوٹو دادا کی ملاقات ریکھا رانی سے ہوئی اور دونوں میں پیار ہو گیا۔اس پیار کا انجام یہ ہوا کہ انھوں نے شادی کر لی۔چھوٹو دادا نے تقریباً پانچ سو فلموں میں اداکاری کی جس میں انگریزی کی دو مشہور فلمیں دی رِڈل آف مڈ نائٹ اور دی لارڈ آف دی رنگ بھی شامل ہیں۔ان کی مشہور ہندی فلمیں طوفان،یدھ، بازی،ہم انتظار کریں گے،کارنامہ،مرتے دم تک،یارادل دارا،قیامت کی رات،قاعدہ قانون،گھر کا قانون،پرانی حویلی،وعدے ارادے،پھول بنے پتھر،رام وتی،حلال کی کمائی اور یہ رات پھر نہ آئے گی وغیرہ ہیں۔اسی طرح ریکھا رانی نے تہلکہ،نمبری آدمی،یارادلدارا،بارود،مسٹر فنٹوس،دراڑ اور پائل وغیرہ فلموں میں اداکاری کی ہے۔انہوں نے دو گجراتی فلمیں ''پینٹر نورنگ'' اور ''احمد آباد نارکشا والا'' میں بھی کام کیا ہے۔ٹیلی ویژن سیریل ''ہم پانچ'' اور ''بات بن جائے'' میں بھی ریکھا رانی نے اداکاری کی ہے۔چھوٹو دادا اور ریکھا رانی بوریولی کی نیو ایم ایچ وی کالونی میں رہائش پذیر ہیں۔

۲۶/جولائی ۲۰۰۰ء

کچھ اور: بالی ووڈ کے چھوٹے قد کے اداکار اندرودن جے پروہت ۲۸/ستمبر ۲۰۱۴ء کو اس دارِ فانی سے کوچ کر گئے۔ راکیش روشن اور رتیک روشن کی ہٹ فلم 'کوئی مل گیا' میں انھوں نے Alien جادو کا کردار نبھایا تھا۔ راکیش روشن نے یہ راز ان کی موت کے بعد عیاں کیا۔ انھوں نے ٹیلی ویژن کے مشہور کِڈ شو 'بال ویر' میں ڈو با ڈو با ٹو کا کردار نبھایا تھا۔

About the author

Farhan Hanif Warsi(Born 28th February 1966) is a noted Urdu journalist, editor, translator, poet, and lyricist. He was in the eighth standard when his short stories and essays for children were published in reputed dailies of Mumbai. He edited the sports, film and literature pages of the fortnightly AL-FATEH from 1987 to 1989,and also worked with the dailies Urdu Times, Sahafat(Mumbai),and the weekly Rashtriya Sahara (Delhi). His columns Mumbai Diary, Parde Ke Peeche, Oonchi Udanwale, and 'Jo Khabron Mein Hain' have attracted a wide readership from all sections of society. From 1996 to 1998,he wrote for the Sab-Rang magazine, which was published along with the reputed Hindi daily Jan Satta.

Farhan Hanif Warsi's long list of interviewees has included star achievers, icons, and iconoclasts like Dilip Kumar, Dharmendra, Amitabh Bachchan, Naushad Ali, Ali Sardar Jafri, Anna Hazare, Ustad Amjad Ali Khan, Raj Babbar, Kaifi Azmi, Mulayam Singh Yadav, M.F. Husain, Bhisham Sahni, Javed Akhtar, Shabana Azmi, G.M. Banatwala, Amrish Puri, Shatrughan Sinha, Phoolan Devi, Najma Heptulla, Salim Durani, Mohammed Kaif, Wasim Jaffer, Ajit Agarkar, Hafeez Contractor, Johny Walker ,Sanjay Khan, Nawazuddin Siddiqui, Abbas Mustan, Irshad Kamil and Rajkumar Rao.

An All India Radio artist from 1993, he has contributed scripts for 'Kuch Panne Zindagi ke' on F.M.Gold (All India Radio), and also contributed to the celebrated series 'Kehkashan' for Mumbai Doordarshan.

Farhan Hanif Warsi is the author of two books 'Suraj Achcha Bachcha Hai' (The Sun is a good child-2011) and 'Hanger Mein Tangi Nazmein' (Poems hung on a hanger-2016). The books include endorsements, reviews, and plaudits from A.P.J Abdul Kalam (Former president of India), Poet Azra Abbas(Karachi), poet Nida Fazli and Satish Purohit, a noted writer and author coach.

Ashirwad, Mumbai conferred the 'Dr. Harivansh Rai Bachchan National Award' for Urdu Journalism in 2003.

The Maharashtra State Urdu Sahitya Academy conferred the 'Young Talent Award' upon Farhan Hanif Warsi in 2015.

The Bihar Urdu Academy has conferred the first prize to his book 'Hanger Mein Tangi Nazmein' in 2017.

Shastri social forum, New Delhi conferred the 'Shastri Gaurav Puraskar' in appreciation of his contribution to the fields of Urdu poetry and journalism on 19 September, 2018.

The Maulana Azad minorities financial development corporation - Government of Maharashtra conferred 'Bharat Ratna Maulana Abul Kalam Azad momento' in appreciation of his contribution to the society in journalism on 26 January, 2019.

The book you hold, Mumbai Dairy, is a selection of his column written from 1997to 2000in Urdu Times.

Farhan Hanif Warsi lives in Mumbai, India.

Sameer Anjaan

(Lyricist, Poet)

About the photographer

Shaikh Zeeshan(born 2nd May, 2000) is a photographer, painter, and lover of sports. He explores various facets of Mumbai and its natural beauty through his explorations of Wildlife Photography. His pictures'Pollution City' and'Birds' have been nominated for the Best Picture Award in competitions organized by the Worldwide Photography Award Council, which went on to award him the first prize for'Unique Photography.'

Shaikh Zeeshan has been awarded the highest grade for his drawings by the Indira Gandhi Rashtriya Gyanpeeth and Kala Kendra Art Academy.He also participated in the Eighth Mega Monsoon Marathon organized by Shankar narain College of Arts And Commerce. He earned his S.S.C. and H.S.C. degrees from Banegar English High School and Hafiza Banegar Junior College of Arts, Science and Commerce in Mira Road(District Thane). He is presently pursuing a B.Sc. degree in I.T. from Shankar Narain College of Arts and Commerce in Bhayandar. He devotes his spare time to photography and Gatherings Tech Information in daily lifestyle's.

Shaikh Zeeshan lives in the Mira Road, a suburb in the Mumbai Metropolitan Region.

Sudharak Olwe

(Padmashri Awardee Photo Journalist)